Goldstadt-Reiseführer
Kampanien
Golf von Neapel
Capri und Ischia,
Golf von Sorrent,
Naturpark Cilento

Dr. Eckart Diezemann

Eine Ischiatanerin

Blick von der Villa Rufolo in Ravello

Liebe Goldstadt-Leserinnen und Leser, die Autoren und wir im Verlag sind stets bemüht, Ihnen über das Reisegebiet die aktuellsten Informationen zu vermitteln. Zur Ausarbeitung der Routen und die Recherchen in den Städten und sehenswerten Orten wurde vom Autor nach bestem Wissen und Gewissen durchgeführt, persönlich abgefahren und besucht. Sollte dennoch eine Angabe überholt sein, bitten wir um Verständnis und sind für Informationen und Berichtigungen dankbar.

Das Reisen nach Kampanien unter Benützung dieses Reiseführers erfolgt auf eigenes Risiko. Für eventuelle Unfälle und Schäden jeder Art kann keine Haftung übernommen werden.

Layout: Günter Schäfer
Bildnachweis: Siehe Seite 314
Karten: © GeoGraphic Publishers, München
Stadtplan Neapel, Lage- und Inselpläne: © Goldstadtverlag, Pforzheim
Herstellung: Goldstadtdruck GmbH, Pforzheim
Vertrieb: GeoCenter Verlagsvertrieb GmbH, Stuttgart

Goldstadt-Reiseführer Band 25

Kampanien

Golf von Neapel

Capri, Ischia, Pompeji, Herculaneum, Golf von Sorrent, Naturpark Cilento

Land und Leute
Geschichte und Natur
14 geführte Touren
mit herrlichen Aussichten
und sehenswerten Orten
Tipps für die Einkehr
Sprachführer auch fürs Lokal

Dr. Eckart Diezemann

248 Fotos
1 Übersichtskarte
3 Stadt- und Lagepläne
7 Routenkarten
3 Stiche

Goldstadtverlag

Der Inhalt

Die Inseln

Die Küstenstrecken

In den Süden Kampaniens

Ins nördliche Hinterland

Praktische Hinweise von A bis Z

Themenkästen

Venafro
Abb. di Montecassino
Capriati Volturno
Addolorata
Cantalupo nel Sánnio
Roccamandolfi
Colle d'Anchise
Vinchiaturo
Ferrazzano
Jelsi
Gallo Matese
Bojano
Monti del Matese
Civita Superiore
Guardiarégia
Saepinum
Sepino
S. Giuliano d. Sannio
Cercemaggiore
Molise
Campania
Monti del Sánnio
S. Croce del Sánnio
Prata Sannita
Letino
Campitello Matese
Sesto Campano
Pratella
L. del Matese
S. Gregório Matese
Sella d. Perone
Mignano Monte Lungo
Quatro Vanti
Castello d. Matese
Pietrarója
Morcone
Colle Sannita
Volturno
Viarano Scalo
Piedimonte Matese
Cusano Mutri
S. Clemente
S. M. del Lattani
Alife
Gióia Sannítica
Cerreto Sannita
Pontelandolfo
S. Marco dei Cavoti
Terme di Súio
S. Carlo
Castelforte
Roccamonfina
S. Lupo
Campolataro
Teano
Pietramelara
S. Giórgio
S. Salvatore Telesino
Sessa Aurunca
Ponte
Guárdia Sanframondi
Pesco Sa
Cascano
Anfiteatro
Formícola
Telesia
Pietrelcina
Cellote
Carínola
Francolise
Pignataro Magg.
Caiazzo
Amorosi
Telese
Vitulano
Báia Domízia
Falciano del Massico
Sparanise
Solopaca
Padu
Bagni di Mondragone
Nocelleto
S. Andrea
S. Ángelo i. F.
Frasso Telesino
Cautano
Sinuessa
Cápua
S. Ángelo in Formis
Caserta Vécchia
S. Ágata de Goti
BENEVENTO
Mondragone
Bonifica d. Volturno
Cancello-Grazzanise
Arnone
S. Maria Cápua Vétere
Caserta
Montesárchio
San Nicola
Airola
Castèl Volturno
Villa Literno
Casal di Príncipe
Marcianise
Maddaloni
Arienzo
Cervinara
Altavilla Irpina
S. Giórgio d. Sánnio
Golfo di Gaeta
Casaluce
Caivano
Prátola Serra
Aversa
Fratta-maggiore
Tre Ponti
Pietrastornine
Villággio Cóppola-Pinetamare
Tréntola
Acerra
Cimitile
Avella
Sant. di Montevérgine
Giugliano in Camp.
S. Antimo
Baiano
Liternum
Marigliano
Nola
Mugnano d. Cardinale
Irpinia
Marina di Lago di Pátria
Qualiano
Casória
Afragóla
Mercogliano
AVELL
Marano di Nápoli
Vesuvio
Palma Campánia
Láuro
Monteforte Irpino
Lícola Mare
NÁPOLI
S. Anastásia
Ottaviano
Cuma
Agnano Terme
S. Giuseppe
Contrada
Pórtici
S. Giórgio a. Cr.
Vesuvio
Angioina
Torregáveta
Báia
Pozzuoli
Ercolano
Sarno
Bácoli
Boscotrecase
Mercato S. Sev
Canale di Prócida
C. Miseno
Pompei Scavi
Nocera Inferiore
Casamícciola Terme
Torre del Greco
Pompei
Pagani
Lacco Ameno
Prócida
S. M. la Bruna
Alfaterna
Baronissi
Í. di Prócida
Torre Annunziata
Cava de' Tirreni
S. Cipriano Picentino
Forío
Íschia
Golfo
Angri
Sant' António
P. Imper-atore
Barano d'Íschia
Castellamare di Stábia
Sale
SALE
S. Ángelo
Gragnano
Abb. d. Trinità
di Nápoli
Vico Equense
Positano
Ravello
Cetara
Vietri sul Mare
Sorrento
Meta
Amalfi
Maiori
C. d'Orso
Massa Lubrense
Praiano
Conca dei Marini
S. Ágata s. due Golfi
Grotta d. Smeraldo
Golfo
Términi
Villa Jovis
Canale di Piccola
Spineta Nuova
Anacapri
Capri
di Salerno
P. Carena
Í. di Capri

Abruzzen
Tremiti Inseln
Roma
Molise
Latium
Campobasso
Bd. 131 Apulien
Bari
Ponzianische Inseln
Bd.25 Kampanien
Potenza
Napoli
Ischia
Basilicata
Capri
Kalabrien
Catanzaro
Ustica
Äolische bzw. Liparische Inseln
Egadische Inseln
Palermo
Bd. 24 Sizilien

Übersicht des Reisegebietes

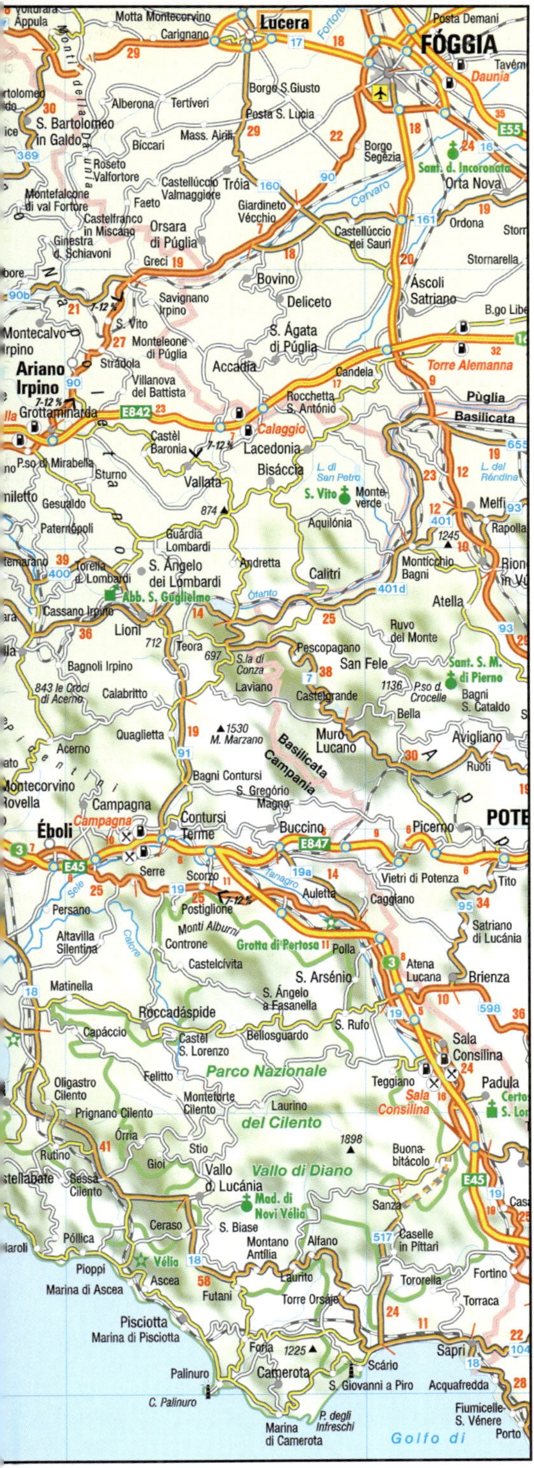

Willkommen in Kampanien

Kampanien mit dem Golf von Neapel hat mit einer landschaftlichen Schönheit, die ihresgleichen sucht, seinen städtischen Anlagen, seiner Kunst, Kultur und Geschichte alles, was sich der Besucher erhofft, wenn er an Erholung und auch an eine klassische Italienreise denkt. Gerade diese Verbindung ist es, die diese Küstenregion zu einem Traumziel macht. Hinzu kommt das unvergleichliche Licht des italienischen Südens - „O sole mio!" - und, last but not least, die sprichwörtliche Lebensfreude seiner Bewohner, „Menschen von glücklichem Naturell", wie Goethe sie nannte.

Vico Equense am Golf von Neapel

Leider ist meistens die Zeit zu kurz, um all´ das aufnehmen zu können, was die Region mit dem halbmondförmigen Golf von Neapel als Romantikziel - eine der herrlichsten Gegenden der Welt, Inbegriff des idyllischen Landschaftsbildes - bietet.

Neben ungewöhnlich geografischer Vielfalt auf engstem Raum ist Kampanien geradezu ein kulturelles Ballungszentrum - ein "Museum unter freiem Himmel", wie es oft heißt. Die Griechen gründeten Neapel und bauten beeindruckende Tempel in Paestum. Die römischen Spuren sind im gesamten Gebiet nicht zu übersehen: Die versunkenen Städte Pompeji und Herculaneum, die Villa des Tiberius und die Hafenanlagen auf Capri, der versunkene Badeort Baiae und viele andere Stätten bezeugen die Baukunst und die Lebensqualität der alten Römer. Doch auch die Bauten aus der Renaissance und dem Barock sind hier allgegenwärtig; die großen Museen zeigen bedeutende Werke aus diesen Epochen. Ein Besuch im Nationalmuseum und im Museum Capodimonte gehört zu einem Höhepunkt für den kulturell interessierten Reisenden.

Hautnah kann man den Vulkanismus des Gebiets erleben, mit dem mächtigen Vesuv, den brodelnden Schlammseen, dem Solfatara-Krater bei Pozzuoli, dem Phänomen des „Bradiseismos", deutlich erkennbar am Marktplatz von Pozzuoli, und den schlimmen Folgen eines Vulkanausbruchs, demonstriert am Schicksal Pompejis und Herculaneums.

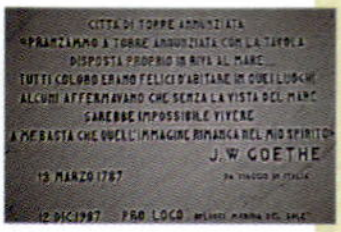

Immer wieder begeistert die herrliche Landschaft in dem Gebiet. Die Küstenstrecke nach Salerno zählt zu den schönsten der Welt. Die Straße, die berühmte Amalfitana, windet sich unübersichtlich um Felsvorsprünge, und nach jeder Kurve bietet sich ein neues Bild.

Capri, Ischia und Procida sind so unterschiedlich, dass man alle drei Inseln besuchen sollte. Capri zog schon immer die Besucher an und inspirierte zum Bleiben, sei es den römischen Kaiser Tiberius, den schwedischen Arzt und Schriftsteller Axel Munthe, der den Bestseller "Das Buch von San Michele" schrieb, oder den deutschen Großindustriellen Krupp. Dichter, Musiker, Maler oder der Adel, alle hinterließen sie ihre Spuren auf dieser Insel, die mehr zu bieten hat, als nur die Blaue Grotte. Ischia ist dagegen eher die Insel für „Kurlauber". Neben ihren zahlreichen Thermen bietet sie den Gästen Ruhe und Erholung bei Spaziergängen und Wanderungen in weitausgedehnten Pinienhainen und entlang malerischer Buchten. Die dritte Insel, das kleine Procida, ist noch nahezu unberührt, besitzt keine großen Hotels und zeigt noch viel Ursprünglichkeit. Der kleine Ort Corricella hat den Charakter des Fischerdorfes bewahrt: stille Gässchen, ein Kastell, ein kleiner Hafen – das ist alles.

Nicht so unberührt ist die Hauptstadt der Region: Neapel. Gefürchtet und geliebt zugleich, souverän und verkommen, mit erhabenen Bauten und schmutzigen Gassen. Die Flanierstraßen mit Edelboutiquen laden zum Bummeln

genauso ein wie die mit Wäsche behangenen Altstadtgassen. Liebenswerte Gastwirte, hektische Autofahrer und kriminelle Elemente geben sich in dieser Stadt ein Stelldichein. Mit der richtigen Einstellung und etwas Vorsicht kann man aber ohne weiteres der Stadt begegnen und ihre Reize genießen.

Weitere touristische Schwerpunkte sind: die Grotte der Sibylle von Cumae – legendenumwobenes antikes Terrain, der Dom von Amalfi – ein architektonisches Juwel, Ravello mit seinem Palazzo, von dessen zauberhaftem Garten sich eine traumhafte Fernsicht bietet (s. Titelbild), und noch weiter der Küste entlang das Keramikstädtchen Vietri sul Mare. Kurz darauf folgen das geschichtsträchtige Salerno und Paestum mit seinen altgriechischen Tempelanlagen sowie weidende Büffelherden, aus deren Milch der berühmte Mozarella hergestellt wird.

Erlebenswert ist aber auch im Süden der Region der Cilento, eine herrliche Gebirgslandschaft abseits vom Trubel der Küstenstraße. Kulturhistorisch, aber auch landschaftlich reizvoll sind, im nördlichen Hinterland Kampaniens gelegen, die alten Städte Capua, Caserta und Benevent mit ihrer Umgebung, wo sowohl der geschichtlich und kunstgeschichtlich Interessierte als auch der passionierte Wanderer auf seine Kosten kommt. Kurzum: Kampanien hat alles, was eher genießerisch-stille Reisende ebenso wie extrovertierte Fat cats des Jet Set beglückt. Die berühmte neapolitanische Küche und was als guter Tropfen aus dem Keller kommt tun ihr übriges. Kein Wunder, wenn es nach einer Statistik unter der Bevölkerung dieser Region die niedrigste Selbstmordrate der Welt geben soll.

Die Landschaft

Die Campania, eine der 20 Regionen Italiens, hat ihren Namen von dem Volksstamm der Campanier, der sie einst bewohnt hat und dessen Namen sich von der Stadt Capua ableitet. Den Beinamen "glückliches Land" (campania felix) erhielt es zur Zeit der Römer, die in diesem fruchtbaren und klimatisch gesegneten Gebiet ihre feudalen Kaiservillen und Landhäuser errichteten.

Der Golf von Neapel ist eine Bucht des tyrrhenischen Meeres, und sein Hinterland ist eine Schwemmlandebene, die nach Norden, Osten und Süden von den Apenninbergen begrenzt wird. In dieser Ebene befindet sich nun **ein Gebiet von stärkstem Vulkanismus**, dessen bekannteste Erscheinung der 1277 m hohe Vesuv ist, während die übrigen Vulkane im Gebiet der Campi flegrei, der Phlegräischen Felder, um Pozzuoli teilweise nur flache Hügel sind oder als Inseln aus dem Meer auftauchten, wie Ischia, Procida und Nisida. Die Verbindung von Schwemmland und Vulkanerde ergab ein Gebiet von ungewöhnlicher Fruchtbarkeit, das obendrein noch durch ein sehr mildes und warmes Klima begünstigt wird.

Diese Region war **schon in sehr frühen Zeiten dicht besiedelt**, und aller Schrecken, den die oft verheerenden Ausbrüche der Vulkane verursachten, vermochte die Menschen nicht aus dieser Landschaft zu vertreiben. Um Neapel selbst siedelten sich in den letzten Jahren viele Industriezweige an, und, begünstigt durch den bedeutenden Hafen, ist dieses Gebiet **heute eine der produktivsten Regionen Italiens.**

Westlich erstreckt sich das Gebiet der „brennenden Felder". Gelbgrauer Tuffstein, der sehr fruchtbar verwittert, bil-

Sant'Angelo auf Ischia

Die Cala di Buondormire (Bucht des guten Schlafes) bei Palinuro

det die Hügel, zwischen denen überall die Reste von feudalen antiken Siedlungen liegen. Baiae war die bedeutendste unter ihnen; heute ist dort nur noch eine, allerdings imposante Trümmerstätte zu sehen. Die Phlegräischen Felder sind Gefilde, von denen man nicht zu sagen vermag, ob die Schönheit der Landschaft, **die zahllosen Monumente der Antike** oder die Fülle der vulkanischen Phänomene es sind, die dieser Landschaft einen so wundersamen Reiz verleihen.

Man durchquert das uralte Städtchen Pozzuoli, umfährt das neue Industriezentrum um Bagnoli mit seinen Hüttenwerken und erreicht dann die Vorstädte Neapels. Von hier aus hat man den zauberhaftesten Blick auf die Stadt, mit der beeindruckenden **Kulisse des Vesuvs** im Hintergrund, während im blauen Wasser des Golfs die **„Perlenkette der Aphrodite"** schimmert, die Inseln **Capri, Ischia und Procida**.

Schwätzer und Geizhälse im Vergleich mit Zypressen und Pinien

Zur Zypresse hat der Italien-Experte Eckart Peterich eine historische Reminiszenz hinterlassen, wenn er schreibt:
"Wie die Olive galt auch die Zypresse als heiliger Baum. Darum durften zum Beispiel die Pythagoräer sein Holz nicht zu Zahnstochern verwenden. Man hielt dies Holz für unzerstörbar, was nicht stimmt. Hölzerne Götterbilder hat man oft aus Zypressenholz geschnitzt. Bei den Römern wurde die Zypresse zum Symbol des Todes, dadurch bei den Christen zum Symbol des ewigen Lebens. Friedhofsbaum ist sie nicht nur bei den Christen, sondern auch bei den Mohammedanern. Weil aber die Zypresse ein unfruchtbarer Baum ist, wurden im Altertum Schwätzer mit ihr verglichen."
Auch zur Schirm-Pinie äußert sich Peterich:
"Die italienische Sprache hat ein fast zärtliches Verhältnis zu ihr. Da ist zunächst der ´pino´, der Baum selbst. Ein Pinienhain heißt ´pineta´. Der Zapfen ist die ´pina´, seine schöne Form wurde in der Baukunst ein beliebtes Schmuckmotiv. Sie enthält die ´pinoli´, freilich in einer sehr harten Hülse. Weil das Ausklauben eine lästig-kleinliche Tätigkeit ist, nennt man Pedanten und Geizhälse ´pignoli´. Die Piniennadeln heißen ´pinuglioli´, sie dienen, wenn sie trocken sind, weit besser als Papier zum Feueranzünden. Dann gibt es noch den „pinarolo", ein zumeist etwas affenähnliches Männchen, dessen Beruf darin besteht, die Nester der für Pinien verhängnisvollen Prozessionsraupen aus den Kronen herunterzuholen. Wir denken ferner an Pinocchio, den aus Pinienholz geschnitzten Helden des berühmten italienischen Kinderbuchs, wörtlich übersetzt: „Pinienauge."

Die Küste von Vico Equense (im Hintergrund links: Capri)

Hat man dann die große Stadt durchquert, kommt man in den Teil der Landschaft, den der Vesuv ganz für sich in Anspruch nimmt. Man trifft überall auf seine Spuren, seine alten Lavaströme und Schlammflüsse, auf denen der Mensch, ohne zu resignieren, seine Städte immer wieder neu errichtete. Hinter dem Vesuv breitet sich die weite und fruchtbare Ebene des Flusses Sarno aus, die das reiche Hinterland für das geschäftige Pompeji bildete, das man hier aus der Asche des Vesuvs ausgrub. Nun liegt vor uns wieder der Riegel des Apennin, von dem ein Ausläufer, die Monti Lattari, weit ins Meer vorstößt und die Halbinsel von Sorrent und in seiner Fortsetzung die Insel Capri bildet. Ist das bisher durchfahrene Gebiet mit üppigen Feldern und **Weingärten** bedeckt, so finden wir auf diesem Kalkgebirge mit seinen schroffen Hängen Agrumenkultur, in erster Linie **Zitronen- und Orangenhaine**.

Die Kreuzritter brachten die Zitrone mit

Mancher wird denken, dass einige Pflanzen, die er mit der Region verbindet, schon seit Menschengedenken dort beheimatet waren. Weit gefehlt! So kam der Ölbaum erst um 600 v. Chr. von Griechenland dorthin. Auch kannte man hier um 300 v. Chr. noch nicht die Agave, den Feigenkaktus oder die Palme. Und die Zitrone brachten erst die Kreuzritter aus dem Nahen Osten mit, wohin sie aber auch erst aus dem südlichen Asien gelangt war.

Die Faraglioni bei Capri

Die Orte am Südrand des Golfs tragen klangvolle Namen wie Torre Annunziata oder Castellamare di Stabia. Die **Bucht von Salerno** schließt sich an, eine malerische, bizarre Küste **mit amphitheatergleichen Städten wie Positano oder Ravello**. Nach der lebhaften Stadt Salerno weitet sich das Land zur Ebene von Volturno, berühmt für seine Büffel und die großartigen griechischen **Tempel von Paestum**.

Weiter im Süden trifft man auf die Ruinen der altgriechischen Stadt Velia und die landschaftlichen Schönheiten im **Naturpark Cilento im Hinterland** und im Norden, auch jenseits des Meeres, auf antike Stätten bei Capua und Benevent.

Das ist das Bild der Landschaft, die den Golf von Neapel und seine weitere Umgebung prägt; alles aber in dieser Region konzentriert sich auf einen **Mittelpunkt**, auf **die große Stadt Neapel.**

Eine kleine Kunstbetrachtung

Wenn aus der Antike in der Stadt Neapel selbst nur noch wenige deutlich sichtbare Zeugen dieser glanzvollen Epoche vorhanden sind, so wäre es doch falsch, daraus den Schluß zu ziehen, dass in dieser Zeit Kunst und Kultur nicht geblüht hätten. Das Gegenteil ist der Fall. Die ungeheure Vitalität der Stadt aber duldete das Alte nicht, riss es ab, erbaute neu, überdeckte oder umbaute das Alte mit Neuem. Die zahlreichen Funde aus der Umgebung, sowohl von den Phlegräischen Feldern, als auch aus der näheren Umgebung der Stadt und vor allen Dingen aus Pompeji und Her-

Blick vom Posillipo

Das „Alexandermosaik" (Ausschnitt). Das in Pompeji gefundene, aus anderthalb Millionen Steinchen bestehende Original befindet sich im Nationalmuseum von Neapel. Es stammt aus dem Haus des Fauns.

culaneum beweisen das. Es dürfte feststehen, daß **Neapel** nicht nur **lange Zeit der pulsierende Mittelpunkt von Kunst und Kultur in der von den Helenen inspirierten Epoche Italiens** war; die Forschung hat auch ergeben, dass beispielsweise von Cumae aus die griechische Schrift ihre Verbreitung in Italien fand und hier befruchtend wirkte. Aus ihr entstand die lateinische Schrift, deren Lettern noch heute gültig sind. Was in der Umgebung von Neapel an antiken Bauwerken erhalten ist, beispielsweise die Tempel von Paestum, gehört ebenso zu den herrlichsten Schätzen jener Epoche wie die zahlreichen **Kunstwerke im Nationalmuseum** von Neapel.

Die Beschreibungen der Stadt in der Antike erwähnen kaum das Stadtbild. Hier stehen die Villen und Landhäuser der Kaiser im Vordergrund. Reste des antiken Apollotempels wurden in unmittelbarer Nähe des Domes gefunden. Vom griechischen Dioskurentempel sind noch zwei Säulen erhalten; sie sind in der Kirche S. Paolo Maggiore eingebaut, die an der Stelle des früheren Tempels entstand. Es ist für den Wandel der Epochen und Kulturen vielleicht symptomatisch, dass sehr oft an der Stelle der alten Gotteshäuser neue entstanden, die neuen Kulten geweiht waren, und die alten überbauten.

Die spätere byzantinische Epoche hat in Neapel nichts Erwähnenswertes hinterlassen. **Die eigentlich neapolitanisch-bodenständige Architektur beginnt mit der Zeit des Barock im 17. Jahrhundert.** Ihr bedeutendster Baumeister war Cosimo Fanzago. Als sein geistiger Nachfolger ist Luigi Vavitelli zu betrachten, von dem ebenfalls bemerkenswerte Bauten erhalten sind. Im übrigen aber ist während der Zeit der Renaissance und des Barocks immer wieder alles umgebaut und durch neu errichtete Fassaden und Zierwerke überdeckt worden. Die sehenswerten Bauwerke, an denen Neapel durchaus nicht arm ist, stammen

Das Nationalmuseum San Martino in Neapel

eben aus jener Periode und sind bei den Stadtrundgängen näher beschrieben. **Die bildende Kunst beginnt** für Neapel praktisch auch **erst im 16. Jahrhundert**, zu einer Zeit, in der die Malerei durch fremde Meister, aus anderen Gegenden Italiens, aus Spanien und aus den Niederlanden inspiriert wurde.

In den späteren Jahren wurde die Kunst in Neapel durch das Kunsthandwerk geprägt; das Museum im Kloster von S. Martino birgt hiervon sehenswerte und bedeutende Sammlungen. Das **18. Jahrhundert** brachte eine **Blüte der Musik**, deren Mittelpunkt das berühmte Opernhaus Neapels, das Teatro S. Carlo, darstellte. Im 19. Jahrhundert wurden hier viele **Opern von Bellini, Rossini, Donizetti und Verdi** uraufgeführt. Noch heute haben die Opernaufführungen von S. Carlo Weltruf. Berühmte Interpreten wie Caruso, der übrigens in Neapel starb, die Patti und Gigli waren hier häufig zu Gast. Es ist vielleicht dem Charakterbild des Neapolitaners mehr angemessen, reproduzierender als schöpferischer Künstler zu sein. Seine Stärke liegt mehr in der sprudelnden Freude am Leben, an der Wiedergabe als am Grübeln und Schöpfen.

Eine Mitra im Museum von Amalfi

„Goethe in Campanien", Gemälde von Johann Heinrich Wilhelm Tischbein (1751-1829)

Geologie und Vulkanismus

Die Vulkane sind es, die das Bild der Landschaft um den Golf von Neapel bestimmen. In der weiten Schwemmlandebene vor dem Golf kann man zwei **verschiedene vulkanische Zentren** ausmachen. Da ist einmal der mächtige Bergkegel des Vesuv mit etwa 1277 m Höhe; wie bei allen Vulkanen wechselt oft seine Höhe. Dieser Berg ist e i n Vulkan und nicht ein Doppelvulkan, der aus den Bergen Monte Somma und Vesuvio besteht, wie man gelegentlich liest. Der Monte Somma ist nichts anderes als ein Rest des großen Ringkraters, der entstand, als 79 n. Chr. die ganze Kuppe des damals fast doppelt so hohen Berges in die Luft gesprengt wurde. Spätere Ausbrüche verlagerten den Hauptkrater immer weiter nach Süden, und so entstand dieser Berg mit dem Doppelgipfel, von dem **der Vesuv** bis 1944 die traditionelle Rauchfahne zeigte. Obwohl diese seit dem Ausbruch 1944 verschwunden ist – sehr zum Leidwesen der Neapolitaner –, ist der Berg keineswegs erloschen. Vielmehr **kann** er **jeden Tag seine Eruptionstätigkeit wieder aufnehmen.**

Das weiter westlich liegende Gebiet zeigt vollkommen andere Erscheinungsformen. Die Vulkane, die sich um **die Solfatara bei Pozzuoli** scharen, sind **meist erloschen** oder verharren in einem Spätzustand des Vulkanismus. Hier fehlt der Lavaausstoß vollkommen, dagegen türmten die meist nur hügelhohen Vulkane gewaltige Aschenmengen auf, die das ganze Land mit gelbgrauem Tuff bedeckten.

Unter diesen Vulkanen ist die Solfatara der berühmteste. Ihr Krater ist ein großes, ringförmiges Eruptionsfeld, von dessen letztem Ausbruch keine zuverlässigen geschichtlichen Quellen berichten. Seit jeher befindet er sich in dieser für ihn charakteristischen Tätigkeit, im Solfataren-Zustand. In dem Krater kann man die spätvulkanischen Erscheinungen gleichsam wie im Sandkasten studieren. Auf dem glatten, wie ausbetonierten Kraterboden findet man Stellen, an denen der Untergrund so hohl klingt, als ginge man über eine Trommel. An einigen Stellen treten Schwefelgase überhitzt (ca. 160 °C) und unter hohem Druck aus dem Boden. Man nennt diese Erscheinungen nach dem Krater „Solfataren". Ihre Gasausströmungen kann man durch eine darübergehaltene Fackel sehr beeindruckend als Rauch sichtbar machen.

An anderer Stelle findet man **Dampfausbrüche**, sogenannte „Fumarolen", bei denen mit Fauchen und Zischen Wasserdampf unter hohem Druck ausströmt. Im Solfatara-Krater entstand aus einer solchen Fumarole in einem Gewölbe eine regelrechte „Natursauna". Wahrscheinlich waren die berühmten Schwitzbäder in den Grotten zur Zeit der Römer, z.B. die „Stufe di Nerone", genauso beschaffen. An noch anderen Stellen gibt es hier Tümpel, in denen Dampf und heißes Wasser den Schlamm kochend und blubbernd hochtreiben. Man nennt diese Schlammkrater „Fan-

Blick auf den Vesuv

ghieren". Diese Eruptionen wechseln oft überraschend ihre Lage. Eine vierte spätvulkanische Erscheinung, die man besonders häufig in vollkommen erloschenen Kratern findet, ist die „Mofette", eine Ausströmung von Kohlensäure, manchmal bis zu 60 bis 70 °C heiß, oft aber auch kalt. Berühmt ist die Mofette in der „Hundsgrotte" bei dem Krater von Agnano. Sie hat ihren Namen deshalb, weil die ausströmende Kohlensäure, die schwerer ist als Luft, sich am Boden der Höhle sammelt und dann abfließt. Dem Menschen wird sie nicht gefährlich; aber kleinere Tiere wie z.B. Hunde ersticken in ihr wegen ihrer geringen Kopfhöhe.

Das ganze Gebiet um die Solfatara ist dauernden Veränderungen unterworfen. So gibt es hier einen Berg, dessen Tag

Am Monte Epomeo auf Ischia

der Entstehung genau festliegt. Es ist der Monte Nuovo, 140m hoch, der am 30. September 1538 bei einem plötzlichen vulkanischen Ausbruch entstand und gleich darauf wieder erlosch. Sein Ausbruch brachte gewaltige Veränderungen in der Umgebung mit sich. Auch die Seen in diesem Gebiet, wie z.B. der Lago Averno, der Lago Fusaro, der Lago Isernia und das Mare Morto sind ehemalige Vulkankrater. An ihren Ufern findet man Mofetten und **warme Quellen**.

Die Insel Nisida – heute durch einen Damm mit dem Festland verbunden - ist nichts anderes als ein Vulkankegel, dessen Krater einen wunderschönen Naturhafen abgibt. Auch die Inseln **Procida und Ischia sind vulkanischen Ursprungs**. Auf Ischia ist der Monte Epomeo seit 1302 erloschen. Man findet auf der Insel postvulkanische Erscheinungen in reichem Maße, und ihre heilkräftigen Thermen bilden einen der wesentlichsten Anziehungspunkte dieser Insel. Capri ist übrigens nicht vulkanischen Ursprungs und zeigt darum ganz andere Farben und eine unterschiedliche Pflanzenwelt als die Nachbarinseln.

Die in diesem Gebiet oft auftretenden Erdbeben stehen nur bedingt im direkten Zusammenhang mit dem Vulkanismus. 1960 richteten örtliche Beben nördlich von Neapel erhebliche Schäden an. Ein schweres Erdbeben gab es 1980. Das Beben traf die Provinzen Neapel, Caserta, Avellino, Benevent, Salerno, Potenza und Matera. Auch wenn Neapel „nur am Rande" berührt wurde, so wurden dort doch ganze Straßenzüge betroffen. Schwere Schäden an den Gebäuden zählen kaum angesichts der ca. 3000 Toten und 8000 Verletzten. 200 000 Obdachlose waren monatelanger großer Not ausgesetzt.

Eine andere mit dem Vulkanismus zusammenhängende Erscheinung ist der **Bradiseismos**, die **Hebung und Senkung der Erdoberfläche** in (geologisch) kurzen Zeiträumen. Diesem Bradiseismos ist das Gebiet um Pozzuoli unterworfen. Der antike Marktplatz dieser Stadt, das Macellum oder Serápidum (man hielt es fälschlich für einen Serapis-Tempel), ist ein Schulbeispiel hierfür. An den drei hohen aufrechtstehenden Cipollin-Säulen kann man die Perioden der Hebung und Senkung studieren - dank der Bohrmuschel, die die Eigenschaft hat, sich haargenau an der Höhe des Wasserspiegels in Steine einzubohren. An diesen Bohrlöchern kann man nachweisen, dass diese Senkungsperiode etwa im 13. bis 16. Jahrhundert stattfand. Dann folgte eine Hebung, die den Bau am Ende des 18. Jahrhunderts ganz trockenlegte. Aber schon 1803 berichtete ein mit Vermessungsarbeiten beschäftigter Ingenieur von einer Erschwerung seiner Arbeit durch Versumpfung des Bodens, und wenige Jahre später erfuhr man, dass bei bewegter See die Mineralquellen im Gebiet des Macellum nicht mehr abflössen.

Zu Beginn des Jahrhunderts sank der Boden stetig weiter, so dass das Macellum überflutet war. Erst 1970 begann eine Gegenbewegung, die schließlich deutlich messbar wurde. Um kaum vorstellbare 90 cm hatte sich der Boden in wenigen Jahren gehoben. Gleichzeitig kam es auch zu starken seismischen Veränderungen. Im Meer vor Pozzuoli stellte man eine erhebliche, lokal begrenzte Erwärmung fest. Und wieder einmal bemächtigte sich der Einwohner von Pozzuoli die Angst vor einem Erdbeben, das dann 1980 ja auch erbarmungslos zuschlug.

Heute bereiten **Schlammlawinen** eher Sorgen, die **durch Umweltzerstörungen** hervorgerufen werden - Abholzungen, wilde Bebauung und ungenehmigte Flussregulierungen. **Das geologische Gleichgewicht** der Gebirgsregion an den Golfen von Neapel und Salerno **ist** deshalb ziemlich **unstabil geworden**. Daher sind Amalfi und Sorrent zu Risikozonen im Unwettergebiet bei Neapel geworden. 230 der 550 Kommunen in der Region Kampanien sind durch Schlammlawinen gefährdet.

Aus Küche und Keller

Es gibt in Italien eine Faustregel: **Oft sind die einfachsten Lokale die besten**. Und so gilt es auch als schick, wenn sich das beste Restaurant nicht mehr wie früher „Ristorante", sondern schlicht „Trattoria" nennt, was unserem Wort Gasthaus entspricht - Understatement ist „in". Noch ein **Tipp**: Folgen Sie den Empfehlungen der Einheimischen! Und **essen Sie da, wo die Italiener sitzen** - das ist oft dort, wo **„cucina casalinga"** (heimische Küche, wo noch Muttern kocht) geschrieben steht! Lassen Sie sich vom Wirt sagen, was Gutes auf dem Speiseplan steht, und wenn Sie dessen Empfehlung folgen, sind Sie meistens gut bedient. Besuchen Sie kein Lokal, das vor der Tür keine Speisekarte hat - die Überraschung beim Bezahlen könnte weh tun.

Man muss wissen, dass in Italien das feste Menü, so wie man es bei uns kennt, sich kaum auf einer Karte findet. Der Italiener stellt sich sein Essen selbst zusammen und richtet sich dabei nach Geschmack und Appetit. Er isst wie der Franzose: nicht um sich zu ernähren, sondern er speist, um zu genießen, und bringt für eine Mahlzeit entsprechend viel Zeit mit - das sollte der manchmal ungeduldige Tourist wissen, für den das Essen nicht mehr als ein Akt der Nahrungsaufnahme ist und in dessen Augen die Mahlzeit ihn eigentlich nur vor dem Hungertod bewahrt.

Das warme Gericht nimmt der Italiener abends zu sich. Die Lokale füllen sich zwischen 19.30 und 21 Uhr. Wenn Sie am fröhlichen Leben eines italienischen Restaurants teilhaben wollen, dann gehen Sie - nach rechtzeitiger Tischbestellung, vor allem in der Hauptsaison - erst nach 20 Uhr dorthin.

Unaufgefordert erhält der Gast ein Gedeck (pane e coperto), für das extra bezahlt wird. Dazu gehören viel unge-

Spätnachmittag in Ravello

Mit Pasta zu höchster Lebenserwartung

Es ist durchaus nicht so, dass die Italiener schon seit altersher Pasta gegessen hätten. Nach neuesten Veröffentlichungen haben erst im 12. Jahrhundert die Araber die Sizilianer als erste „Italiener" die Technik gelehrt, aus Hartweizengries Teigwaren herzustellen, die durch Trocknung geradezu unbegrenzt aufbewahrt werden konnten. Und auch erst wieder drei Jahrhunderte später sei diese Technik der Pasta-Produktion nach Neapel gekommen. Aber wer weiß schon, dass sie über den Hafen von Genua erst von 1860 an Einzug in Norditalien hielt?! Dass die Nudeln, die der Italiener einmal am Tag isst, gesund sein müssen, beweist der Umstand, dass er im Durchschnitt 82 Jahre alt wird und damit zu den vier Völkern der Erde mit der höchsten Lebenserwartung zählt.

Keinem kultivierten Italiener würde es einfallen, die Spaghetti außer mit der Gabel etwa noch mit dem Löffel als Hilfsmittel zu Munde zu führen. Das tun eigentlich nur die Barbaren aus dem europäischen Norden, die dann auch noch annehmen, sich typisch italienisch zu verhalten. Nein, mit der Gabelspitze greift man sich zwei, drei, vier der langen Nudeln und dreht sie zu einem Bällchen zusammen, das man so zu sich nimmt, dass möglichst kein Nudelende aus dem Mund heraushängt. In früheren Zeiten freilich wurden die Spagetti noch anders verzehrt. In seinem 1840 erschienenen Buch über Neapel beschrieb es der Italien-Reisende Karl August Mayer so: „Als Gabel dienen dem Lazzarone (= Tagedieb, d. Aut.) die Finger, indem er aufschauend die geliebte Speise, wie eine Hand voll weißer Würmer, über sich hält und gierig mit den Lippen einzieht. Die Linke löst dabei die Rechte ab, der Genuss dauert ununterbrochen fort, bis der Teller leer ist, und nur Schlürfen und Schlucken unterbrechen in regelmäßigen Pausen das andächtig-stille Werk."

Eine Fotografie aus dem 19. Jahrhundert

Bäckerei in Salerno

salzenes Weißbrot, oft getoastet, mit Knoblauch eingerieben und mit Öl beträufelt (bruschetta), Butter und eine Karaffe Wasser, damit er erst einmal seinen Durst stillen kann sowie auch zum Verdünnen des Weines; dabei wird in der Regel frisches Trinkwasser und nicht Mineralwasser serviert, das wegen seiner abführenden Wirkung von den Einheimischen oft abgelehnt wird. Letzteres kann aber bestellt werden. Man erhält es mit Kohlensäure (con gas oder gasata) oder als stilles Wasser (senza gas oder non gasata).

Das eigentliche Essen des Italieners besteht dann aus einem ersten Gang, dem Primo, dem manchmal noch ein Antipasto, eine Vorspeise mit irgendeiner appetitanregenden Kleinigkeit, vorausgeht. Oft sind diese Vorspeisen das Beste vom ganzen Essen; dazu zählt auch ein guter Risotto, der in vielen Arten zubereitet wird. Dieser erste Gang ist eigentlich zum Sättigen da. Er besteht meistens entweder aus einer - oft sehr dicken - Suppe oder aus einem Gericht aus Teigwaren in den verschiedensten Spielarten, eben der „Pasta asciutta".

Hat er das im Magen, dann macht er sich schon fast gesättigt und darum um so genießerischer über den Secondo, den zweiten Gang, her, eine Fleisch-, Fisch- oder Geflügelspeise, zu der man sich das Gemüse meistens gesondert bestellen muss. Dazu isst er Weißbrot. Das ist für ihn die obligate Beilage, wie für uns oft die Kartoffeln, die wiederum für den Italiener ein Gemüse sind.

Zum Abschluss isst er vorzugsweise frisches Obst, auch Eis, eine Süßspeise oder auch Käse. Ein heißer Espresso, der dicke, schwarze Kaffee in einem winzigen Tässchen mit Zucker, rundet die Mahlzeit ab. Zum Essen trinkt der Italiener immer Wein, vorwiegend den leichten roten Tischwein (vino da tavola), den er meistens noch mit Wasser verdünnt.

War das Essen gut, sollte man trotz des Bedienungsgeldes (servizio, ca. 15 Prozent) noch ein Trinkgeld (mancia) geben, ca. 10 Prozent, das Sie beim Verlassen des Lokals auf dem Teller des Restgeldes liegenlassen.

Achtung: Heben Sie die Rechnung (ricevuto fiscale) **auf**, denn Sie müssen sie bei einer Kontrolle der Finanzpolizei vorweisen, andernfalls eine deftige Strafe droht. Mit dieser Regelung sollen die Lokale gezwungen werden, ihre Einnahmen auch wirklich zu versteuern.

Die italienische Kost ist dem Klima und den Landesprodukten angepasst, und wer entsprechend lebt, der wird sich wohlfühlen. Die oft geschmähte Ölküche hat im Süden ihre Vorteile, denn das Olivenöl ist das leichtestverdauliche Speisefett. Zudem ist es geschmacklich fein auf die einzelnen Speisen abgestimmt.

„Die italienische Küche hat Charakter,

sie ist selten anmaßend und zweifelhaft. Geruch, Aussehen und Geschmack der angebotenen Dinge sind so, wie sie sein sollen, und jeder Bestandteil der Speisen hat seine scharf differenzierte, seiner Natur treue Eigenart behalten. Alles wird frisch, und zwar zu der Jahreszeit verzehrt, in der es am besten schmeckt. Obst und Gemüse sind ohne den faden Papiergeschmack künstlicher Produkte, weil sie eben nicht aus dem Treibhaus kommen. Nichts wird vorzeitig geerntet, nichts chemisch konserviert. Die Farben sind von großer Lebhaftigkeit: das Gelb des Risotto Milanese, das Rot des Tomatensaftes oder der Spagetti mit Tomatensoße, das Grün des Broccoli, das Weiß der Toskaner Bohnen, das Kardinalspurpur von gekochtem Oktopus, das Gold der Fettucine al doppio burro, sie sind alle klar wie das Tuch der Fahnen oder die Farbstifte der Kinder. Die Pizze sind Malerpaletten, mit denen sich ein sommerlicher Sonnenuntergang malen lässt. Wenn das Sonnenlicht durch die Gläser fällt, funkeln die Weine wie Edelsteine; keine noch so feine Nuance verfälscht die Kraft ihrer Farben oder ihres Bouquetts."

Der Schriftsteller Luigi Barzini in "Die Italiener".

Obst- und Gemüsestand an der Amalfitana

Das **Frühstück** im Hotel ist ein Stiefkind. Es besteht aus einem für unsere Zunge fürchterlichen Kaffee. Dazu gibt es einen Klecks Butter, Aprikosen- oder Feigenmarmelade und Weißbrot, das zum Leidwesen der Frühaufsteher noch nicht einmal frisch ist.

Der italienische Kaffee ist stark geröstet und schmeckt deshalb scharf. Der typische Vertreter ist der Espresso, Café latte ist Milch mit Kaffee, nicht umgekehrt. Café con la panna ist Kaffee mit einem Löffel Schlagsahne. Der Cappuccino ist ein Kaffee mit einem kleinen Schuß „aufgeblasener" Milch.

Die **Hauptmahlzeit** sollte man auf den Abend verschieben und dann ein vollständiges Menü zusammenstellen. **Als Wein trinkt man am besten den preiswerten offenen Landwein.** Man bekommt ihn in einer Karaffe (un quarto, un mezzo, un litro = ein Viertel, ein halben Liter, ein Liter). Flaschenwein ist selten besser, aber viel teurer. Die Markenweine – im Süden fast immer Süßweine - sind schwer und werden nur als Dessertwein getrunken.

Die Gewohnheit zu zechen, kennt der Italiener nicht – es bekäme auch seinem Temperament schlecht. Im Preise des Gedecks ist der Wein heute nur noch selten eingeschlossen. Manchmal wird auch noch eine Literkaraffe „al consumo" auf den Tisch gestellt. Bezahlt wird die Menge, die man entnommen hat.

Man soll den Getränkekonsum im Süden niedrig halten. Vor allen Dingen soll man mit Rücksicht auf den Magen zu **stark gekühlte Getränke vermeiden** und den Verlockungen der vielen Eisspezialitäten widerstehen. Säfte mit und ohne Kohlensäure sind hier im Lande der herrlichen Früchte sehr wohlschmeckend. Das italienische Bier ist sehr leicht und für unseren Geschmack schal und fade. Beliebt sind auch die süßlich-bitteren alkoholfreien Aperitifgetränke, die man dort „chinotto" nennt. Sehr bekömmlich und erfrischend sind auch als Aperitive die mehr oder weniger bitteren Aroma-Weine und Liköre, die man mit Zitronenschale und Sodawasser nimmt. Man bekommt sie meist fertig gemixt in einem Fläschchen.

Die gute Küche ist der Stolz eines jeden Südländers. Darum kann man fast überall, auch in der kleinsten Gaststätte, gut essen.

Gehen Sie in ein Hotel oder Ristorante nur zu einem kompletten Essen; einen kleinen Imbiss nehmen Sie in einer Pizzeria, Rosticceria, oder lassen ihn sich in einer Salumeria zusammenstellen. Eine **Rosticceria** und eine **Pizzeria** sind Imbissstuben, wo man schnell eine Kleinigkeit isst. Das gleiche, aber mehr auf das Trinken, das nicht unbedingt alkoholisch sein muss, abgestimmt, ist die **Bar.**

Eine Konditorei nennt sich **Pastizzeria**; man hat darin auch manchmal Gelegenheit, das Gekaufte an Tischen zu verzehren. Unter Umständen holt der Lehrling den Kaffee dazu von der Bar nebenan. Die Backwaren sind mehr Zuckerbäckereien als Kuchen und für unseren Geschmack übersüß.

Die „Bar" in Italien

hat mit einer Nachtbar nichts zu tun. Vielmehr löst man hier an der Kasse einen Bon für ein Getränk oder einen Imbiss, was man sich dann an der Theke geben lässt. An den Tischen gibt es eine besondere Bedienung und höhere Preise. Es ist nicht üblich, sich den Verzehr an der Theke zu holen und sich damit an einen Tisch zu setzen. Das gemütliche Kaffeehaus mitteleuropäischen Stils ist in Italien so gut wie unbekannt. Die Einnahme eines Kaffees oder einer kleinen Zwischenmahlzeit wird vielmehr im Stehen „erledigt".

Übrigens: Der caffè als Abschluss eines Mahles darf in Neapel alter Tradition gemäß nie ein Cappuccino sein! Warum nicht, weiß kein Mensch - es ist eben ein Ausfluss der Napoletanità, der unerklärlichen, spezifischen Mentalität der Bürger dieser eigenwilligen Stadt.

Die **Salumeria** (etwa mit Feinkostgeschäften zu vergleichen) ist eine Imbissstube, in der man das Eingekaufte verzehren kann und oft auch einfache warme Speisen bekommt. Man kann sich da auch ein „cestino", eine Tüte mit Kaltverpflegung, für den ganzen Tag zusammenstellen lassen, wenn man es nicht sogar fertig vorrätig hat.

In einer **Osteria** gibt es nur selten warmes Essen. Da verzehren die Einheimischen zum Wein meistens ihr Mitgebrachtes. Wenn es sich nicht um Schenken mit Lokalkolorit handelt, wirkt der Fremde hier fast immer deplaziert.

Im frühesten Frühling sind die Zitrusfrüchte, Orangen und Mandarinen billig; dann kommen bald schon im April/Mai die „nespole", Mispeln, gelbfleischig und wie eine Kreuzung zwischen Hagebutte und Birne aussehend, sehr erfrischend, süßsäuerlich, mit dicken Kernen. Auch gibt es frische Feigen (Vorsicht, sie sind ein hervorragendes Abführmittel!) und die fadsüß schmeckenden Früchte der Opuntie (Feigenkaktus).

Dann erscheinen auf dem Markt Kirschen sowie Aprikosen - und bald die Pfirsiche, Gedichte von Pfirsichen! Im Sommer sind es die vielerlei Melonen, die zum Kauf reizen. Dann kommen im Herbst die Weintrauben, Äpfel und Birnen, und zum Winter beginnen die Orangen und Mandarinen den Kreis von neuem. Es ist eine Enttäuschung der meisten, dass sie in den Sommermonaten in Italien für die Orangen, da wo sie wachsen, mehr bezahlen müssen als bei uns. Nun, das ist klar, im Sommer gibt es nur wenige „Gartenorangen", und die sind entsprechend teuer. Die Haupternte in Italien ist in den Wintermonaten. Die Orangen, die man in Norditalien an den Bäumen sieht, sind meistens ungenießbare Zierfrüchte.

Zitronengarten in Vico Equense

Der Magen ist die Kesselpauke der Freude

Giacomo Rossini, der viele Opern und Kochrezepte komponierte, sah einen Zusammenhang von Musik und Magen: „Der Magen ist der Dirigent, der das große Orchester unserer Leidenschaften leitet und aktiviert. Den leeren Magen verkörpert das Fagott, das das Missbehagen mit Brummen zum Ausdruck bringt, oder die Piccoloflöte, die den Hunger herausschreit. Der volle Magen dagegen ist die Triangel des Vergnügens oder die Kesselpauke der Freude."

Spezialitäten aus Neapel

Kampanien ist die Heimat der „pasta asciutta", darum gibt es gerade in und um Neapel unzählige Spezialitäten dieser Speise, die fast zum typischen Vertreter der italienischen Küche wurde. Die Nudelgerichte haben hier Tradition.

Johann Wolfgang von Goethe notierte am 29. Mai 1787 in Neapel in sein italienisches Reisetagebuch: "Die Maccaroni, ein zarter, stark durchgearbeiteter, gekochter, in gewisse Gestalten gepresster Teig von feinem Mehle, sind von allen Sorten überall um ein geringes zu haben. Sie werden meistens nur in Wasser gekocht, und der geriebene Käse schmälzt und würzt zugleich die Schüssel."

Und ein Neapolitaner des 19. Jahrhunderts schrieb: „Wer das Paradies durch eine Tür betritt, kann nicht in Neapel geboren sein. Wir Neapolitaner halten Einzug in den Palast der Paläste, indem wir einfach einen Spagetti-Vorhang zur Seite schieben."

Und noch etwas, ohne das man sich kaum ein italienisches Gericht vorstellen kann, wird hier in unvorstellbaren Mengen angebaut, die Tomate, in Italien Pomodoro genannt, im neapolitanischen Dialekt heißt sie Pommarola.

Berühmt ist natürlich die Pizza, die in vielerlei Spielarten auf den Tisch kommt, mit Tomaten, Sardellen, Käse oder Wurst belegt, mit Kräutern gewürzt, und die krachend heiß serviert wird. Der Pizzaofen, ein Holzkohlebackofen, der ständig unter Glut ist, gehört zur typischen Einrichtung neapolitanischer Gaststätten. Ende 1999 schreckten allerdings die italienischen Medien die Pizzabäcker mit der Meldung auf, die EU-Kommission wolle die traditionellen Holzöfen aus hygienischen Gründen abschaffen und nur noch Gas- und Elektroöfen zulassen; doch Brüssel winkte ab: Die Italiener dürfen Pizza backen, wie sie wollen - ein Aufatmen ging durchs Land! Für erneutes blankes Entsetzen sorgte in Italien 2002 die Meldung, dass der erste Pizza-Automat der Welt erfunden wurde und auch noch von einem Italiener. Die „Wonderpizza" wurde als „terroristischer Anschlag von verrückt gewordenen Technikfreaks" verurteilt.

Pizza napoletana: Die Liebesnacht von Tomate und Basilikum

Einer der größten Schriftsteller des heutigen Italiens, Luciano de Crescenzo ("Im Namen der Rose", "Das Pendel"), hat auch über die Geburt der neapolitanischen Küche berichtet. Danach hatten sich Tomate und Basilikum vor 3000 Jahren eine Liebesnacht versprochen, wobei das Bett eine Pizza sein sollte. Mit den sich am Golf von Neapel ansiedelnden Griechen kam zwar das Basilikum, aber die Tomate sollte noch lange auf sich warten lassen, weil sie noch als harmloses Nachtschattengewächs im fernen Amerika vor sich hin-

Pizza-Bäcker in Vico Equense

träumte - bis Christoph Kolumbus kam und sie nach Europa brachte und nebenhert auch noch den neuen Erdteil entdeckte.

Neapel und die Pizza gehören zusammen wie München und die Weißwurst. Man probiere einmal die Pizza am Stand von „Don Salvatore Attanasio" an der Spaccanopoli, dem „Mittelpunkt des Zentrums", auf der Piazzetta Divino Amore (wo in unseren unterkühlten Breiten würde man einen Platz „Göttliche Liebe" nennen?!). Die Ingredienzien Basilikum, Mozzarella und Tomate machen die Pizza Magherita aus - die Krönung aller Pizzen in den grün-weiß-roten Farben der italienischen Flagge. Vor gut hundert Jahren erblickte sie als eigenständige Kreation der neapolitanischen Küche das Licht der Welt, als sie für die Frau von Umberto I., Königin Margherita von Savoyen, zum ersten Mal in dieser Zusammensetzung gebacken wurde.

In Roberto Minervinis Buch "Storia della Pizza" wird ihre Geburtsstunde in Neapel so geschildert: "Raffaele Esposito, Patron der Pizzeria ´Pietro, e basta così, wird ins Schloss Capodimonte gebeten. Die Königin, eine große Freundin der Pizza, wünscht einen Beweis für sein außerordentliches Können. Esposito bereitete daraufhin mehrere dieser Köstlichkeiten zu, und nachdem sie alle gekostet hatte, erklärte Margherita, jene mit Mozzarella und Tomaten habe ihr am besten gemundet. Mit Datum vom 11. Juni 1889 wurde dem ‚hochgeschätzten Signor Esposito' in königlichem Auftrag ein Schreiben übersandt: ‚Ich bestätige Ihnen, dass die drei Arten von Pizza, die Sie für Ihre Majestät, die Königin, hergestellt haben, vorzüglich gefunden wurden. Ihr ergebener Camillo Galli, Chef der Königlichen Tafel.'"

Die Pizza ist eine Mahlzeit für jede Tageszeit, aber am Sonntag kommen die Makkaroni auf den Tisch. Um hier eine irrige Annahme zurechtzurücken: Es war nicht der Venezianer Marco Polo, der die Teigware nach Italien brachte. Ausgrabungen haben ergeben, dass schon die Etrusker eine Art Nudelgericht kannten. Aber von Neapel aus verbreitete sich die Pasta in aller Welt. Die beliebteste in Kampanien sind Maccheroni alla napoletana - mit Olivenöl, Tomaten und Knoblauch, aber auch die Pummarola ´n coppa - mit Tomaten, Räucherspeck, Zwiebel und Knoblauch. Und die beste aller Saucen ist das Ragu napoletano, das auf kleinster Flamme sechs bis sieben Stunden bei ständigem Umrühren gesotten wird. Dem Homme de lettre De Crescenzo zufolge muss man bei der Zubereitung der Sauce wenigstens einer Person am Tisch besonders zugetan sein, und deshalb heißt sie bei ihm Ragu d´amore.

Neapel ist eine Stadt am Meer, und im Fischerviertel Santa Lucia sind natürlich Fischgerichte in allen Spielarten auf

Zitronenlikör in Sorrent...

...und in Amalfi

dem Tisch, ganz besonders Gerichte mit Muscheln und Tintenfischen. In den Binnenseen am Kap Miseno werden Muscheln und Austern gezüchtet. Auch im Meer sieht man überall die charakteristischen Pfähle eingerammt, die mit Strohseilen umwunden sind und an denen Miesmuscheln gezüchtet werden. Leider sind die in Hafennähe geernteten Muscheln oft durch die Wasserverschmutzung ungenießbar, nicht nur weil sie nach Öl schmecken.

Eine kampanische Spezialität sind die **„Baba", in Rum oder Zitronenlikör getränkte Küchlein**, die in ihrer Konsistenz unserem Sandkuchen ähneln. Da sie vor starkem Alkohol meistens nur so triefen, weshalb sie in der Regel im Glas gekauft werden, sollte sich der Autofahrer den Genuss reiflich überlegen.

Die Mittelmeer-Diät

Nach der Untersuchung eines amerikanischen Ernährungswissenschaftlers wirkt die „Mittelmeer-Diät" Zivilisationskrankheiten wie Infarkt, Arteriosklerose, Blinddarmentzündung, Darmentzündung und Tumoren entgegen, da sie - wie es dort heißt - „aus Brot, Pasta, Früchten, Gemüse, Fisch und weißem Fleisch (Geflügel und Kaninchen) besteht und nur ein wertvolles Fett verwendet: Olivenöl".

Spitze: Jungfernöl

Olivenöl war bereits im Altertum ein wichtiges menschliches Nahrungsmittel und in dem Olivengürtel der alten Welt eine sichere Grundlage der Wirtschaft und der Kultur. Seit dem 10. Jahrhundert haben Benediktinermönche mit der Ölfrucht den Bauern, denen die Weiden knapp wurden, geholfen, die Ernährung zu sichern. Getreu ihrer Losung „Bete und arbeite!" bauten sie, wo sie sich niederließen, schmale Terrassen Jahrhunderte hindurch über steinernen Trockenmauern in die Breite und die Höhe hinauf. Bis 900 Meter hält der Ölbaum auch kurze Winterfröste aus. Die Benediktiner lehrten, Öl kalt zu schlagen, und errichteten Ölmühlen gleich reihenweise. Heute sind Süditalien und Sizilien die größten Ölerzeuger der Halbinsel. Im Mittelalter ging es um die Rückgewinnung verlorenen Bodens. Damals entstand die neuere ölverarbeitende Industrie Italiens.

Im Grunde ist der Fettgehalt aller Olivenöle nahezu gleich. Wie beim Wein jedoch unterscheidet man die Landschaften und darin bevorzugte Ölhaine. Und auch wie beim Wein kommt es auf die Verarbeitung an. Gesetze versuchen, mit vorgegebenen Merkmalen die italienische Ware hochzuhalten. Danach wird Jungfernöl (olio vergine di oliva) aus gewaschenen Oliven nur durch Auspressen und Filtern gewonnen. Es darf nicht mehr als 1 Prozent Linolsäure enthalten. Für die Spitzenklasse sind peinlich saubere Ölmühlen und nicht zu harte Mühlsteine (kein Granit) Bedingung. Wie beim Wein spielt die genau abgepaßte Reife eine Rolle.

Olivenhain an der Punta Campanella

Jungfernöle gibt es in drei Klassen. Diese kaltgepressten Öle dürfen nicht mit anders gewonnenen Ölen verschnitten werden und im Gewicht nicht mehr als 1, 1,5 oder bis 3 Prozent Linolsäure enthalten. Das sind: olio extra vergine, olio soppraffino vergine und olio vergine di oliva. Andere vier Sorten werden entweder aus den Mahlresten der Kaltpressung mit heißem Wasser ausgewaschen *(olio di sansa,* ein Verfahren, das ein Ligurer 1717 erfand), oder sind Öle, die mit Lösungsmitteln gewonnen werden (olio rettificato*).* Verschnitt mit Jungfernöl zur Aufbesserung ist erlaubt. Und letztlich wie beim Wein müssen Keller- und Küchenmeister für ein Feinschmeckermahl übereinstimmen. Zum Olivenöl passen frische und leichte Weine. In anderen Gegenden bedarf es gröberen Rebensaftes, um dem dringlichen Aroma der Olive entgegenzuhalten.

In der Volturno-Ebene, nördlich von Neapel, liefern die Wasserbüffel den frischen Büffelkäse Mozzarella.

Das einstige Brot der Armen von Vernichtung bedroht: Die Esskastanie

Seitdem Kampanien von Touristen überflutet wird, ist die große Armut früherer Jahre gewichen, in denen die Bevölkerung von den Kastanien lebte. Teilweise gehören zu vielen Häusern noch heute ein paar Säcke Kastanien zum Wintervorrat: Man röstet sie, bäckt aus ihrem Mehl ein Kastanienbrot sowie einen -kuchen (castagnaccio, mit Orangenschalen, Rosinen und Pinienkernen), macht eine Marmelade und eine Süßspeise aus Kastanien; außerdem werden Maronenmehl als Ersatz für teures Getreide, Maronenpüree und glasierte Maronen hergestellt. Mangels Getreides wurde die mehlige Frucht auch mit Milch, Rahm und Speck gekocht. Die Schalen wurden als Tierfutter verwendet; vermischt mit Schweinekot und Kuhfladen dienten die Hülsen als Düngemittel für die Wiesen, und mit seinem Tannin wurde Leder gegerbt. Der Baum selbst gab Feuerholz und sein Laub Streu für die Viehställe her.

Manche Dörfer feiern noch immer Kastanienfeste, auf denen man Leckerbissen probieren kann. Die Baumfrüchte waren einst das Brot der Armen und bis zum Ende des Zweiten Weltkrieges eine der Haupteinnahmequellen. Seit den 30-er Jahren ist ein aus Fernost eingeschleppter Parasit (Endothia parasitica) dabei, die Kastanie in Italien auszurotten, was ihm in Nordamerika schon restlos gelungen ist.

Vorspeisen – Antipasti

Spaghetti con la pommarola - Spagetti mit Tomatensoße.
Vermicelli oder Spaghetti alle vongole – Spagetti mit Muschelfleisch und -soße.
Timballo di maccheroni – Makkaroni-Auflauf mit pikanten Beilagen, überbacken mit Büffelkäse.
Lasagne al forno – überbackene Nudelschichten.
Lasagne alla napolitana – Nudelschichten mit Ragout, gekochten Eiern und Käse.
Cannelloni ripieni dalla costiera amalfitana – Nudelrollen, gefüllt mit verschiedenen Ragouts und Käse, Spezialität aus Amalfi.
Sartú di riso – Reisauflauf, gebacken mit Fleischklößchen, Wurst, Mozzarella, Eiern, Tomaten und Pilzen.
Minestra maritata („verheiratete Suppe") – Fleischbrühe mit Fleisch- und Schinkenwürfeln, Zichorie und Wirsing, mit einem Schinkenknochen gekocht.
Zuppa di soffritto – Suppe mit verschiedenerlei Fleisch, Leber, mit viel Pfeffer, Zwiebeln und Tomaten.
Zuppa di pesce oder alla marinara – Fischsuppe mit verschiedenen Fischen, Muscheln und Krustentieren, überall anders nach Spezialrezept hergestellt; sie wird auch Brodetto, Cuscusu oder Bouillabaisse genannt.
Zuppa fortec – besonders kräftige, nahrhafte Brühe mit je nach Saison verschiedenen Einlagen. Sehr pikant!

Hauptgerichte

Fritti misti – Krebsschwänze und Tintenfische in Öl gebacken.
Polpi affogati – kleine Tintenfische in eigener Tinte gesotten.

Polpi alla Luciana – kleine Tintenfische, gekocht in Öl, Knoblauch, Pfefferschoten und Petersilie; ein Nationalgericht aus Santa Lucia.
Carne oder bistecca alla pizzaiola – Rindsfilet, in Öl gedünstet, mit Tomatensoße, gewürzt mit vielen Kräutern.
Parmigiani di melanzane – Auberginen in Scheiben mit Parmesankäse überbacken.
Mozzarella in carozza – Brot und Büffelkäse in Scheiben, umhüllt mit Eierkuchenteig und in Schmalz gebacken, wird heiß serviert. Besondere Spezialität in Neapel.
Calzone alla napolitana – Hefeteig-Rollen mit Füllung aus Mozzarella, Schinken, Eiern oder anderen Zutaten, gebacken.

Nach italienischer Volksweisheit sind zur Zubereitung eines guten Salates sechs Personen erforderlich: Ein Armer, um ihn zu sammeln, ein Geduldiger, um ihn zu putzen, ein Verschwender, um das Öl dazuzugeben, ein Sparsamer, um ihn mit Essig zu würzen, ein Verrückter, um ihn zu mischen, und ein Faulenzer, um ihn zu essen.

Nachspeisen
Sfoglatelle – süßes, verschieden gefülltes, dreieckiges Gebäck.
Zeppole – Blätterteigkuchen.
Pasteria napolitana – Mürbeteigtorte mit Quark, eingelegten Weizenkörnern, kandierten Früchten, Orangen und Vanilleschokolade.
Alle Sorten Eis, auch Halbgefrorenes, werden in guter Qualität hergestellt und sind sehr schmackhaft.
Macedonia – wohlschmeckender Fruchtsalat, mit Likör gewürzt.
Früchte der Saison kommen das ganze Jahr über in ausgezeichneter Qualität auf den Tisch.

Käsesorten

Bel Paese – Butterkäse.
Mozzarella – weißer, weicher Büffelkäse.
Provola – Frischkäse aus Büffelmilch, oft leicht geräuchert.
Gorgonzola – scharfer Schimmelkäse.
Groviera – Käse schweizer Art.
Provolone – lokaler, nicht sehr fetter Käse.

Anders als deutsche Ober halten italienische Kellner ihr Tablett mit einer Hand nach oben - warum?

„So gut wie die Ausbildung in Deutschland ist, so eng wird manches auch gesehen. Und dass man das Tablett in Kopfhöhe balanciert, wird eben nicht gelehrt. Hinzu kommen sicher auch Unterschiede im Temperament und in der Eleganz. Italiener und somit auch italienische Kellner bewegen sich einfach eleganter. Außerdem sollte man nicht vergessen, dass Dienstleistungsberufe in anderen Länder viel höher angesehen sind als bei uns. Und selbstbewusste Kellner stellen ihr Können auch selbstbewusst zur Schau."
Annette Heinemann, Pressesprecherin des Deutschen Hotel- und Gaststättenverbandes, Bonn.

Weinwerbung in Santa Agata

Typische Weine

„Ein Essen ohne Wein ist wie ein Tag ohne Sonne", italienisches Sprichwort.

Epomeo – weiß, leicht.

Marsala – sehr süß, gelblich, sehr schwer. Oft versetzt mit verschiedenen Geschmacksessenzen (Ei, Mandarinen, Kaffee u.a.).

Marsala secco – nach Cherry-Art.

Malvasia di Lipari – sehr süß, braungelb, sehr schwer.

Moscato di Pantelleria – sehr süß, weiß, schwer.

Corco di Castellaccia – trocken, weiß, mittelschwer.

Lo zucco – weiß, herb, schwer.

Vini del Faro – rot, lieblich, mittel.

Vini Etna oder Bosco – meistens rot, trocken, mittel.

Mamarito – weiß, trocken, mittel.

Moscato di Noto – weiß, süßlich, mittel bis schwer.

Lacrimae Christi – feurig, schwer.

Die Landweine sind fast immer rot, trocken bis süßlichherb, immer sehr gut trinkbar, preiswert und meistens leicht.

Knorriger Weinstock in Vico Equense

Tour 1

Die leuchtende Stadt an der goldenen Küste

Der Fremde, der Neapel erreicht, ganz gleich woher, wird fast immer zuerst das Bild des Golfs in sich aufnehmen, den die Poeten „die goldene Küste" nennen. Wie eine Perle in der Muschel, so liegt der Ort mitten im Golf eingebettet, eine wahrhaft leuchtende Stadt in all ihrer Vielfalt. Prächtige Bauten aus feudaler Zeit, herrliche naturwissenschaftliche und kunsthistorische Sammlungen, weit angelegte Parks, Ufer-

promenaden mit dem Blick aufs blaue Meer, modernste Stadtviertel, Kaufpaläste amerikanischer Prägung - das alles überstrahlt vieles, was die Generationen vor uns noch als „Napoli tipica“ empfanden, die schmalen Gassen mit der tropfenden Wäsche zwischen den Hauswänden, das Leben des einfachen Mannes auf der Straße, der lautstarke Straßenhändler, die frechen Straßenjungen, der würdevolle Priester vor seiner oft ärmlichen Kirche und die Straßenmädchen vor obskuren Kneipen.

Aber auch das sind blitzende Facetten, denn selbst in der Pfütze spiegelt sich die Sonne.

Die Neugliederung der Stadt lässt das alte Neapel schnell verschwinden, so wie es in jeder Generation mit Neapel geschah. Es ist eben eine Stadt voll Vitalität und Leben. Ungern berühren die offiziellen Fremdenführungen jene Relikte, lieber werden die auch ebenso sehenswerten modernen Errungenschaften demonstriert – wie überall.

Wo die nächtliche Nymphe ihre Netze auswirft

„Was man immer vergeblich sucht, ist die Kurtisane. Alte Kupplerinnen besorgen die Avancen. Häufig begegnete mir eine dicke Frau, die mir beharrlich ein ‚privates Mädchen' anpries - eine wahrlich hübsche Bezeichnung für ein Mädchen des ‚öffentlichen Gewerbes'. Roger Peyrefitte 1952.

„Im abendlichen Lichterschein wird Neapel eine romantische Hauptstadt. In keiner anderen Stadt liegt eine vergleichbare Leidenschaft fürs Abenteuer in der Luft. Wenn der moderne Mensch, der sich so sicher im Schoße seines alltäglichen und ordentlichen Lebens geborgen fühlt, noch etwas erleben kann - wo sonst als hier? Das nächtliche Neapel verheißt mehr als jenes gewöhnliche Abenteuer, das den Fremden zischelnd wie zur Zeit von Gregorovius' Pilgerschaft in die Via Toledo lockt: ‚Una ragazza fresca, bella, bellissima, di tredici anni'." Pavel Pavlovic Muratov 1911.

„Und hier wirft auch die nächtliche Nymphe ihre Netze nach den Fremden aus. Die losen Mädchen kommen mit der Mutter oder gewöhnlich mit einer grauhaarigen Kupplerin, welche scheinbar die Ehrenwächterin spielt, nach Santa Lucia und knüpfen sehr ominös bei einem Glas Schwefelwasser ihre Liebesabenteuer an." Ferdinand Gregorovius um 1850.

„Gibt es viele solcher Häuser in Neapel? Es gibt noch andere, antwortete sogleich der Genueser, aber sie bieten nicht die pompeianischen Stellungen. Wir werden sehen. Die pompeianischen Stellungen sind wohl so etwas wie das Omelett der Mutter Poulard auf dem Mont Saint-Michel. In Neapel müssen all diese Häuser sie als ihre Spezialität anpreisen." Jean-Paul Sartre 1936.

„Es ist das Glück und das Unglück Italiens, einen Süden zu haben", heißt es im Klappentext des sehr lesenswerten Buches "Süditalienische Reise" von Dominique Fernandez, das 1988 im Insel Verlag erschien. „Übervölkerte Dörfer, brachliegendes Land, Anarchie im Staat, Drogenhandel, Mafia: alle brennenden Probleme im heutigen Italien sind der Nation vom Süden auferlegt. Aber der Süden bedeutet auch individuelle Temperamente, hartnäckige Energien, Helden und Abenteurer, Weitherzigkeit, ausschweifende Phantasie. Die Zukunft Italiens entscheidet sich im Süden, im Guten wie im Bösen."

Der Neapolitaner

Neapolis, die neue Stadt, nannten sie vor beinahe 3000 Jahren die griechischen Kolonisten, die sie von Cumae und Palaeopolis (Altstadt) aus gründeten. Während die Mutterstädte längst untergingen, lebt Neapel fort. Eine unglaubliche Vitalität ist das bezeichnende Merkmal dieser Stadt, die über hundert Menschenalter hinweg Not und Zerstörung überstand, Fremdherrschaften und Besatzungen überdauerte und immer wieder jung und erneuert aus der Asche emporstieg.

Gern sagt man, Neapel sei die letzte Stadt der Antike; aber wer nach Steindenkmälern aus jener Zeit sucht, der ist enttäuscht; man findet sie nur noch in den Museen. Die Vitalität, der stürmische Lebenswillen dieser Stadt ist viel zu groß, um

Gute Laune am Samstagvormittag

Das typische Bild – diesmal am Strand

solche steinernen Zeugen nicht zu überwuchern. Denkmäler überlässt man den Friedhöfen, den toten Städten wie Pompeji, Herculaneum oder Cumae; Neapel aber lebt, und in dieser Stadt ist kein Raum für Ruinen. Dennoch ist die Vergangenheit in Neapel auf Schritt und Tritt zu finden, lebendig und farbig, wie es zu dieser Stadt passt. Man findet sie im Neapolitaner, in seiner Haltung und seinen Gesten, in seiner ganz dem Diesseitigen zugewandten Art und der patriarchalischen Lebensordnung, in der Familie, auf die sich bei ihm alles konzentriert.

Oft wird ein ganzes Mietshaus nur von einer Familie bewohnt. Manchmal zählen diese Großfamilien 50, ja 80 Köpfe, mindestens aber 20. Hier wohnen unter der absoluten Regentschaft des Oberhauptes die Söhne und Töchter, die Schwiegertöchter und Enkel in einer großen Gemeinschaft. Das Oberhaupt ist meist der älteste Mann der Familie, manchmal hat er sein Amt auch an den tüchtigeren jüngeren abgetreten; aber dann gilt sein Rat immer noch viel, und sein Wort wiegt schwer.

Aller Verdienst dieser Gesellschaft mit unbeschränkter gegenseitiger Haftung fließt in einen Topf, in den großen gemeinsamen Kochtopf, an dem meistens die „Nonna", die Großmutter, energisch und kunstvoll den Löffel schwingt. Denn man hält viel von guter Küche in Neapel. Solange aber einer dieser Familie noch ein Stückchen Brot erwerben kann, sei es ehrlich oder auch mal auf krummen Wegen, so lange haben alle in der Familie keine Not. Hat der Antonio keine Arbeit, so braucht er nicht zu hungern, denn Bartolo verdient ja gut als Kofferträger. Und hatte Cesare Pech, weil ihn die Polizei auf verbotenen Pfaden ertappte und in den Carcere steckte, so müssen seine Frau und seine Kinder nicht hungern. Carlo dagegen hat man aus gemeinsamen Mitteln eine Fahrkarte gekauft; er ist nach Amerika ausgewandert, arbeitet da beim Straßenbau und schickt harte Dollars an die Familie in Napoli. Nun, vielleicht wird man auch Emilio bald hinüberschicken, denn er kann mauern und verdient hier nur wenig. Faustina dagegen arbeitet im kalten Germania als Kellnerin in einer Eis- und Espressobar, die Ersparnisse werden für ihre Aussteuer zurückgelegt, und dann wird man die kleine Gina an ihre Stelle schicken, so hat es das hohe Kabinett in der Familia beschlossen, so hilft einer dem anderen und jeder sich selbst. Wenn aber die Nonna nicht mehr am Kochtopf stehen kann und keinen Calamare mehr zu pulen vermag, weil die Augen es nicht mehr tun, dann steht eine andere am Herd, und die gute alte Nonna wird von allen umsorgt und braucht auch ohne Altersrente nicht zu darben. Das ist ja ihr Kapital, die große Familie, deren Zinsen sie dann genießt.

Ganz ohne staatliche Wohlfahrtsunterstützung und ohne Rentenanspruch hilft man sich. Oh, der Staat, der ist für die meisten Neapolitaner nur die Stelle, die den Carabinieri bezahlt, der so scharf aufpasst und den Finanzieri in den Hafen schickt, damit auch nicht geschmuggelt wird. Gegen ihn ist er mit einigem Misstrauen erfüllt; sein Staat aber ist die Familie, so wie es vor hundert, tausend oder mehr Jahren war. Was schert es die Familie, ob über die Stadt ein griechischer Tyrann, ein römischer Quästor, ein bourbonischer König oder die Regierung in Roma regiert - erst kommt die Familie!

So ist **der Neapolitaner, charmant und gewitzt, schnell von Auffassungsgabe** und immer bei der Hand, wenn es darum geht, ein paar Lire zu verdienen. Schnell stellt er sich auf jede Situation ein, so wie er seit Jahrtausenden mit den ewig wechselnden Lagen und Herren fertig wurde, er hilft, wo er kann, schnell und liebenswürdig, er gibt gerne Auskunft, schnell und liebenswürdig, manchmal betrügt er dich auch, schnell und liebenswürdig. Soll er doch aufpassen und nicht so dumm sein, der Fremde! Und so ist Neapel die Stadt des Neapolitaners, der ihr einzig und allein das Gesicht gibt. Neapel ist keine Stadt, welche die Fremden prägten, wie es andernorts oft der Fall ist, wo sich wie in Neapel der Fremdenverkehr konzentriert. Hier wird der Fremde von der Stadt verschluckt und nicht umgekehrt.

Schon Spaniens König und Kaiser des Heiligen Römischen Reiches Karl V., in dessen Reich nach seinen Worten die Sonne nicht unterging, rühmte die Italienerin, als er sagte: „Ich spreche spanisch mit Gott, italienisch mit den Frauen, französisch mit den Männern und deutsch mit meinem Pferd.“

Die geschäftige Straße mit Banken, seriösen Schifffahrtsbüros, repräsentativen Geschäftshäusern, die Via Depretis etwa, auch das ist Neapel. Die kleine Nebengasse mit der trocknenden Wäsche, mit dem kleinen Kind, das im Rinnstein unbekümmert sein Geschäftchen verrichtet, während der Polizist verständnisvoll und vorsichtig über die kleine hockende Gestalt hinwegsteigt – auch so zeigt sich die Stadt. Und: Der Straßenverkäufer mit Sonnenbrillen und Postkarten, der Pizzabäcker, der gestenreich und wortgewandt seine Backware, die beste der Welt natürlich, anpreist, die Mutter, die ihr Kind in der Straßenbahn stillt, die Hochzeitsgesellschaft, die mitten auf der Piazza feiert, die gepflegten Läden in der Via Toledo (die eigentlich Via Roma heißt, die aber keiner so nennt), die Blumenpracht in den Parks, der Hafen mit den Ozeanriesen, die grauen Kastelle am Meer, die Fischerboote von Santa Lucia, der Straßensänger, der brodelnde Verkehr mit den hupenden Autos, die elegante Galleria Umberto, der hochrädrige Mulikarren und der Schmutz - sie alle machen das Antlitz der Metropole aus.

Die Stadt ist von einem wahnsinnigen **Lärm erfüllt, aber von einem melodischen Lärm**; alles findet man hier, alles, nur nicht die Stille. Gerade einmal in der heiligen Stunde der Siesta ebbt der Lärm ein wenig ab, macht so etwas wie eine Pause, aber auch da, wie zu jeder Stunde des Tages und der Nacht, findet sich irgendeine Stimme, die den Leitton für das nächste Motiv dieser gewaltigen Symphonie abgibt.

Was streiten da die beiden Männer? Wird der eine gleich sein Messer ziehen? Warum schreitet der Polizist an der Ecke nicht ein? Aber nein, Fremder, sie unterhalten sich nur über so aufregende Dinge wie die Lottozahlen oder dass es gestern geregnet hat, man denke, geregnet, im Juni!

Was will dieser Herr da, der gut gekleidet am Eingang zur U-Bahn steht? Natürlich hat er längst erkannt, dass man

Der tägliche Rentner-Treff – hier in Ravello

Im farbenfrohen Süden sind selbst die Fahrzeuge bunter

Deutscher ist – an der Kamera, dem T-Shirt, der fehlenden Krawatte, den derben Schuhen oder nur sonstwie. „Eine gute Armbanduhr braucht die Signora, alles gutes Gold, gutes Werk, kaufen Sie, ein Souvenir für den Signore! Spottbillig, eine occasione ..." Nein, kaufen Sie nicht, das Gold ist nur ein flüchtiger Hauch, das Werk ist Blech und läuft wahrscheinlich schon nicht mehr, wenn Sie zu Hause ankommen; eine occasione ist es, aber nicht für Sie! Eigentlich ist es nicht zu fassen, aber Anfang 2000 hat das oberste italienische Gericht die Imitation von Markenartikeln zugelassen - sie müssten nur erheblich billiger als das Original sein!

„Dieses Koffer kann die Signora nie allein tragen, ist viel zu schwer ..." Er hat recht, lassen Sie ihn tragen, aber machen Sie einen Preis mit ihm aus! „Droschke gewünscht? Guter Wagen, gutes Pferd, ich zeige dem Signore unterwegs alle Schönheiten von Napoli, oh, Napoli è bella!" Fahren Sie ruhig mit einer Droschke, sie ist langsam, aber man hat ja Zeit, sie hat sogar einen amtlichen Tarif und weil der Kutscher unterwegs so eifrig erzählte und zeigte, wo das Castell dell'Ovo ist und wo man die beste Pizza essen kann, bekommt er noch ein Trinkgeld, er hat's verdient. Achten Sie

Wie lange wohl für das Brautkleid gespart wurde...

aber immer darauf, dass er sein Taxameter auch anstellt. Wenn Sie ein Taxi nehmen, nehmen Sie nur eins, das durch die Lizenz erkennbar ist. Auch hier bestehen Sie darauf, dass das Taxameter eingeschaltet wird oder Ihnen ein Fixtarif vorgezeigt wird, wie er etwa vom Bahnhof zum Hafen oder Flugplatz besteht.

Wer singt da so himmlisch schön? Das ist der Schuhputzer am Rinnstein, der Gesang ist seine Zugabe, ist sein Rabatt; er knöpft Ihnen dafür vielleicht auch einen Euro mehr ab – schön, soll er, dafür sang er aber auch wie ein kleiner Caruso.

Hoppla, die fremde schmutzige Hand in meiner Tasche, die gehörte einem scugnizzo, einem Lausbub! Pass auf, Fremder, mach´ es den Burschen nicht zu leicht, führe sie nicht in Versuchung, sie sind arm, und in ihren Augen sind wir alle Millionäre; könnten wir uns sonst so eine große Reise erlauben? Was macht es so einem reichen Mann aus, wenn er um ein paar tausend Lire erleichtert wird?!

Politisch gesehen ist Neapel die Hauptstadt der Region Campania und der Provinz **Neapel, mit etwa 1 226 000 Einwohnern die drittgrößte Stadt Italiens** (nach Rom und

Mailand) und die Stadt mit dem zweitgrößten Hafen (nach Genua). Neapel ist ein wichtiger Straßen- und Eisenbahnknotenpunkt. Der Flugplatz Capodichino hat Verbindungen zu den wichtigsten Flughäfen in Europa und Übersee.

Durch seine glanzvolle politische und kulturelle Vergangenheit ist die Stadt auch heute noch **Mittelpunkt des wirtschaftlichen und kulturellen Lebens Süditaliens**. Sie ist Sitz einer alten Universität, wichtiger Behörden sowie ein bedeutendes Finanzzentrum mit Börse und zahlreichen Banken. Die Oper ist weltberühmt, ebenso die Nationalgalerie und das Nationalmuseum. Zahlreiche weitere Museen und Sammlungen haben weit über den regionalen Rahmen hinausgehende Bedeutung. In den letzten Jahrzehnten hat sich in und um Neapel eine bedeutende Industrie angesiedelt. Dennoch aber ist Neapel das geblieben, was es seit mehr als zweitausend Jahren war, eine farbige und lebensfrohe Stadt mit einem typischen Eigenleben.

Und **doch steht la bella Napoli nicht gleich mit dolce vita**. In dem Italiener, wie wir ihn kennen, sehen wir doch eher den immer fröhlichen Padrone des Restaurants „Da Guiseppe" von nebenan oder den witzig-charmanten Verführertyp aus einer Espresso-Werbung im deutschen Fernsehen. Doch ist es, wenn man einmal mehr Italiener mit kritischer Selbsteinschätzung zu Wort kommen läßt, etwas anders. „Unter der italienischen Harmonie und Süße liegt ein hartes Dasein", schrieb der bekannte italienische Schriftsteller Carlo Levi. Und: „Nichts ist falscher als das alte Märchen von der italienischen Leichtlebigkeit: Die weiche und heitere und köstliche Erde erzeugt Bewohner, die ihr gleichen. Es ist im Gegenteil eine harte Erde. Gewiss, der Reisende, der sich

Der Gottesdienst in Vico Equense ist zu Ende

an den freundlichen Ufern der Seen aufhält oder an den blühenden Küsten eines von den Göttern bewohnten Meeres oder an den üppigen Hängen der Vulkane unter den Tausenden von Lichtsonnen im Grün durchdufteter Orangen- und Zitronengärten, ist überwältigt von dem Paradieszauber, in einem beglückenden Rausch von Natur und Menschen. Aber wenn er etwas mehr ins Innere des Landes vordringt, dann findet er einen anderen Zauber: den eines armen, mühsalbeladenen Landes mit weiten, kahlen Bergzügen, über deren verwüstete Hänge die Stunden, die Sonnen, die Regengüsse und der Staub der Jahrtausende gezogen sind."

Mühsalbeladener ist der Süden, **der Mezzogiorno**, wo es noch heute einen nicht unerheblichen Anteil von Analphabeten gibt. Und die große Armut. Im Norden, dichter dran an Zentraleuropa, wird anders gedacht. Und so gibt es Unterschiede zwischen den Italienern des Nordens und des Südens. In seinem Buch "Die Italiener", das in den 60-er Jahren in mehreren Sprachen erschien, schrieb Luigi Barzini über seine Landsleute: "Natürlich haben Südländer wie Nordländer mehr oder weniger gleiche persönliche Ziele. Nach Auffassung des Norditalieners existiert indessen nur ein wirklich sicherer Weg, diese Ziele zu verwirklichen, und dieser bedeutet den Erwerb von Vermögen, la richezza. Nur der Reichtum kann, wie er glaubt, der Familie dauernden Schutz und Wohlstand sichern. Der Süditaliener hingegen weiß, dass dies nur durch Macht, Prestige, Autorität und Ruhm zu erreichen ist. Der Italiener des Nordens, ganz gleich von welcher Schicht, wird sich daher unablässig um das Ansammeln von Reichtümern in jedweder Gestalt abmühen. Er will eine Stellung, eine gute Stellung, eine noch bessere Stellung; er will Land, Kapital, Kredit, Aktien, Häuser, technische und wissenschaftliche Kenntnisse und kostspielige, ausgefallene akademische Grade, was ihm besser bezahlte Stellungen und Beförderung garantiert. Mit dieser Einstellung erzieht er seine Kinder und lenkt sie auf den Weg zum gutbezahlten Techniker, Ingenieur und Spezialisten. Zugunsten materieller Vorteile für sich und seine Familie nimmt er alle Opfer auf sich. Er will eine reiche Frau, reiche Schwiegertöchter und Schwiegersöhne, er will reiche Freunde haben.

Der Süditaliener dagegen verlangt vor allem Gehorsam und möchte bewundert, respektiert, gefürchtet und beneidet sein. Auch er will natürlich Reichtum, will ihn aber als ein Mittel zur Beeinflussung anderer, und was das betrifft, so ist der Anschein von Wohlstand ebenso nützlich wie effektiver Reichtum. Der kleine Bauer, der des Lesens und Schreibens unkundige Tagelöhner, der Olivenpflücker wie auch der neureiche Inhaber neu errichteter Industriebetriebe, sie alle werden das dankbare Wohlwollen mächtiger Freunde und Verwandter, die Furcht ihrer Feinde, den Respekt aller und den Ruf ihrer Familien pflegen und päppeln."

Ein wenig Geschichte

Die Geschichte Kampaniens ist die Geschichte Neapels. Die ersten Zeugnisse von der Besiedlung reichen beinahe **3000 Jahre** zurück. Im Gebiet dieses gesegneten Landes am Golf haben Siedler aus Hellas schon im 7. vorchristlichen Jahrhundert verschiedene Städtekolonien gegründet, deren erste wahrscheinlich Kyme (Cumae) war. Schon wenig später gründeten Siedler aus Rhodos eine Niederlassung, die sie nach ihrer Patronin, der Sirene Parthenope benannten. Dicht dabei errichteten im 6. Jahrhundert v. Chr. Kolonisten von Kyme aus eine Siedlung, Palaepolis, „die Altstadt", und durch weiteren Zuzug von Siedlern, teils aus Hellas, teils aus hellenischen Kolonien entstand dann im 5. Jahrhundert Neapolis, „die Neustadt". Diese drei dicht beieinander liegenden Siedlungen verschmolzen bald miteinander zum heutigen Neapel.

Immer schon war Neapel eine menschenreiche Stadt, groß an Ausdehnung und Bedeutung. Während der ganzen Antike hielt sich hier die Lebensart und die Sprache der Hellenen. **Wegen ihrer Kultur und Schönheit wurde Neapel schon im Altertum gerühmt**. Statius, der berühmteste Dichter aus der Zeit Domitians, preist an ihr „das gesunde und milde Klima, die städtischen Einrichtungen, die dort blühende Wirtschaft, die religiöse Gesinnung und feine Bildung der Bürger". Vergil lebte hier und wurde nach seinem Tode in Brindisi auf seinen Wunsch wieder nach Neapel überführt und an der Straße nach Pozzuoli begraben. Das römische Familien-Mausoleum aus augustäischer Zeit, das man heute als das Grabmal Vergils zeigt, ist nicht unbedingt authentisch, wurde aber durch jahrhundertelange Ehrenerweisungen für den großen Dichter an dieser Stelle so etwas wie ein National-Denkmal für ihn.

Es gibt in Neapel nicht viele sichtbare Denkmäler aus jener vergangenen Zeit, denn die Stadt lebte und überdeckte die

Griechischer Tempel in Paestum

Darstellung von Kämpfern im Museum von Paestum

Stätten ihrer Vergangenheit. **Viele der großen Straßenzüge** decken sich noch heute mit den **Hauptstraßen** aus **der Antike**, und oft genug stößt man bei Bauarbeiten an den Straßen auf die alte Pflasterung.

Im 4. Jahrhundert v. Chr. rückten die Römer in Kampanien vor und bedrohten auch Neapel. 328 v. Chr. kam es zum Krieg mit Rom, und Neapel wurde drei Jahre lang belagert. 325 v. Chr. rückten die Römer in die Stadt ein und zwangen sie, sich mit Rom zu verbünden. Damit begann eine vollkommen neue Ära, die für Neapel eine Blütezeit wurde. Zwar legten die Römer prächtige Bauwerke an, bauten Wasserleitungen, Tunnelanlagen und Theater, **aber die Stadt blieb** in ihrem Charakter und ihrer Lebensart **griechisch**. Die Kultur der Hellenen war für den jungen Adel der immer mächtiger werdenden Stadt Rom ein nacheifernswertes Vorbild. So sandten die Römer ihre jungen Leute gern nach Neapel zur Schule, und die reichen Römer hielten sich mit Vorliebe dort auf. Prächtige Villen aus jener Zeit erinnern daran. Der für seine üppigen Gastmähler bekannte römische Feldherr Lucullus baute einen Palast, an dessen Stelle heute das Castel dell'Ovo steht. In der Umgebung der Stadt entstanden zu dieser Zeit prächtige Thermenanlagen, von denen uns im Gegensatz zu den Bauten in Neapel selbst viele Überreste erhalten sind, zum Beispiel in Agnano, in Baiae und am Averner See. Zwar galt Capua zu jener Zeit als Hauptort der Campania felix, und Puteoli (Pozzuoli) war der führende Handelshafen; Neapel aber wurde der vitale Mittelpunkt des Landes.

Immer mehr entwickelte sich das ganze Land um den Golf zum bevorzugten „mondänen" Wohngebiet vornehmer Römer. Tiberius residierte in Capri, Augustus und Nero hielten sich mit Vorliebe in Neapel und Baiae auf, Pompeius und Cicero hatten hier Villen, und auf den Grundmauern des Palastes, den Caesar sich errichten ließ, steht heute das Kastell von Baiae. In Misenum entstanden gewaltige Anlagen für die römische Kriegsflotte. Zisternen, Kanaldurchstiche und Tunnelbauten erinnern noch daran.

Ausschnitt vom Trajansbogen in Benevent

Im Jahre 62 n. Chr. suchte ein schweres Erdbeben das Gebiet um den Vesuv heim. Man kann die großen Schäden dieser Katastrophe heute noch deutlich an den ausgegrabenen Häusern der Städte Pompeji und Herculaneum nachweisen. Aber die größere **Katastrophe** sollte erst bald danach kommen. Der **Ausbruch des Vesuvs im Jahre 79 n. Chr.** bedeutete eine schreckliche Überraschung, denn der bis zum Gipfel bewaldete Berg war entweder gar nicht als Vulkan erkannt worden oder galt zumindest als völlig erloschen. In den Wäldern seines Kraters hatte 150 Jahre vorher Spartacus sein Heer der aufständischen Sklaven gesammelt. Nun war dieser Berg aufgerissen, und Feuer und Rauch drangen aus seinem Gipfel. Ein Aschenregen bedeckte die in Windrichtung nach Südwesten liegenden Städte, wie Pompeji, Torre Annunziata und Stabia mit einer oft mehr als sechs Meter dicken Schicht von Auswurfmaterial. Die Bewohner wurden in großer Zahl darunter verschüttet oder starben an den giftigen Gasen. Dieses Schicksal erlitt auch der große Naturforscher Plinius der Ältere, der als Admiral eine römische Flotte in Misenum befehligte und auf

Antikisierende Masken - in Paestum zu kaufen

Stolz auf die Geschichte beweist das Straßenschild in Vico Equense

die Nachricht vom Ausbruch des Vesuvs nach Pompeji zur Hilfeleistung auslief. Torre del Greco und Herculaneum wurden bei dieser Katastrophe durch einen Schlammstrom verschüttet.

Mit dem Niedergang der Macht der Römer ging auch das Leben in den Kolonien zurück. 410 n. Chr. eroberte der westgotische König Alarich Neapel. Knapp 50 Jahre später folgten ihm die Vandalen, und im Jahre 536 belagerten die Byzantiner unter Belisar die Stadt.

Im 8. Jahrhundert wurde Neapel ein Herzogtum, das bis 1139 selbständig blieb und dann von Roger II. in das von ihm gegrün-

dete Normannenreich eingegliedert wurde. In dieser Zeit verlor die Stadt an politischer Bedeutung, weil der Schwerpunkt des Normannenreichs in Sizilien lag und Palermo die Hauptstadt war. **Friedrich II. von Hohenstaufen** gründete 1224 in Neapel eine Universität, und die Stadt wurde wie unter den Griechen wieder zu einem geistigen Mittelpunkt. Die Staufer, die durch Erbfolge ihre Anrechte auf Neapel und Sizilien begründeten und erbittert verteidigten, hatten besonders hart mit dem Papst zu kämpfen, der Karl von Anjou mit dem Land belehnt hatte. Der Enkel von Friedrich II., Konrad IV., fiel in der Schlacht bei Benevent im Jahr 1266, sein Sohn Konradin eilte nach Italien, um das Erbe der Väter zu retten und wurde 1268 bei Tagliacozzo besiegt und gefangen. Der Sechzehnjährige wurde im gleichen Jahr auf Befehl von Karl von Anjou auf der Piazza del Mercato in Neapel mit seinen Gefährten enthauptet. In der Kirche S. Maria del Carmine unweit der Richtstätte wurde er beigesetzt.

Das Castel Nuovo, oben

Auf Ischia: das Castello Aragonese

Sarazenentürme an der Amalfitana

Die **„Sizilianische Vesper",** der Volksaufstand auf der Insel 1282, vertrieb Karl von Anjou zwar von Sizilien, aber seine Macht in Neapel kaum. Ungeachtet dessen dehnte sich die Stadt immer weiter aus, Kultur und Handel blühten. In dieser Zeit entstanden viele große Bauten in und um Neapel, wie das Castel Nuovo, das Castel S. Elmo, der Dom, die Kirche S. Chiara und viele andere Kirchen. Auch das wegen seiner Aussicht berühmte Kloster S. Martino stammt aus jener Zeit. Viele Künstler und Gelehrte, Katalanen, Langobarden, Provençalen und Florentiner kamen ins Land, und die Bevölkerung wuchs schnell.

Die Dynastie der Anjou aber rieb sich in der Folgezeit im 14. Jahrhundert durch interne Machtkämpfe und Intrigen selbst auf. Ihre Herrschaft wurde durch die beiden Königinnen Johanna I. und Johanna II., unter deren Regentschaften üble Zustände herrschten, beendet. An ihre Stelle traten durch Adoption die spanischen Aragonier. Unter Alphonso dem Großmütigen von Aragonien begann für Neapel eine neue Glanzzeit. Ihm zu Ehren wurde in das Castel Nuovo der wunderschöne Triumphbogen eingebaut, ein Juwel der Baukunst der Renaissance. Nach seinem Tod 1458 wurden Neapel und Sizilien in verschiedene Linien des Hauses Aragonien getrennt.

Mehrfach bedrängten und eroberten französische Heere unter Karl VII. und Ludwig XII. von Frankreich Neapel und eroberten es zeitweilig. 1503 wurden die Franzosen endgültig von dem spanischen Feldherrn Cordova vertrieben. In Spanien war inzwischen Ferdinand „der Katholische" von Sizilien Alleinherrscher geworden. In Neapel regierten nun die spanischen Vizekönige. Ihr bedeutendster war Don

Pedro von Toledo, der bedeutende städtebauliche Talente bewies und unter anderem in den neuen Stadtvierteln die heutige Hauptstraße von Neapel anlegen ließ, die jetzt zwar offiziell Via Roma heißt, die aber in Neapel meist nie anders als „Via Toledo" genannt wird.

Die Herrschaft der Spanier dauerte bis 1700. Es war aber für die Neapolitaner keine glückliche Zeit, wenn auch der unbändige Lebenswille der Bevölkerung die Fremdherrschaft genauso überstand, wie er alle Eroberungen und Unterdrückungen der Jahrhunderte zuvor überdauert hatte. Insbesondere im 17. Jahrhundert begann für die Neapolitaner eine unglückliche Zeit. 1631 verheerte der Vesuv nach 130-jähriger Ruhe wieder einmal das Land um den Golf von Neapel, und mehrfach suchten Hungersnöte und Seuchen die Stadt heim.

1734 eroberte Karl von Bourbon Neapel und machte es zur Hauptstadt. Aus dieser Zeit stammen viele Bauten, wie das Schloss Capodimonte, das Theater San Carlo und viele andere prunkvolle Gebäude. Auch das Königsschloss in Caserta wurde in dieser Zeit gebaut. Das Geistes- und Musikschaffen nahm in jenen Jahren wieder einen gewaltigen Aufschwung, die Zeit der großen Oper begann. Damals besuchte auch Goethe Neapel und berichtete begeistert vom Kulturschaffen in der Stadt. Aber diese glückliche Zeit war nicht von langer Dauer.

Die Nachfolger Karls waren schwach und unfähig. Günstlingswirtschaft und Korruption griffen um sich und zerstörten das Gefüge der Staatsordnung. Ferdinand IV. konnte sich nur unter dem Schutz der englischen Flotte halten, die von Lord Nelson befehligt wurde. Die Gattin des englischen Gesandten, die spätere Geliebte Nelsons, Lady Hamilton, übte einen unheilvollen Einfluss auf die Politik aus, indem sie die Königin ganz unter ihren Einfluss brachte. 1799 wurde der König durch einen Aufstand, der unter dem Eindruck der französischen Revolution entstand und von den Franzosen inspiriert wurde, verjagt. Eine „Parthenopeische Republik" wurde gegründet. Unter dem Schutz der Engländer kehrte Ferdinand IV. aber bald wieder zurück. Die Aufständischen, denen Generalpardon zugesichert war, traf nun unter Bruch

Benevent - Stahlstich aus dem 18. Jahrhundert

des gegebenen Wortes ein furchtbares Strafgericht. Tausende fanden ihr Ende auf dem Schafott und am Galgen. Die Piazza del Mercato, Hinrichtungsstätte von altersher, sah Ströme von Blut. Bei diesen Massenexekutionen kam es Ferdinand und seiner Clique weniger darauf an, die Schuldigen zu strafen als die Elite der Bevölkerung auszurotten. So fanden die Oberschicht der Bürger, der eingesessene Adel, führende Köpfe der Wissenschaft und bedeutende Persönlichkeiten ihr schreckliches Ende, ohne dass die Beteiligung am Aufstand hierfür Grund zur Anklage geboten hätte. Auch Nelson beteiligte sich an diesem Kesseltreiben und ließ den neapolitanischen Seehelden Francesco Caracciolo am Mast des englischen Flaggschiffes aufknüpfen. Auf diese bequeme Art schaffte er sich einen „Konkurrenten" vom Leibe, dessen Erfolge seinem eigenen Ruhm als dem großen Seehelden im Wege standen.

1806 verjagten die Heere Napoleons Ferdinand IV., und zunächst wurde Napoleons Bruder Joseph, später sein Schwager Murat, König von Neapel. Nach der Schlacht bei Leipzig, in der Napoleons Stern endgültig sank, entfloh Murat 1815 zunächst nach Korsika, wurde aber dann bei einem Versuch zurückzukehren, bei Pizzo in Kalabrien gefasst und standrechtlich erschossen.

Die Rückkehr Ferdinand IV. unter dem Schutz der Engländer beendete die kurze Ära der Napoleon-Herrschaft - für Neapel eine Zeit, in der Ordnung und Recht wiederhergestellt wurden. Ferdinand V. vereinigte nun Sizilien und Neapel als das „Königreich beider Sizilien" unter einer Krone, die er sich als Ferdinand I. aufsetzte. Das Blutbad des Jahres 1799 war aber dem Volk unvergessen und hatte die Kluft zwischen Herrscherhaus und Volk so vertieft, dass es immer wieder zu Unruhen und Aufständen kam. Daran konnte auch die Herrschaft des an sich geistreichen, aber als Herrscher untüchtigen Königs Ferdinand II. nichts ändern. Im Gegenteil, als seine Herrschsucht sich zur Grausamkeit steigerte und Misswirtschaft und Günstlingsklüngel immer mehr um sich griffen, gärte und schwelte es unter der Oberfläche. 1848 ließ Ferdinand II. sogar Messina mehrere Tage lang mit Kanonen beschießen, als dort ein Volksaufstand losbrach.

1860 landete Garibaldi mit tausend italienischen Patrioten von Genua kommend in Marsala und schlug die Truppen der Bourbonen in zwei Schlachten bei Calatafimi und Milazzo. Er erhielt in Sizilien begeisterten Zulauf und zog, ohne auf nennenswerten Widerstand zu stoßen, über Kalabrien nach Neapel, überall begleitet vom Jubel der Bevölkerung. Am 6. September 1860 musste Ferdinands Nachfolger Franz II. nach Gaeta fliehen, und einen Tag später präsentierten die Wachtruppen vor dem königlichen Schloss in Neapel ihre Gewehre vor Garibaldi. Von diesem Tag an ging Neapel in das Königreich Italien auf und teilte die Geschicke des übrigen Landes. Nach der Vereinigung wurden umfangreiche Arbeiten zur Erneuerung der Stadt und Verbesserung der Lebensverhältnisse in Angriff genommen. Stadtviertel, die als Brutstätten von Seuchen berüchtigt waren, wie Santa Lucia, wurden abgerissen. Die ganze Stadt wurde durch Neuplanung zur modernen Großstadt mit herrlichen Parks und Gartenanlagen. In jenen Jahren wurde auch die „Stazione", das berühmte Aquarium, angelegt. Der Initiator dieser Anlage war der deutsche Zoologe Professor Dohrn.

Während der Faschistenzeit wurde als bedeutendstes Projekt der neue Überseehafen, die „Stazione Marittima", angelegt. **Der Zweite Weltkrieg traf Neapel schwer**, als durch Bombenangriffe weite Teile der Altstadt zerstört wurden, und 1944 mischte sich in den Donner der Kanonen bei den Invasionskämpfen die Detonation eines neuen Vesuvausbruchs. Der Lavastrom dieser Eruption zerstörte die berühmte alte Funiculare, die Cooksche Zahnradbahn.

An der Stelle der zerschlagenen Stadtviertel entstanden unter der außerordentlich aktiven Stadtverwaltung in den Jahren 1959/60 zum Beispiel einer der modernsten Bahnhöfe Europas. Von den alten malerischen Stadtteilen, die in der Vorstellung der Reisenden Neapel ausmachen, gibt es heute nicht mehr viel. Neapel ist eine pulsierende Großstadt und beweist auch in der Gegenwart einen unbändigen Lebenswillen seiner Bevölkerung, den weder Kriege noch Naturkatastrophen brechen konnten.

Die Flagge der Region Kampanien

Stadtbesichtigung

Die Hauptstadt Kampaniens

Mit 1,2 Millionen Einwohnern ist Neapel, Hauptstadt der Region Kampanien, die drittgrößte Stadt Italiens. Nimmt man die angrenzenden Stadtbezirke hinzu, so kommt man auf fast drei Millionen. Sie hat alles, was eine große und schöne Metropole des Südens braucht: Den Golf vor sich, den Vesuv wie ein Menetekel hinter sich sowie **Kastelle, Kunst und Kultur (und Kulinarisches)** in einer solchen Fülle in sich, dass die Unesco die Altstadt Neapels zum **Weltkulturgut** erklärte.

Neapel hat unendlich viel zu bieten an wichtigen Museen, ehrwürdigen Kathedralen, geheimnisumwitterten Katakomben, düsteren Klosterhöfen, unheimlichen Festungen, lebendigen Gassen, lärmenden Straßen, bunten Plätzen, fröhlichen Lokalen, so dass dem Besucher die Entdeckung der Stadt insgesamt schwerfallen wird. Alles zu sehen ist fast unmöglich in einem Urlaub.

Neben einem Rundgang durch die **Altstadt** Neapels – Spaccanapoli -, der unerlässlich ist, **sollte man sich folgendes ansehen:** Nationalmuseum (u.a. Funde von Pompeji), Kartäuserkloster San Martino (im Museum u.a. die Krippen), Dom, Nationalgalerie und Museum Capodimonte (Gemälde und Porzellan), das Theater San Carlo, das Castel Nuovo, die Kirchen Gesù Nuovo, St. Chiara und S. Domenico Maggiore, die Katakomben des S. Gennaro (um nur die wichtigsten der rd. 300 Kirchen der Stadt zu nennen).

In der Altstadt (nahe der Kirche Santa Chiara)

Neapel - pro und contra: Wie auf dem Mond oder wie im Orient?

Giovanni Boccaccio, italienischer Dichter (1313-75): „... und bewirtete ihn glänzend mit vielen Speisen und wusste das Mahl so tief in die Nacht auszudehnen, dass, als sie sich von der Tafel erhoben und Andruccio Anstalten machte, sich zu entfernen, die Sizilianerin erklärte, dass sie dies in keinem Falle zugeben könne, denn Neapel sei keine Stadt, wo man bei Nacht umhergehen dürfe, zumal wenn man ein Fremder sei."

Miguel de Cervantes Saavedra 1613: „Er gelangte übers Meer nach Neapel, wo sich zu der Bewunderung, die er, seit er es gesehen hatte, für Rom empfand, jene für Neapel gesellte, eine Stadt, die seiner Meinung nach wie auch der von allen anderen, die sie kannten, die schönste Europas und folglich der ganzen Welt war."

Johann Jakob Wilhelm Heinse, 1782: „Neapel liegt wie ein Paradies da und sieht ganz anders als die übrige Welt aus. Und doch hat es nicht einen einzigen Garten. Grad wie eine junge Liebesgöttin aus dem Meer, die durch ihre eigene Schönheit prangt, und weder Juwelen noch Perlen hat."

Johann Wolfgang von Goethe 1787: „Unser Weg ging wieder durch und über vulkanische Hügel, wo ich nur noch wenige Kalkfelsen zu bemerken glaubte. Endlich erreichten wir die Plaine von Capua, bald danach Capua selbst, wo wir Mittag hielten.Nachmittags tat sich ein schönes, flaches Feld vor uns auf. Die Chaussee geht breit zwischen grünen Weizenfeldern durch, der Weizen ist wie ein Teppich und wohl spannenhoch. Pappeln sind reihenweise auf den Feldern gepflanzt, hoch ausgezweigt und Wein hinangezogen. So geht es bis Neapel hinein. Ein klarer, herrlich lockerer Boden und gut bearbeitet. Die Weinstöcke von ungewöhnlicher Stärke und Höhe, die Ranken wie Netze von Pappel zu Pappel schwebend.

Der Vesuv blieb uns immer zur linken Seite, gewaltsam dampfend, und ich war still für mich erfreut, dass ich diesen merkwürdigen Gegenstand endlich auch mit Augen sah. Der Himmel ward immer klärer, und zuletzt schien die Sonne recht heiß in unsere enge rollende Wohnung. Bei ganz rein heller Atmosphäre kamen wir Neapel näher, und nun fanden wir uns wirklich in einem anderen Lande." Und

„...heute ward geschwelgt und die Zeit mit Anschauung der herrlichsten Gegenstände zugebracht. Man sage, erzähle, male, was man will, hier ist mehr als alles. Die Ufer, Buchten und Busen des Meeres, der Vesuv, die Stadt, die Vorstädte, die Kastelle, die Lusträume! - Wir sind auch noch abends in die Grotte des Posilipo gegangen, da eben die untergehende Sonne zur andern Seite hereinschien. Ich verzieh es allen, die in Neapel von Sinnen kommen, und erinnerte mich mit Rührung meines Vaters, der einen unauslöschlichen Eindruck besonders von denen Gegenständen, die ich heut zum ersten Mal sah, erhalten hatte. Und wie man sagt, dass einer, dem ein Gespenst erschien, nicht wieder froh wird, so konnte man umgekehrt von ihm sagen, daß er nie ganz unglücklich werden konnte, weil er sich immer wieder nach Neapel dachte. Ich bin nun nach meiner Art ganz stille und mache nur, wenn´s gar zu toll wird, große, große Augen."_

Johann Gottfried Herder, 1789: „Ich glaube es den Neapolitanern, dass, wenn Gott sich eine gute Stunde machen will, er sich ans himmlische Fenster legt und auf Neapel herabsieht."

Am Posillipo, Stich aus dem 19. Jahrhundert

August von Kotzebue 1804: „... hier ist alles so verschieden von dem, was sich ein Nordländer gewöhnlich unter einer Stadt denkt, dass man anfangs im Monde zu sein glaubt."
Zacharias Werner, 1810: „Was ist alle Erdennot gegen eine Vollmondsnacht in der Villa Reale zu Neapel!"

Hans Christian Andersen, 1835: „Alle schrien, alle liefen durcheinander, Soldaten, Griechen, Türken und Inglesi. Ich fühlte mich in eine andere Welt versetzt, ein südlicheres Leben als das, was ich gekannt, brauste mir entgegen. Die Signora klatschte bei dem Anblick ihrer fröhlichen Stadt in die Hände; Rom war ein Grab, gegen ihr lachendes Neapel gehalten."

Friedrich Hebbel, deutscher Dramatiker, 1845: „Im Gewirr der engen Straßen und Gassen von Neapel mit dem tausendstimmigen Geschrei der durcheinandereilenden Menschen, habe ich immer den Eindruck, im Orient zu sein."

Ferdinand Gregorovius, deutscher Historiker und Italien-Kenner, 1853: „Nun Neapel. Diese fiebrige Erregung des Lebenstätigkeit, dieses allgemeine Mit- und Ineinanderhandeln des gesamten Volkes ist erstaunlich. Die Stadt scheint in fortdauernder Revolution; nichts bleibt, alles fließt, strömt von Lebensflut... Man hat hier keine Zeit und keinen Raum. Man kann nicht betrachten; wo man auch sei, überall sind die Sinne in beständigem Verteidigungskriege. Selbst die strahlenden Lichter des Meers und der Küste machen unruhig; sie blenden das Auge und regen die Phantasie auf. Auch nicht in tiefster Nacht hat das Ohr vor dem Lärm der Stimmen und dem Rollen der Wagen Ruhe."

Und um 1850: „Ich habe die drei schönsten Seestädte Italiens, Genua, Neapel und Palermo gesehen... Unbezweifelt wird hier Neapel den Sieg davontragen, denn welche Stadt rühmte sich eines so klassischen Amphitheaters der Natur, eines solchen Golfs, des Vesuvs, der Küste von Castellamare und Sorrent, und solcher schöner Inseln? Die Farbenpracht, die Größe und Weite dieses Gemäldes ist wohl ohne gleichen in der Welt."

Fedor M. Dostojewski 1868: „Und sogleich hätte ich ein neues Leben kennengelernt, tausendmal lebendiger und lauter als bei uns; ich träumte immer von einer großen Stadt wie Neapel, voller Paläste, Geräusche, Getöse, Leben. Ja, was ich nicht alles träumte..."

Otto Julius Bierbaum, deutscher Schriftsteller, um 1900, in seinem „Ergötzlichen Bericht einer Mittelmeerreise": „Dass es (in Neapel) schön wäre, kann ich nicht sagen. Ich teile die Empörung meiner Landsleute über den Schmutz und die Verwahrlosung in Italien im allgemeinen nicht, aber in den Vierteln Neapels unweit der Landungsstelle der großen Dampfer feiern Elend und Dreck Orgien miteinander, denen auch meine Toleranz nicht gewachsen ist. Auch das, was man Laster nennt, beteiligt sich rege daran..."

Alfred Kerr, Kritiker, um 1920: „Graus des Südens! Neapel ist ein Lumpenmarkt, ins Übersinnliche gesteigert."

Elsa Morante, italienische Schriftstellerin, 1952: „Große Kultur Neapels: die zivilisierteste Stadt der Welt. Die wahre Königin der Städte, die herrschaftlichste und vornehmste. Die einzige wahre italienische Metropole."

Camilla Cederna, italienische Schriftstellerin, 1983: „Vor den Toren Neapels erstreckt sich nördlich des Flughafens Capodichino die Satellitenstadt Secondigliano, früher ein beliebter Erholungsort, heute, wie die umliegenden Ortschaften, ein heruntergekommenes Ghetto des sozialen Wohnungsbaus. Auf 12 qkm leben hier 140 000 Menschen, nur zum kleineren Teil Arbeiter, Angestellte, Gewerbetreibende; in der Mehrheit Gelegenheits- und Kurzarbeiter, Arbeitslose; die übrigen schlagen sich irgendwie mit Schwarzarbeit, Drogenhandel, Schmuggel, Prostitution und mehr oder weniger organisierter Kriminalität durch."

Neapel

1 Rathaus (Municipio)
2 Kirche San Giacomo degli spagnoli
3 Galleria Umberto
4 Teatro San Carlo
5 Meeresbiologisches Institut
6 Palazzo Reale
7 Kirche S. Francesco di Paola
8 Kirche Sant´Anna dei Lombardi
9 Kirche Gesù Nuova
10 Kirche Santa Chiara
11 Cappella San Severo
12 Kirche S. Angelo a Nilo
13 Staatsarchiv
14 Palazzo Monte di Pietà
15 Kirche S. Domenico Maggiore
16 Nationalmuseum
17 Unterirdisches Neapel
18 Kirche San Gaeano
19 Dom San Gènnaro
20 Museum und Galerie Capodimonte
21 Castel Capuano
22 Hauptbahnhof
23 Porta Nola
24 Kirche Càrmine
25 Piazza Mercato
26 Fährhafen
27 Fährhafen
28 Kastell S. Elmo
29 Kloster San Martino
30 Castel Nuovo
31 Castell dell´Ovo

Orto Botanico
ARENACCIA
Piazza L. Poderico
Via Santa Teresa degli Scalzi
Via Cristallini
Vic. dei Miracoli
Corso
Arenaccia
Piazza Nazionale
Via Foria
Via Vergini
S. Giovanni Carbonara
Via Nazionale
Calata Ponte
Via Casanova
Corso Novara
Pretura
Via Cirillo
Via Carbonara
Piazza E. de Nicola
Piazza Cavour
Via
Rosa
Imbriani
Salvatore
Piazza Principe Umberto
Via Firenze
Via S. M. di Costantinopoli
Via Anticaglia
Via Sapienza
Duomo
Via Duomo
Piazza G. Garibaldi
Via Enrico Pessina
Policlinico
S. Lorenzo
Via Pietro Colletta
Corso A. Lucci
S. Domenico
Via S. Biagio ai Librai
Umberto
Stazione Vesuviana
Garibaldi
Staz. Cumana
Spirito Santo
Ospedale dei Pellegrini
Via B. Croce
Piazza Nicola Amore
S. Maria de Loreto
Via Amerigo Vespucci
Corso
Via Nuova Marina
Via Marinella
Toledo
Via Monteoliveto
Borsa
Piazza G. Bovio
Immacolatella
Via A. Diaz
Questura
Molo del Carmine
Molo Cesario Console
Corso
Via Medina
Via Agostino Depretis
Via Cristoforo Colombo
Bacino del Piliero
Via
Municipio
Piazza Municipio
Fährschiffe nach Sizilien, Sardinien, Äolische Inseln, Malta, Tunis
Eliporto
Staz. Marittima
Via G. Nicotera
Via S. Carlo
Teatro S. Carlo
Trento Trieste
Via Acton
Porto Beverello
Palazzo Reale
Via Ferdinando
Avamporto
Piazza del Plebiscito
Fährschiffe nach Capri, Ischia, Procida, Sorrent
Bacino Angioino
S. Francesco di Paola
Molo San Vincenzo
Pallonetto S. Lucia
Via N. Sauro
Bocca di Ponente
Via Partenope
Porto S. Lucia
N
O
W
S
0
300 m
eapel

Touristen-Information:
Ente Provinciale per il Turismo (EPT), 80132 Napoli, Via Santa Lucia 81, Tel.: 081/7961111, Fax: 081/7962027, www.regione.campania.it,

Azienda Autonomo di Cura Soggiorno e Turismo, 80121 Napoli, Piazza dei Martiri 58 Tel.: 081/405311, Fax: 081/401961, und 90132 Napoli, Palazzo Reale, Tel.: 081/418744, Fax: 081/418619.

Ein Stadtrundgang

durch die Innenstadt Neapels möchte dem Reisenden einen „hautnahen" Eindruck der Stadt vermitteln. Er kombiniert die feine Geschäftsstraße Toledo mit großartigen Kirchen und typischen neapolitanischen Gässchen. An welchem Punkt Sie bei unserem Spaziergang „einsteigen", ob Sie dem beschriebenen Weg immer folgen wollen oder können, wann Sie sich erschöpft oder entnervt in ein Taxi setzen, das alles liegt nicht nur an ihrer Kondition, sondern auch an dem individuellen Erlebnis.

Denn bald schon wird man versucht, vom Weg abzuweichen, in eine der vielen verführerischen Gassen hineinzulaufen, sich vom Strom der geschäftigen Menschen mitreißen zu lassen, dieses oder jenes Kirchlein zu betrachten, um dann in einer Pizzeria hängenzubleiben.

Ausgangspunkt ist der Rathausplatz,

die **Piazza Municipio**, der den **Mittelpunkt der Stadt** darstellt. Die großen Straßen laufen hier zusammen; er ist das Tor zum Hafen, umstanden mit wichtigen Gebäuden, flankiert vom Castel Nuovo, nett angelegt mit Gärten und Springbrunnen. Das Reiterstandbild stellt Viktor Emanuel II. dar. In der Nähe sind die großen Hotels; öffentliche Verkehrsmittel, Taxen und Pferdedroschken fahren hier ab. Die Piazza gibt den Blick frei zum Colle San Elmo mit dem Kartäuser-Kloster, optisch direkt über dem Rathaus gelegen.

In einer der vielen engen Gassen - eine Seitenstraße der Via Toledo

Die Galleria Umberto, neben der in Mailand die schönste Galerie in Italien

Das Rathaus (1)
wurde im 19. Jahrhundert als Sitz der Ministerien des damaligen Königreiches beider Sizilien gebaut. Es wird auch „Palazzo San Giacomo" genannt, da es mit der Fassade die

Kirche San Giacomo degli Spagnoli (2)
einschließt, die der bedeutendste aller spanischen Vizekönige, Don Pedro de Toledo, 1540 errichten ließ. Sein Grabmal im Chor der Kapelle wurde von Giovanni da Nola geschaffen.

Rechts geht die Via G.Verdi ab, die an der Galleria Umberto I. zum Theater San Carlo und dem Königspalast führt.

Die Galleria Umberto (3),
nach König Umberto I. benannt, wurde 1890 eingeweiht. Diese riesige, glasüberdachte Ladenpassage ist ein beliebter Treffpunkt der Neapolitaner, ist Geschäftsstraße, Café, Kino, „Börse des kleinen Mannes" in einem und wo man durch den Witz und die gestenreiche Körpersprache der

Einheimischen an den Kobold Pulcinella aus dem neapolitanischen Straßentheater erinnert wird. Die 15 m breiten Straßen kreuzen sich unter einer 60 m hohen Glaskuppel, sie sind insgesamt 300 m lang.

Die Galleria öffnet sich zur **Piazza Trieste e Trento** hin, dem Verkehrsknotenpunkt Neapels. Der Name erinnert an Kämpfe um territorialen Anspruch Italiens auf Trient und Triest, die bis zum 1. Weltkrieg in österreichischer Hand waren. Der Neapolitaner ist schnell bei der Hand, einen Namen oder Spitznamen zu erfinden und trifft dabei meist das Richtige. Ihm sagen die offiziellen Bezeichnungen, die auch mit den politischen Verschiebungen wechselten, nicht viel, und er bleibt lieber bei den althergebrachten Namen. So nennt er diesen Platz meist **Piazza San Ferdinando** nach der **gleichnamigen Kirche** aus dem 17. Jahrhundert, die rechts neben dem Ausgang der Galleria steht.

Genau gegenüber der Galleria erweitert sich die Piazza Trieste e Trento und geht in die **Piazza Plebiscito** über.

Vor dem Ausgang der Galleria steht das

Theater San Carlo (4),

eines der größten und traditionsreichsten Opernhäuser der ganzen Welt. Es fasst beinahe 3000 Zuschauer und ist wegen seiner hervorragenden Akustik berühmt. Nahezu alle Größen der Musikwelt waren hier schon zu Gast. Karl von Bourbon ließ es 1737 errichten, es wurde mehrfach umgebaut und erweitert. Das Foyer, das auf den Garten des Schlosses hinausführt, ist kurz vor dem 2. Weltkrieg fertiggestellt worden.

Fries im Theater

Im Teatro San Carlo

Nach einigen Tagen am Golf meint man, dass die Kunst des Gesanges schon gentechnisch weitergegeben wird. Nicht amerikanische Songs beherrschen die Gassen, Hinterhöfe, Häfen und Werkstätten, sondern noch immer die Arien und Cavatinen der klassischen Oper. Nicht von ungefähr kam Enrico Caruso, der Welt größter Belcanto-Sänger, aus Neapel. Auch Alessandro Scarlatti, der Begründer der „neapolitanischen Schule" der Barockmusik, wurde hier geboren. Der Komponist Giovanni Battista Pergolesi starb in Pozzuoli; Domenico Cimarosa, ebenfalls Tonsetzer, stammte auch aus der Gegend. Kein Wunder, dass man sich in Neapel für die Opera buffa ein entsprechend großes Haus baute - das Teatro San Carlo. Und natürlich konnte es nur in Neapel passieren, dass - um die Wende 1999/2000 - ein 14-Jähriger, Antonio il piccolo Nardi, zum Belcanto-Star aufstieg!

Gleich an die Front des Theaters schließt sich der

Königspalast, Palazzo Reale (6),

an. Das Schloss wurde 1600 erbaut und ebenfalls in späteren Jahren umgebaut und erweitert. Schwere Schäden erlitt der Palazzo beim Erdbeben im November 1980. Die Ausstellungsräume waren lange Zeit wegen Restaurierungsarbeiten geschlossen. An der Straßenfront zur Piazza Plebiscito, die früher eine Säulenhalle war, stehen acht überlebensgroße Marmorstatuen. Sie stellen aus den verschiedenen Dynastien, die einst Neapel beherrschten, jeweils die profilierteste Persönlichkeit dar. Es sind:

Roger II. der Normanne; er eroberte 1134 Neapel und vereinte es mit der Krone Siziliens;

Friedrich II. von Hohenstaufen, 1198-1250, einer der genialsten Herrscher der Geschichte, Gründer der Universität Neapels;

Karl I. von Anjou, 1265 vom Papst mit Sizilien belehnt, nahm nach der Schlacht bei Benevent 1266 das hohenstaufische Neapel ein;

Alfons I. von Aragonien eroberte nach Jahren der Wirren 1442 das Land und stellte Recht und Ordnung wieder her;

Kaiser Karl V. von Habsburg, Herrscher über ein Reich, „in dem die Sonne nicht unterging", machte Neapel 1516 zur spanischen Provinz, von Vizekönigen regierti;

Karl III. von Bourbon, der im Laufe des europäischen Erbfolgekrieges 1734 Neapel eroberte und viele Reformen einführte;

Joachim Murat, Schwager Napoleons, löste 1808 Joseph Bonaparte auf dem Thron Neapels ab und regierte bis 1815 klug und geschickt;

Vittorio Emanuele II. von Savoyen, der Italien einte und die Königreiche des Stiefels zusammenschloss.

Es handelt sich also um einen Gestalt gewordenen geschichtlichen Abriss.

Die historischen Repräsentationsräume im ersten Stock, der früher den Königen als Wohnung diente, sind heute der Öffentlichkeit zugänglich. Zuletzt residierte Kronprinz Umberto bis 1946 hier. In den Räumen sind kostbare Gemälde der neapolitanischen und venezianischen Schule zu sehen, ferner Gobelins und Möbel französischer und flämischer Herkunft. Berühmt ist im Innenhof die Scala d'onore aus weißem Marmor.

In einem Gebäudeteil ist die **Staatsbibliothek** untergebracht, die in ihren Anfängen auf Karl III. von Bourbon zurückgeht und über eine Million Bände umfasst.

Die Hofkapelle und das Hoftheater wurden 1943 durch Bomben zerstört; seit dem Wiederaufbau dient das „Teatro di Corte" als „kleines Haus" wieder musischen Zwecken.

Dem Palazzo Reale gegenüber steht an der **Piazza Plebiscito** eine halbkreisförmige **Säulenhalle** mit den Standbildern von **Karl III.** (geschaffen von Canova) und **Ferdinand IV.** In der Mitte dieser Halle steht die

Kirche S. Francesco di Paolo (7),

von Ferdinand IV. zum Dank für seine Rückkehr aus der Emigration von 1817 an in fast 30-jähriger Bauzeit errichtet. Das Gebäude ist eine Nachbildung des Pantheons in Rom. Man benutzte für die Kirche und die Säulenhalle sämtliche Steinarten, die in Neapel üblich sind. An den Schmalseiten des Platzes befinden sich ferner die Präfektur, die Kommandantur und eines der Fremdenverkehrsbüros.

An der Piazza Plebiscito beginnt der **Verkehrstunnel Galleria della Vittoria,** der in einer Länge von 630 m unter dem Pizzofalcone hindurchführt und zu den Hauptverkehrszeiten von einem unvorstellbaren Lärm und einer Luft erfüllt ist, die in den Augen beißt. Von diesem Platz fahren zahlreiche Busse und Taxis ab.

Um den nächsten Besichtigungsschwerpunkt zu erreichen, begeben wir uns zur berühmten **„Toledo"**, oder **offiziell Via Roma**. Hier reihen sich elegante Geschäfte aneinander, so dass sich ein Fußmarsch durchaus lohnt. Diese Hauptgeschäftsstraße wurde von Vizekönig Don Pedro de Toledo (daher die volkstümliche Bezeichnung) erbaut. Links von ihr bietet ein Gassengewirr ein reizvolles Bild.

An der Piazza Carità biegen wir rechts ein in die Via Tommaso Caravita zur

Kirche Sta. Anna dei Lombardi (8)

an der Piazza Monteoliveto. Diese Kirche, auch Chiesa di Monteoliveto (Ölberg) genannt, gehört zu den historisch wichtigsten der Stadt. Sie wurde 1411 begonnen und im 17. Jahrhundert umgestaltet. Im Inneren enthält sie zahlreiche Skulpturen aus dem 15. und 16. Jahrhundert von Giovanni da Nola, eine marmorne Altarwand und im Seitenschiff eine Terrakotta-Gruppe (Pietà) von Mazzoni (um 1500). Diese „Beweinung Christi" ist mit acht lebensgroßen freistehenden Figuren um einen Glassarkophag eindrucksvoll realistisch dargestellt. Weiter zu erwähnen sind die Krippe und das Grab der Maria von Aragonien in der Kapelle.

Wir überqueren nun die Piazza Monteoliveto mit dem schönen Barockbrunnen und biegen rechts in die Calata Trinità Maggiore ein, die auf die **Piazza Gesù Nuovo** zuläuft. In der Mitte des Platzes steht eine große Marien-Barocksäule, die Giuglia dell'Immacolata, 1750 errichtet. Dahinter das seltsam anmutende Äußere der

Jesuitenkirche Gesù Nuovo (9). Die Fassade aus Rustika-Quadern lässt wirklich nicht auf das schöne, wenn auch manchmal kitschig überladende Innere der Kirche schließen. Die Steine gehörten ursprünglich zum Renaissance-Palast Sanseverino. Umso überraschter ist man von den prächtigen Gemälden, Statuen und farbigen Marmorausstattungen.

Unweit davon, rechts an der Via Benedetto Croce gelegen, erhebt sich die bedeutende

Pestsäule im Centro storico auf der Piazza Gesù Nova

Kirche Sta. Chiara (10)
mit zugehörigem Kloster, errichtet 1310, ebenfalls mehrfach umgebaut und „verschönt". Den gotisch-provençalischen Stil hat man in letzter Zeit nach den üblichen süditalienischen „barockisierenden" Umbauten versucht wiederzufinden. Diese Kirche diente besonders dem neapolitanischen Adel als Gotteshaus. Sie wurde von Robert II. von Anjou gestiftet, sein Grabmal hinter dem Hauptaltar ist mit Skulpturen und Reliefs prachtvoll gestaltet. Besonders reizvoll, ja, anmutig und fröhlich, wirkt der Kreuzgang der Klarissinnen im Klostergarten. Bunte Majoliken in leuchtenden Farben stellen überaus weltliche Motive dar - Jagd- und mystische Szenen, Karnevalsumzüge und Landschaften, womit den hier einst eingeschlossenen Ordensschwestern die Welt draußen in Erinnerung gebracht werden sollte; der Kreuzgang will zwar nicht so recht zu der Vorstellung passen, die man sich von den strengen Klarissinnen macht, aber er ist in seiner Art einfach hübsch. Orangen- und Zitronenbäume lassen in den von Weinlaub umrankten Laubengängen dieses

Stadtplan Seite 68

Im Innenhof der Kirche Santa Chiara

Paradiesgärtchens ihren Duft verströmen. Im Klarissinnen-Kloster selbst sind einige sehenswerte Fresken. Der massige Campanile (Glockenturm) stammt aus dem 14. Jahrhundert, das Oberteil wurde allerdings erst 1604 eingefügt.

Wir sind nun mitten in der **Spaccanapoli** und sollten uns bemühen, diese Hauptader der Altstadt in dem Gassengewirr nicht zu verlieren, auch wenn immer wieder hübsche Hinterhöfe und Winkel zum Entdecken locken. Schon wenige Meter weiter steht die sehenswerte Kirche, die

Chiesa San Domenico Maggiore (15),

vor der gleichnamigen Barocksäule. Sie lässt die gotische Grundstruktur noch ahnen, denn auch sie wurde vollständig umgewandelt im Laufe der Jahrhunderte und – unvermeidlich – barockisiert. In den vielen Seitenkapellen reihen sich bedeutende Gemälde wie in einer Galerie aneinander; allerdings sind die bedeutendsten wie Tizians „Verkündigung“ und Caravaggios „Geißelung“ inzwischen ins Museum

Capodimonte verlagert worden. Beachtenswert das Kruzifix, von dem gesagt wird, Christus habe von ihm aus hier in der Seitenkapelle zu Thomas von Aquin gesprochen.

Die Seitenkapellen sind schon ein Museum für sich. Jedoch sollte man nicht versäumen, in der Sakristei die Gräber der Aragonien-Könige und das Zimmer des Hl. Thomas von Aquin (er lehrte im anliegenden Kloster von 1272 an bis zu seinem Tod) zu besuchen.

In unmittelbarer Nachbarschaft liegt die kleine **Kapelle Sansevero** (11) aus dem 16. Jahrhundert, gestiftet vom Fürsten de Sangro. Sie birgt einige sehenswerte Skulpturen mit merkwürdiger, bislang ungeklärter allegorischer Aussage, eine berühmte Darstellung des „Verschleierten Christus“ (von Giuseppe Sammartino) und das Grab des Stifters. Der "Verschleierte (oder Verhüllte - ital Velato) Christus" ist mit einem feinen, fast durchsichtigen, marmornen Schleier bedeckt, ein Wunderwerk der Bildhauerkunst, das man heute so nicht mehr herstellen könnte. Ebenso sieht man diesen Schleier-Marmor bei den Statuen eines Paares, Mann und Frau, in der Krypta der Kapelle.

Etwas weiter von der Piazza San Domenico schließt sich die Piazza del Nilo an, an der rechts die

Kirche S. Angelo a Nilo (12)**,**

auch Cappella Brancaccio genannt, steht. Der Bau stammt aus dem 14. Jahrhundert und wurde im katalanischen Stil errichtet. Im Inneren birgt sie neben einem Relief das Grabmal des Kardinal Brancaccio. Bei der Kapelle steht eine hellenistische Statue des Flußgottes Nil und seiner zahlreichen Kinder, aufgestellt von Kolonisten aus Alexandria.

Dieses Klischeebild von Neapel darf nicht fehlen

Der nächste Abschnitt der Spaccanapoli heißt Via San Biago dei Librai (Straße der Buchhändler), aber das Bild der kleinen Lädchen ist buntgemixt. Die Hausnummer 121 gehört dem Renaissance-Palast Santangelo, etwas weiter, Nr. 114/115 steht der **Palazzo Monte di Pietà** (14) (Berg der Barmherzigkeit) mit einer kleinen Hauskapelle aus der Zeit der Wende vom 16. ins 17. Jahrhundert. Er birgt heute - sehr barmherzig! - ein Leihhaus.

Die Querstraße Via San Gregorio Armeno ist die Straße der Hersteller für Krippen, Altarschmuck und Grabausstattung. In ihr steht die

Kirche San Gregorio Armeno (15)
mit wirkungsvollen Fresken, die das Leben und die Legende des Hl. Gregorius erzählt, der einen sündigen Armenierkönig vom Fluch seiner Verzauberung befreien sollte (der Kopf war in einen Schweinekopf verwandelt worden).

Wir gehen das Gässchen weiter bis zur nächsten Querstraße, der **Via Tribunali**, die in der Antike als „decumanus maior" die Hauptstraße Neapels war und zum Forum führte. Dieses befand sich an der Stelle, auf dem die

Kirche San Paolo Maggiore (16) (oder San Gaetano)
errichtet wurde (Piazza S. Gaetano). Der hohe Unterbau trug in der Antike den Dioskuren-Tempel, von einem Freigelassenen des Augustus gestiftet. Die Vorhalle des Tempels war die ursprüngliche Fassade der Kirche aus dem 16. Jahrhundert, sie wurde aber 1688 bei einem Erdbeben so zerstört, dass nur noch zwei Säulen übrigblieben. Unter den Statuen der Apostel Petrus und Paulus an der Fassade gibt es antike Reste der Statuen von Castor und Pollux. Im Inneren der Kirche sieht man reichhaltige Fresken, von denen allerdings viele während des letzten Krieges vernichtet wurden. Die bemalte Decke ist sehr niedrig; auf ihr sind verschiedene Geschichten aus dem Leben des Hl. Gaetano, die Flucht der Hl. Familie nach Ägypten u.a.m. dargestellt. Die Gebeine San Gaetanos ruhen unter einem Altar mit der Skulptur des Heiligen. Um die reichen Deckenmalereien nicht zu zerstören, verzichtete man auf Wachskerzen und „stiftet" per Knopfdruck eine elektrische Kerze!

Gegenüber steht die **Kirche Lorenzo Maggiore** (17), im 13. Jahrhundert unter Karl von Anjou zur Erinnerung an seinen Sieg über die Hohenstaufen bei Benevent errichtet. Auch hier zerstörte ein Erdbeben (1731) die Kirche schwer. Im Inneren gibt es schöne Grabmäler, u.a. von Katharina von Österreich (†1327). Der Hochaltar stammt von Giovanni da Nola. Boccaccio lernte in dieser Kirche seine Geliebte, Maria von Aquino, kennen, die er im Decameron als „Fiametta" ehrte.

Das angrenzende **Franziskanerkloster** (13. Jahrhundert) trägt über dem Eingang die Wappen der Stadtbezirke; es war eine Zeitlang Parlamentssitz des neapolitanischen Königreiches; auch das Stadtgericht von S. Lorenzo tagte hier. Der Kapitelsaal wird von antiken römischen Säulen

Der Dom San Gènnaro, wo sich jedes Jahr das Wunder der Blutverflüssigung ereignet.

getragen. Der Saal ist mit Fresken aus der Ordensgeschichte geschmückt. Übrigens war 1345 Francesco Petrarca im Kloster längere Zeit Gast.

Ein Stück weiter, Richtung Via Duomo, kommen wir zur **Barockkirche S. Filippo Neri** (18) oder Gerolomini. Sie wurde von 1592 bis 1619 erbaut. Fassade und Kuppel wurden 1650 zugefügt, allerdings von Bombenangriffen im 2. Weltkrieg ziemlich zerstört. Im Inneren über dem Hauptportal das Fresko „Die Vertreibung der Händler aus dem Tempel", 17. Jahrhundert, von Luca Giordano.

Wenige Schritte trennen uns von der **Via Duomo,** die in das enge Gassengewirr nachträglich verbreiternd durchgebrochen wurde. Wir wenden uns nach Norden (links) und stehen vor der **Kathedrale,** dem

Duomo San Gennaro (19),

nach dem Stadtpatron genannt (Gennaro = Januarius). Er wurde um 1300 an der Stelle der Kathedrale Stefania aus dem 5. Jahrhundert erbaut und in der Folgezeit mehrfach

Das Wunder der Blutverflüssigung

Der Legende nach verflüssigte sich das geronnene Blut in den Ampullen in den Händen des Hl. Severus bei der Überführung der Reliquien. Seitdem wiederholt sich das Wunder der Verflüssigung am ersten Sonntag im Mai (in der Kirche S. Chiara) und am 19. September bei den Feierlichkeiten im Dom. An diesen Tagen erwartet immer eine große Zahl von Andächtigen das Wunder, und es gilt als gutes Omen, wenn die Verflüssigung schnell vor sich geht; dauert es lange, so steht ein schlechtes Jahr bevor. Um das zu vermeiden, steigert sich die Gemeinde in richtige Anfeuerungsrufe hinein, um den Heiligen, manchmal sogar massiv, dazu zu bewegen, sich mit der Verflüssigung zu beeilen. Wenn man zufällig an einem der Wundertage in Neapel weilt, sollte man sich dieses Spektakel nicht entgehen lassen!

Im übrigen ändert die Meldung, die Ende des 20. Jahrhunderts durch die Medien ging, nichts an dem Spektakel und der Begeisterung der Gemeinde. Die Meldung besagte, dass italienische Wissenschaftler nun endlich in der Lage seien, das Blutwunder chemisch zu erklären. Die Verflüssigung anscheinend fester Stoffe sei die Folge eines Vorgangs namens Thixatropie. Gewisse Substanzen verflüssigten sich sofort, wenn sie umgerührt oder geschüttelt würden, so die Erklärung des Chemikers Dr. Luigi Garlaschelli. Da bei dem Ritual die Glasampulle mit der Reliquie umgestülpt werde, genüge bereits diese kleine Bewegung, um das gestockte „Blut" wieder zu verflüssigen.

In seinem Buch „Über die Kunst, miteinander zu reden" spottete der italienische Schriftsteller Luciano De Crescenzo in einem erdachten Dialog: „Haben Sie schon einmal das neapolitanische Blutwunder, das Wunder des San Gennaro, aus der Nähe verfolgt, Dottore? „Nein. Wieso, kann man das sehen?" „Sicher kann man das sehen. San Gennaro, der Schutzpatron unserer Stadt, verflüssigt das Blut zweimal jährlich: am 19. September und am ersten Samstag im Mai, und er ist fast immer pünktlich, jedenfalls pünktlicher als der Schnellzug Neapel-Mailand."

umgestaltet. Von der ursprünglichen Fassade sind nur die drei alten Portale erhalten. Der Grundriss des Doms hat die Form eines lateinischen Kreuzes. Es gibt drei durch Pfeiler und Spitzbögen getrennte Schiffe. Um die Pfeiler stehen 110 antike Säulen aus orientalischem Granit; das Mittelschiff ziert eine Holzdecke mit Gemälden von 1621. Über dem mittleren Eingangstor stehen die Denkmäler von Karl I. von Anjou, Karl Martell und seiner Gattin, Clementine von Habsburg. Links unter dem zweiten Bogen eine antike Taufschale aus ägyptischem Basalt. Das schmückende Beiwerk ist mittelalterlichen Ursprungs. Im rechten Seitenschiff befindet sich die Kapelle des Heiligen Januarius (Capella di San Gennaro), erbaut auf Grund eines Gelübdes der Bürgerschaft zur Pestzeit 1526-1529. Beachtenswert ist das Bronzegitter von Fanzago, der auch den Fußboden mit Marmorintarsien entworfen hat. Das Innere hat die Form eines griechischen Kreuzes und trägt reichen Marmorschmuck. Die Fresken an den Wänden zeigen Szenen aus dem Leben des Heiligen. Das Gemälde rechts über dem mittleren Altar „San Gennaro bleibt unversehrt im feurigen Ofen" stammt von da Nola. An der Front des Hauptaltars ist ein Silberrelief, das die Überführung der Reliquien durch den heiligen Severus darstellt. An der Rückwand befindet sich die Statue des Heiligen, darunter zwei Öffnungen, in denen die Ampullen mit dem Blut des Heiligen aufbewahrt werden, der 305 in der Solfatara bei Pozzuoli enthauptet wurde. Hier steht auch die Silberbüste des Heiligen, in dem sein Schädel aufbewahrt wird.

In der Sakristei der Kapelle wird die mit 4000 kostbaren Edelsteinen geschmückte Mitra für die Heiligenbüste bei der Prozession aufbewahrt. Unter dem Hauptaltar liegt das Grab des Heiligen. Im linken Seitenschiff ist der Eingang zur **Basilika S. Restituta**, der ältesten Neapels. Sie wurde unter Konstantin dem Großen im 4. Jahrhundert erbaut und war ursprünglich Christus selbst geweiht. Im 7. Jahrhundert erhielt sie den Namen der Hl. Restituta, einer afrikanischen Märtyrerin, die in einem Boot mit glühenden Steinen ausgesetzt wurde, um zu verhungern, zu verdursten, zu verbrennen und zu ertrinken, aber unversehrt auf Ischia landete. In Lacco Ameno (Ischia) findet am 16./18. Mai das berühmte Fest ihr zu Ehren statt. An der Stelle der Basilika stand in der Antike der Apollo-Tempel, von dem noch 27 korinthische Säulen in diesem Bau erhalten sind. Auch das Baptisterium mit antiken Mosaiken ist aus jener Zeit gerettet worden, sonst aber ist vieles umgebaut und schlecht restauriert. Die Fragmente der Fresken stammen aus dem 13. Jahrhundert.

Ein ehedem reiches Bürgerhaus

Nördlich vom Dom liegen die **Kirchen Sta. Maria di Donna Regina**, eine in gotischem und eine in barockem Stil. Die gotische dient als Museum mit herrlichen Fresken (14. Jahrhundert), die barocke enthält das Grab (Sarkophag und Statue) der ungarischen Prinzessin Maria, Gemahlin Karls II. von Anjou.

Gegenüber steht der Erzbischöfliche Palast aus dem 16. Jahrhundert.

Südlich des Doms an der Via Duomo liegt auf der rechten Seite (vom Dom aus) das städtische **Museum C. Filangieri**, das in dem alten Adelspalast Cuomo (15. Jahrhundert) untergebracht ist. Es zeigt eine Waffen- und Möbelsammlung, Porzellan, Gemälde, Münzen.

Dem Museum gegenüber erhebt sich die Kirche **S. Giorgio Maggiore.**

Wir aber wenden uns vom Dom aus weiter die Spaccanapoli entlang auf der Via Tribunali dem

In solchen Palästen ist heute der Sitz von Banken und Versicherungen

Castel Capuano (21) zu. Das Schloss geht auf antike Anfänge zurück, wurde vom Normannenkönig Wilhelm I. 1100 erbaut und von Friedrich II. zur Residenz erweitert. Seit 1540 dient es als Sitz der Gerichte von Neapel. Vor dem Kastell die **Porta Capuana** (21), ein Triumphbogen aus dem 15. Jahrhundert, der zwischen zwei mächtigen Rundtürmen der alten Stadtbefestigung errichtet wurde. Früher war die Porta Capuana dicht umbaut von kleinen Häuschen und Geschäften; es bildete eine der malerischsten Stellen Neapels. Doch auch nach der Freistellung des Tores ist hier ein lebhaftes Treiben, ein Stück neapolitanischer Seele erhalten geblieben. In den frühen Morgenstunden findet hier der Fischmarkt statt; die vielen Schenken und Garküchen prägen die Umgebung des Kastells.

Südlich davon führen uns reizvolle Gässchen zur Via dell'Annunziata, in der die

Kirche Santissima Annunziata (22)
steht, von Vater und Sohn Vanvitelli im 18. Jahrhundert errichtet. Das einschiffige Innere wird durch eine elegante Kuppel überwölbt, die leider beim Erdbeben 1980 schwere Schäden erlitt; in der Kapelle und in der Sakristei Fresken und Gemälde von Lorenzino. Daneben steht die **Casa dei Trovatelli,** das ehemalige Heim für Findelkinder.

Die Straße stößt jetzt auf den **Corso Umberto I.,** den die Bevölkerung „Rettifilio" (gerade Straße) nennt. Direkt an der Kreuzung steht die

Kirche San Pietro ad Aram (23).
Hier bekehrte der Apostel Petrus auf der Durchreise die Hl. Candida und ihren Bruder Aspreno, der dann zum 1. Bischof von Neapel geweiht wurde. Man fand bei Umbauten und Ausgrabungen im Kirchenschiff heraus, dass die Krypta eine frühchristliche Basilika ist.

Der Corso Umberto I. mündet kurz nach der Kirche in die **Piazza Garibaldi** mit dem **Hauptbahnhof (Stazione Centrale).** Von dem großen Platz geht der **Corso Giuseppe Garibaldi** ab, dem wir nach Süden folgen. Wir kommen an dem Bahnhof der Vorortbahn, **Stazione Circumvesuviana**, vorbei; links davon liegt die **Porta Nolana** (23), ein Rest der antiken Stadtbefestigung mit einem Relief von Ferdinand I. von Aragonien aus dem 15. Jahrhundert.

Nun biegen wir an der **Piazza Pepe** ein zur Piazza del Carmine mit der

Kirche Sta. Maria del Carmine (24),
die im 12. Jahrhundert erbaut wurde und später mehrfach umgebaut und verändert worden ist. Die jetzige Fassade stammt von 1766, der Campanile ist noch aus dem 15. Jahrhundert, nur seine birnenförmige Spitze ist ein Werk des kunstreichen Dominikaners Nuvolo und wurde erst 1631 fertiggestellt. Dieser Glockenturm steht am Vorabend des Volksfestes der S. Maria del Carmine im Mittelpunkt einer Illumination, bei der man zu sehen glaubt, dass er in Flammen aufgeht. Inneres: Die wertvolle, geschnitzte und vergoldete Decke von 1659 wurde 1943 durch Bomben schwer beschädigt. Das Innere ist im 18. Jahrhundert umgestaltet und mit kostbarem Marmorschmuck verkleidet worden. Links befindet sich das **Grabdenkmal für Konradin von Hohenstaufen**, im Auftrag König Maximilians II. von Bayern vom dänischen Bildhauer Bertel Thorvaldsen geschaffen. Die Gebeine des letzten Hohenstaufers wurden hier 1847 beigesetzt, nachdem sie zunächst an der Hinrichtungsstätte an der Piazza del Mercato verscharrt waren, später geborgen und dann jahrhundertelang in einer Bleikiste hinter dem Hochaltar in der Wand eingemauert waren.

Hinter dem Denkmal Konradins steht eine Kanzel, von der der volkstümliche Rebell, der Fischer Masaniello, kurz vor seiner Ermordung zum Volk gesprochen hatte (1647).

Unter dem Kreuzbogen im Querschiff befindet sich ein Kruzifix aus dem 13. Jahrhundert in einem Schrein. Der

Hinrichtungen auf dem Forum des Volkes

Von der **Piazza del Carmine** aus erreicht man die **Piazza del Mercato** (25), den alten Marktplatz und Mittelpunkt der Altstadt, die 1943 durch Kriegseinwirkung und verheerende Bombenangriffe ihr typisches Gesicht verlor. Dieser Platz war das „Forum des Volkes“ und oft Schauplatz turbulenten und blutigen Geschehens. Hier fanden auch die Hinrichtungen statt. Hier bestieg Konrad von Hohenstaufen als 16-Jähriger am 29. Oktober 1268 das Blutgerüst, zusammen mit seinem Gefährten Friedrich von Baden. Hier endeten viele Opfer der politischen und geistlichen Intrigen auf dem Scheiterhaufen, dem Schafott und am Galgen, hier residierte der „König des Pöbels“ Masaniello unter freiem Himmel und wurde bald darauf selbst getötet; hier starben die zahllosen Opfer (es sollen über zehntausend gewesen sein) der Racheaktion von Ferdinand IV. im Jahre 1799, und hier strömte das Volk zusammen, als 1860 Garibaldi vor der Stadt stand. In der Umfassung des Nordteils des Marktplatzes sind zwei Springbrunnen mit Obelisken und in der Mitte die kleine **Kirche S. Croce al Mercato** in dem eine Porphyrsäule aufbewahrt wird, welche die Hinrichtungsstätte des letzten Staufers bezeichnet.

Das Andenken an Konrad von Hohenstaufen ist im Volk lebendig und die Legende, die in Neapel immer blühende Fama, hat sich der Gestalt des „Corradino ancor giovanetto“ bemächtigt. Dem Fremden wird eine Stelle auf dem Platz gezeigt, wo die aus Deutschland herbeigeeilte Mutter so viele Tränen vergoss, dass diese Stelle bis heute nicht wieder zu trocknen vermochte.

Legende nach senkte der Gekreuzigte das Haupt, um bei der Beschießung der Stadt durch Alfons von Aragonien (1439) einer Kanonenkugel auszuweichen, und verharrt seitdem in dieser Stellung. In der Apsis stehen Urnen aus orientalischen Marmorarten; unter dem Hochaltar befindet sich die wundertätige Madonna la Bruna aus dem 14. Jahrhundert. Unter dem Boden des Vorraumes zur Kirche wurden nach der Revolution 1799 zahlreiche Opfer der Rache des zurückgekehrten Ferdinand IV. beigesetzt.

Westlich des Platzes liegt die Stiftung S. Eligio, deren Kirche von Bomben zerstört wurde, dicht dabei der **Uhrenbogen Arco dell'Orlogio** aus dem 15. Jahrhundert und an der Ecke der Via Bernardo Quaranta auf einem Sockel der Kopf einer griechischen Statue, der Sage nach vom Grabmal der Sirene Parthenope stammend.

Die Via Duca d.S. Don. führt uns auf die Uferstraße Via Nuova Marina, der wir entlang folgen bis zur

Stazione Marittima (26),

dem Empfangsgebäude auf den Kaianlagen der Überseebrücke. Das 1936 erbaute Gebäude ist gewissermaßen das „Foyer“ Neapels, hier sind alle Hafenbehörden, die Fremden-

Ein kleines Theater

verkehrsgesellschaften sowie die Schifffahrts-, Eisenbahn- und Fluglinien vertreten; man findet hier ferner die Möglichkeit für Informationen und Einkauf von Reisenotwendigkeiten. Meist ankert hier auch das italienische Schulschiff „Amerigo Vespucci". Die Stazione Marittima ist Zollausland, und man muss beim Verlassen evtl. sein Gepäck, oft auch den Ausweis vorzeigen. In der Mitte des Platzes hinter dem Eingang befindet sich auf einem Sockel der **Landeplatz für die Hubschrauber nach Capri und Ischia.**

Südlich der Stazione Marittima (der Kai erstreckt sich ungefähr von West nach Ost) liegen die Kais der **Mole Beverello** (27). **Hier legen die Ausflugsdampfer** der Linien **nach Capri, Ischia und Sorrent ab**. Von der Einfahrt zur Stazione

Das Castel Nuovo

Das Kastell - mehr Festung als Palast

Fries aus dem Renaissance-Portal

Marittima haben wir nun geradeaus den Blick auf die **Piazza Municipio,** den Rathausplatz, und den alles überragenden Colle S. Elmo mit dem **Castel S. Elmo** (28) (heute Militärgefängnis) sowie dem **Kartäuserkloster S. Martino** (29) (heute Museum).

Unser Rundgang schließt an der wieder erreichten Piazza Municipio und dem

Castel Nuovo oder Maschio Angioino (30)

genannten mächtigen, altersgrauen Wahrzeichen Neapels. Dieser Bau wurde unter Karl I. von Anjou 1279-82 als Residenz erbaut und diente viele Jahrhunderte den Königen und Vizekönigen als Regierungssitz. Das aus graugelbem Tuffstein erbaute Kastell, mehr Festung als Palast, wurde im 15. Jahrhundert umgebaut.

Die dem Colle S. Elmo zugekehrte Westfront ist von drei mächtigen Türmen bewehrt, von hier aus gelangt man zum Eingang. Als reizvoller Gegensatz zu den mächtigen mit Zinnen versehenen Türmen steht das Renaissance-Portal, das man als Triumphbogen zwischen die beiden rechts stehenden Türme einfügte, um damit Alphons I. von Aragonien bei seinem Einzug in Neapel 1443 zu ehren. In diesem Bogen finden wir am klarsten von allen Renaissance-Bauten die klassischen Vorbilder übernommen (Renaissance = Wiedergeburt der Klassik). Man hält dieses Portal für eines der schönsten und vollkommensten Werke jener architektonischen Epoche in Neapel.

Der Bogen zeigt einen reichen Figurenschmuck, an dem viele namhafte Künstler der damaligen Zeit beteiligt waren. Über dem Eingang, dessen Bronzetore heute im Innenhof stehen, ist das Wappen von Alphons I. dargestellt, das von zwei Löwen gehalten wird. Darüber, sehr genau an die klassischen Vorbilder erinnernd, sieht man den Triumphzug in Reliefdarstellung. Über dem zweiten Bogen finden sich in vier Nischen die allegorischen Darstellungen der Tugenden.

Im Innenhof im Durchgang zur Wendeltreppe, die zum Saal der Barone führt, befinden sich die prachtvollen Bronzetore aus dem 15. Jahrhundert (Mailänder Arbeit von Guglielmo Monaco und Pietro di Martino). Der Figurenschmuck verherrlicht ebenfalls die Taten Ferdinands I. In einem Flügel des Tores steckt noch eine Kanonenkugel. Bei einem der zahlreichen Angriffe der Franzosen auf Neapel entführte Karl VIII. von Frankreich dieses Tor 1495 nach Frankreich. Unterwegs aber wurde die Flotte von den Genuesen gestellt, und bei dem Seegefecht wurde das Tor mehrfach getroffen. Die siegreichen Genuesen gaben die Torflügel an Neapel zurück.

Im Saal der Barone, in dem heute die Stadtvertretung tagt, gibt es eine schöne geschnitzte Holzdecke aus dem 15. Jahrhundert. Von der Rückseite des Innenhofes her zugänglich ist die „Capella Palatina“, die **Palastkapelle S. Barbara**, mit einem schönen Renaissance-Portal und einer wertvollen Holzdecke in der Privatkapelle der Aragonier. Im Untergeschoss des Kastells ist ein Verließ, in dem man die wohlerhaltenen Überreste von Gefangenen aus der Spanier-Zeit „bewundern“ kann.

Weitere Sehenswürdigkeiten (alphabetisch):

Botanischer Garten (Orto Botanico) (31)

Er wurde auf Anregung Joseph Bonapartes 1807 durch den neapolitanischen Botaniker Michele Tenore angelegt. Der Garten hat eine Grundfläche von 12 Hektar und verfügt über viele seltene Pflanzen. Seit 1928 befinden sich hier auch Anlagen des Institutes zur Erforschung von Arznei-Pflanzen.

Das Castel dell'Ovo, benannt nach seinem eiförmigen Grundriss

Castel Sant'Elmo (27)

liegt alles überragend auf dem Monte Vomero. Der spanische Vizekönig ließ es in der heutigen Sternform ausbauen. Ursprünglich stammt es von Robert von Anjou aus dem Jahre 1349. Es galt als uneinnehmbar. Jahrhundertelang diente es als Militärgefängnis. Im April 1988 wurde es, umgebaut und modernisiert, als Zentrum für Kongresse und Ausstellungen eröffnet.

Castel dell'Ovo (28)

Ein kleiner Damm führt hinaus zum Kastell, das dem kleinen Fischerhafen St. Lucia vorgelagert ist. Der Name soll angeblich auf die ovale (ovo = ital. Ei) Form des Grundrisses zurückgehen. Einer anderen Legende zufolge verdankt es seinen Namen einem Zauberkünstler, der sich Vergil nannte und der ein Ei in einer Flasche in die Festungsmauer mit der Weissagung eingebaut habe, die Burg und Neapel bestünden so lange fort, wie das Ei unbeschädigt bleibe.

Im Altertum hieß die Insel Megaris; auf ihr stand die berühmte Villa des Lucullus, bekannt durch seine Gastmähler. Die Normannen bauten an dieser Stelle um 1150 die ersten Festungsanlagen, die von dem Hohenstaufer Friedrich II. vollendet wurden. Er bewahrte im Kastell seinen Staatsschatz auf. Dann wurde es zum Gefängnis für den Enkel Friedrichs, Konrad, und die Tochter König Manfreds, eingekerkert von Karl I. von Anjou. Auch diese Anlage ist restauriert worden und dient nun als Rahmen für kulturelle Veranstaltungen. Eine Besichtigung ist offiziell nicht möglich.

Edenlandia

Der große Vergnügungspark liegt in der Nähe der Ausstellung Mostra d'Oltremare an der Viale J. F. Kennedy. Edenlandia ist eine Art Disneyland mit zahlreichen Attraktionen, Karussels, Minischlössern, Bootsfahrtmöglichkeiten, Abenteuerbauten, Märchenfiguren.

Grab des Vergil

An der Piazza St. Maria di Piedigrotta mit der gleichnamigen Kirche öffnet sich einer der großen Tunnel, die unter dem Berg Posillipo durchführen. Hinter der Kirche gibt es den Eingang zur **Grotta Vecchia**; dieser antike Durchbruch (zur Zeit des Augustus gebohrt) ist heute nicht mehr benutzbar. An seinem Eingang liegt das Grab des Vergil (Tomba di Virgilio), eine römische Familiengruft, ein sog. „Columbarium" aus augustäischer Zeit. Es ist kaum anzunehmen, dass es sich bei diesem Bauwerk um das authentische Grab des großen Dichters handelt, der im Jahre 19 v. Chr. in Brindisi starb und vorher lange in Neapel lebte und wirkte. Es heißt: „Ossa eius Neapolim translata sunt tumuloque condita, qui est Via Puteolana intra lapidem secundum." Also: „Seine Gebeine wurden nach Neapel gebracht und in ein Grab gelegt, das an der Straße nach Pozzuoli liegt, zwischen dem ersten und dem zweiten Meilenstein." Vieles - Lage, Anlage und Datierung des Grabmals - spricht gegen die Annahme, dass es das eigentliche Grabmal ist; die Verehrung jedoch, die seit Jahrhunderten an dieser Stelle dem großen Dichter zuteil wurde, machte diese Stätte zu einer Art Nationaldenkmal. Den Sinn trifft eine Inschrift, die man in späterer Zeit in diese Ruinen einmeißelte:

Quod scissus tumulus, quod fracta sit urna, quid inde?
Sat celebris locus nomine vatis erat!

(Auf deutsch: Was macht es, dass das Grabmal geborsten, die Urne zersprungen? Gibt doch des Dichters Ruhm jegliche Weihe dem Ort!).

Das Grabmal ist in der Art der Familiengrabstätten gebaut, wie sie in Latium und Kampanien aus der Römerzeit vielfach erhalten sind. Es ist aus „Opus reticulum", einem rhombisch geformten römischen Ziegelwerk, gemauert und hat in der

Virgils Grab - ein idyllisches Plätzchen

Johann Gottfried Seume, deutscher Schriftsteller, 1802: „Heute besuchte ich auch Virgils Grab. Die umständliche Beschreibung mag Dir ein anderer machen. Es ist ein romantisches, idyllisches Plätzchen; und ich bin geneigt zu glauben, der Dichter sei hier begraben gewesen, die Urne mag nun hingekommen sein, wohin sie wolle. Das Gebäudchen ist wohl nichts anderes als ein Grab, nicht weit von dem Eingang der Grotte Posilippo, und eine der schönsten Stellen in der schönen Gegend. Ich weiß nicht, warum man sich nun mit allem Fleiß bemüht, den Mann auf die andere Seite der Stadt zu begraben, wo er nicht halb so schön liegt, wenn auch der Vesuv nicht sein Nachbar wäre."

quadratischen Grabkammer Wandnischen zur Aufnahme von Asche-Urnen. Diese Nischen (loculi), die wie die Öffnungen eines Taubenhauses aussehen, gaben diesem Mausoleumtyp den Sammelnamen „Columbarium" (Taubenhaus). Man behauptet, dass unweit dieser Stätte Paulus gelandet sei, und ihm schreibt man die Worte zu, die eine andere Inschrift auf dem Grabmal Vergils besagt:

„Zu welch einem Christen,
größter aller Dichter,
hätte ich Dich gemacht,
hätte ich Dich lebend getroffen."

Der kleine Park, der das Grabmal umgibt, beherbergt auch noch die letzte Ruhestätte eines anderen großen Dichters, Giacomo Leopardi, der 1837 in Neapel starb.

Die Katakomben von S. Gennaro

Sie sind architektonisch wesentlich interessanter als die in Rom, die jedoch viel bekannter sind. Sie stammen aus dem 1. bis 2. Jahrhundert n. Chr. Im 3. Jahrhundert wurde hier eine Grabbasilika für den Hl. Agrippinus errichtet, im 5. Jahrhundert eine weitere für S. Gennaro. Vom 13. bis 18. Jahrhundert ließ man die Katakomben verfallen, und sie sind erst in letzter Zeit der Öffentlichkeit zugänglich gemacht worden. Sie waren ursprünglich Grabstätten, später Versammlungs- und Andachtsorte der christlichen Gemeinde.

Im unteren Stockwerk ist die Grabbasilika des S. Gennaro mit Resten von Wandmalereien und einem Altar, in dem einst die Reliquien des Heiligen untergebracht waren (heute sind sie in der Kapelle S. Gennaro im Dom). Ferner gibt es in der Vorhalle ein altes Taufbecken aus dem 8. Jahrhundert, viele Wandmalereien, teils im pompejanischen Stil, darunter eine Darstellung eines Christus ohne Bart mit römischer Kleidung, eine Säule mit griechischen und hebräischen Inschriften aus der Zeit, in der im 12. Jahrhundert hier die Juden heimlich ihren Riten nachgingen. Im oberen Stockwerk sind sehr alte Malereien, teils profanen Urspungs, rechts die Reste einer Basilika mit den Fragmenten von zwei (von 14) Bischofsbildern. In einer Halle befindet sich das älteste Bild von S. Gennaro aus dem 5. Jahrhundert.

Kirchen

S. Agostino a Zecca an der gleichnamigen Straße. Die Kirche hat einen schönen Glockenturm, durch den man in einen barocken Kreuzgang und in einen barocken Kapitelsaal gelangt. Der Name „a Zecca" stammt von der Münzwerkstatt, die die Aragonier in dieser Straße betrieben.

Sta. Brigida an der gleichnamigen Straße nördlich der Galleria Umberto, Anfang des 17. Jahrhunderts. Aus militärischen Gründen (Nähe des Castell´ Nuovo) wurde sie sehr niedrig gebaut, doch die Perspektive im Inneren lässt die Kuppel viel höher erscheinen.

S. Giovanni a Carbonara an der gleichnamigen Straße. Die Kirche, die man über eine Freitreppe erreicht, wurde 1343 errichtet und in späterer Zeit des öfteren umgestaltet. Durch ein Spitzbogenportal geradeaus kommt man in das Innere des einschiffigen Gebäudes. Links befindet sich der Eingang zur Kapelle S. Monica mit dem Grabmal von Sanseverino (1432) von Andrea da Firenze. Hinter dem Hauptaltar der Kirche liegt das Grabmal des Königs Ladislaus († 1414), ebenfalls von Andrea da Firenze; er schuf auch in der Capella Caracciolo del Sole hinter dem Chor das unvollendete Grabmal des Gianni Caracciolo (Groß-Seneschall, also Oberhofbeamter, von Königin Johanna II.). Zu beachten ist auch der Majolikafußboden in dieser Kapelle. Links vom Hauptaltar sieht man die Capella Caracciolo di Vico mit einer Marmorverkleidung von Giovanni da Nola und Skulpturen u.a. vom selben Künstler, schräg gegenüber dem Hauptportal die Capella Miroballo (16. Jahrhundert) mit Skulpturenschmuck.

Sta. Maria dell'Anime del Purgatorio (Sta. Maria der Seelen im Fegefeuer) steht in der Via Tribunali. Ihre Fassade ist mit Schädeln und Knochen aus Bronze „geschmückt".

Sta. Maria SS. del Carmine alle Fontanelle liegt im Armenviertel Neapels, im „Tal der Gesundheit", Valle della Sanità, zu Füßen des Hügels Capodimonte. Die Kirche selbst ist ziemlich uninteressant, doch der Friedhof Fontanelle lohnt einen Besuch. Er liegt unterhalb der Kirche. In den Grotten oder Höhlen mit gewaltigen Ausmaßen ruhen die namenlosen Gebeine von rund 30 000 (!) Toten. Neben Cholera-Opfern aus dem späten Mittelalter stapeln sich in einem gruseligen Chaos die Reste der Verstorbenen aus Revolten und Widerstandsbewegungen des 2. Weltkrieges, von Opfern der Camorra und von armen Schluckern aus Neapels Gassen. Den Zugang zu diesem „Gruselkabinett" erbittet man vom Pfarrer der Kirche (Spende nicht vergessen!).

Sta. Maria Incoronata an der Via Medina stammt aus dem Jahre 1350. Sie enthält Fresken aus dem 14. Jahrhundert, die die Sakramente darstellen.

Sta. Maria Maggiore steht in unmittelbarer Nachbarschaft von Sta. Maria dell'Anime del Purgatorio in der Via Tribunali. Sie wurde 1655 im Barockstil über einer alten Basilika aus dem 5. Jahrhundert erbaut, von der nur noch der Campanile aus dem 10. Jahrhundert mit antiken Fragmenten erhalten ist.

Sta. Maria di Piedigrotta am gleichnamigen Platz, beim Vorortbahnhof Stazione Mergellina und den Verkehrstunnels durch den Posillipo. Die Kirche enthält ein hochverehrtes Marienbild. Im September findet hier zu Ehren der Maria ein sehenswertes und charakteristisches Fest statt.

S. Pietro a Maiella am Ende der Via Tribunali, die hier in die Via San Pietro a Maiella übergeht. Die Kirche stammt aus dem 14. Jahrhundert; sie ist dem Hl. Pietro geweiht, der 1294 unter dem Namen Coelestin V. zum Papst gewählt wurde, aber schon nach fünfmonatigem Pontifikat die Würde wieder ablegte, weil er sich nicht in der Lage sah, die Kirche zu regieren. Im Inneren des Gotteshauses zeigen Deckengemälde Szenen aus seinem Leben. Den ursprünglich gotischen Stil hat man nach mehreren Umbauten versucht, einigermaßen wieder herzustellen. Im angeschlossenen Kloster befindet sich das **Konservatorium für Musik**, 1537 gegründet, und eines der bedeutendsten der neapolitanischen Musikgeschichte (mit Museum).

S. Pietro a Martire, gegenüber der Universität, stammt aus dem Jahre 1285; sie wurde später umgebaut und 1945 nach Kriegsschäden restauriert. Im Inneren befinden sich zahlreiche Kunstwerke des 14. bis 16. Jahrhunderts. Besonders sehenswert ist in der 3. Kapelle ein naives Gemälde eines katalanischen Meisters aus dem 15. Jahrhundert; es stellt das Leben des S. Vincenzo Ferreri dar.

Santi Severino e Sossio an der Via Capasso ist ein ehemaliges Benediktinerkloster (902), das heute das große Staatsarchiv mit einer der umfangreichsten Urkundensammlungen Europas erhält: fast 60 000 Pergamente, viele davon über tausend Jahre alt. Im 3. Kreuzgang sind 19 Fresken aus dem 15. Jahrhundert sehenswert, die Szenen aus dem Leben des Hl. Benedikt darstellen. Im Klosterhof steht eine tausendjährige Platane, die der Heilige selbst gepflanzt haben soll. In der Klosterkirche (aus dem 11. Jahrhundert, um 1500 umgestaltet, im 18. Jahrhundert barockisiert) ist rechts vom Chor der Zugang zur Capella Sanseverino mit den Grabdenkmälern (von da Nola) der drei Brüder Sanseverino, die von ihrem Onkel vergiftet wurden, um damit eine Erbauseinandersetzung in seinem Sinne zu regeln.

S. Vitale, eine kleine Kirche am gleichnamigen Platz in Fuerigrotta. Sie beherbergte das Grab des bekannten Dichters Giacomo Leopardi, der 1837 in Neapel an der Cholera starb. In jüngerer Zeit fand man die letzte Ruhestätte wegen der zunehmenden Industrialisierung der Umgebung nicht mehr würdevoll genug, und so setzte man ihn neben dem anderen großen Dichter bei: neben Vergil.

Kloster San Martino. Die Certosa S. Martino ist ein Kartäuser-Kloster, das 1325 von Herzog Karl von Kalabrien (Sohn Roberts von Anjou) begonnen und im 16. bis 17. Jahrhundert im Barockstil Neapels vollendet wurde. Nach der Säkularisierung im Jahre 1866 wurde es Museum. Vom Innenhof mit einem schönen Brunnen aus dem Jahre 1601 aus betritt man die einzelnen Räume; ein Durchgang, in dem Staatskarossen stehen, führt zur Terrasse mit einem einmaligen Belvedere über Neapel. Über den Kreuzgang mit 60 Marmorsäulen kommt man zur Pinakothek mit Werken von

Meistern aus dem 14. Jahrhundert und zur Klosterkirche (1580-1623), einem Musterbeispiel neapolitanischen Barocks.

Das Innere ist ein Museum für sich; jede einzelne der Kapellen birgt eine Fülle von Kunstwerken bedeutender Künstler. Die Sakristei, die Schatzkammer, der Sprechsaal und der mit Halbedelsteinen besetzte Altar bieten eine besonders reiche Anzahl an Kunstwerken, die eine detaillierte Beschreibung unmöglich machen und die man trotz der Erklärungen des Führers eigentlich nur als Gesamteindruck bestaunen und aufnehmen kann. Das Museum selbst zeigt eine Fülle von Sammlungen:

In den Sälen 1-4 befinden sich marinegeschichtliche Exponate, in den Sälen 7-16 Sammlungen zur Geschichte Neapels. So zeigt die Stadtkarte „Tavola Strozzi" Neapel im 15. Jahrhundert und ein Gemälde von Micco Spadaro „Der Aufstand des Masaniello" die Piazza del Mercato zur Zeit seiner Blüte als Forum Neapels.

In den Sälen 17-19 findet man Waffen und Uniformen aus der Zeit der französischen Herrschaft, und in den Sälen 20-23 sind Erinnerungen an das 19. Jahrhundert ausgestellt. In den Sälen 32-36 sehen wir Volkstrachten aus dem 17. Jahrhundert.; der Saal 37 bietet die Hauptattraktion, die berühmte **Krippe, Presepe di Cuciniello**, aus dem 17. Jahr-

Die schönsten Weihnachtskrippen der Welt

Unverwechselbar im Stil ist die neapolitanische Weihnachtskrippe mit dem Jesuskindlein, Maria und Josef, Ochs und Esel sowie den heiligen drei Königen aus dem Morgenland. Schon lange vor Weihnachten, am 8. Dezember, wird sie aufgestellt. Die Sitte geht auf den heiligen Franz von Assisi zurück, der nach der Legende 1223 zu einer Predigt zum Christfest Ochs und Esel sowie einen Futtertrog mitgebracht haben soll. Nur in Klöstern gab es dann bis zum 16. Jahrhundert Krippen. Aus einem Inventarverzeichnis der Festung der Piccolomini in Amalfi aus dem Jahre 1567 geht hervor, dass es nun auch außerhalb christlicher Klostermauern eine Krippe gab. Danach besaß Constanza Piccolomini di Aragona eine Krippe mit immerhin 116 Figuren und anderen szenischen Gegenständen. Ihre heutige neapeltypische Form erhielt die presepe (Ortsdialekt vom italienischen presepio = Krippe) im 18. Jahrhundert, als nun die Glieder der Figuren aus Holz geschnitzt und die Köpfe aus Ton modelliert wurden. Vom 19. Jahrhundert an war sie - wie bei uns der Weihnachtsbaum - in jedem Haus der Stadt zu finden.

Wer sich in der Vorweihnachtszeit in Neapel aufhält, sollte sich einen Besuch in der Via Gregorio Armeno nicht entgehen lassen, einer Straße, die von der Handwerkskunst des Krippenbaus lebt.

hundert mit über 162 Personen, 80 Tieren, 28 Engeln und 450 Gebrauchsgegenständen; sie ist die größte Krippe der Welt. Davor und in den Nebenräumen befinden sich weitere sehenswerte Krippen.

Im Saal 38 sind Sammlungen zur Theatergeschichte Neapels untergebracht. Die Original-Bühne des alten berühmten Komödienhauses San Carlino („Karlchen" im Gegensatz zum großen Theater San Carlo – „Karl").

Mergellina

Der Stadtteil ist nach dem Yachthafen benannt. Hier findet man an der Uferstraße und in den Seitenstraßen typische Fischlokale und Cafés. **An der Mergellina**, wie der Touristen-

An der Mergellina, dem Touristenhafen

hafen kurz genannt wird, **gehen** die Aliscafi, **die Luftkissenboote, nach Ischia, Procida und Capri ab**. Die **Stazione Mergellina** ist eine Bahnstation der Metro, die nach Pozzuoli fährt. Auch eine Schnellverbindung der Staatsbahn geht hier ab in Richtung Rom. Neben dem Bahnhofsgebäude ist eine Geschäftsstelle des Fremdenverkehrsamtes.

Mostra d'Oltremare ist eine ständige maritime „Überseeausstellung". In unmittelbarer Nähe liegen das Fußballstadion und der Vergnügungspark Edenlandia und der Zoo.

Museen

Capodimonte, Museum und Nationalgalerie (Museo e Gallerie Nazionali di Capodimonte).

Der Palazzo di Capodimonte steht in einem wunderschönen Park, der Anfang des 18. Jahrhunderts angelegt wurde, ursprünglich als Wildpark. Karl II. von Bourbon ließ den Palast in fast 100-jähriger Bauzeit errichten. Die Könige von Neapel unterhielten dort ein Museum (die Farnesische Sammlung war zunächst hier untergebracht, Winckelmann studierte sie noch im Palazzo) und eine bedeutende Porzellanmanufaktur (Zeichen: N mit Krone) in der Zeit von 1743 bis 1807. 1860 diente das Schloss der Königsfamilie als Sitz, 1921 kam es in Staatsbesitz und war bis 1948 von den Herzögen von Aosta bewohnt. Heute ist hier die Nationalgalerie der bedeutendsten italienischen Maler sowie die Farnesische Sammlung von Waffen, Porzellan und Elfenbeinarbeiten untergebracht. Capodimonte hat bei dem Erdbeben von 1980 nur leichte Schäden erlitten.

Besonders sehenswert ist ein Salon, **der Portici-Salon**, der ganz und gar aus **Porzellan** besteht. Das Kabinett - immerhin 6,75 m lang, 4,80 m breit und 5,13 m hoch - ist **aus über 3000 Einzelteilen** zusammengefügt, die jedoch fugenlos erscheinen - heute stünde ein solches Riesen-Puzzle im Guiness Book of World Records! Ursprünglich für das Schloss in Portici hergestellt (daher der Name des Salons), war dieses Glanzstück in Mauve, Gold, Kobaltblau und Weiß das Geschenk Karls IV., des Königs von Neapel, für seine Frau Marie Amalie von Sachsen zum 20. Hochzeitstag 1758, womit ein Rokoko-Traum der kunstsinnigen, deutschen Gemahlin in Erfüllung ging. Zu dieser Zeit wurde erst seit 50 Jahren in Europa Porzellan hergestellt, da erst mit der Entdeckung des Seeweges nach Indien 1498 erste Gegenstände dieses Materials aus China in die Alte Welt gelangten. König Karl, ebenfalls Liebhaber der schönen Künste und geschäftstüchtiger Unternehmer zugleich, begriff schnell dessen Bedeutung und eröffnete im Park von Capodimonte eine Porzellanmanufaktur, deren an Meißen angelehnte Produktion rasch zur Weltspitze aufrückte.

Das Nationalmuseum – Museo Nazionale

an der Piazza Museo, erreichbar über die Via Roma und ihre Verlängerung, U-Bahnstation, Bushaltestelle.

Es ist das bedeutendste archäologische Museum in Europa und hat unbestrittenen Weltrang. Das Gebäude wurde 1586 erbaut, diente zunächst als Kaserne, später als Sitz der Universität. Ende des 18. Jahrhunderts wurden hier Sammlungen Karls III. von Bourbon und seiner Mutter Elisabeth Farnese zusammengetragen, die vorher in Capodimonte aufbewahrt worden waren. Sie bildeten das Kernstück, doch später kamen die bedeutendsten Stücke überhaupt, die Ausgrabungsfunde von Pompeji, Herculaneum, Cumae, Stabia und ganz Kampaniens hinzu, außerdem eine Kollektion griechischer Skulpturen, Münzen sowie die ägyptischen und etruskischen Sammlungen der Familie Borgia.

Besonders für den Besucher Pompejis wird der Gang (vorher und nachher) durch das Nationalmuseum die Antike lebensnah vermitteln. Die Vielzahl der Säle und ihrer Schätze im einzelnen zu beschreiben, würde zu weit führen, am besten besorge man sich einen speziellen Führer. Doch auf einige besonders wichtige und bedeutende Stücke möchten wir hinweisen.

Im Erdgeschoß (Atrium)

Die Reiterstatue des Markus Nonius Balbus und seines Sohnes aus Herkulaneum.

Saal I: Die Tyrannenmörder Harmodias und Aristogeiton, die 514 v. Chr. den Athener Tyrannen Hipparch töteten. Griechische Grabstele aus der Sammlung der Borgia, um 480 v. Chr.

Saal II: Farnesische Athene, Kopie einer Bronzestatue aus der Schule des Phidias. Die Athene wurde von Perikles anläßlich einer überstandenen Pestepidemie (430 v. Chr.) gestiftet. Relief mit „Orpheus und Eurydike", Phidias um 410 v. Chr.

Saal III: „Doryphoros" aus Pompeji von Phidias. Der Lanzenträger besitzt eine exzellente anatomische Ausarbeitung (450 v. Chr.).

Saal IX: „Sterbende Amazone" und „Sterbender Perser", Weihegeschenke des Königs von Pergamon (um 200 v. Chr.); „Venus Kallipygos" aus Neros Haus, vermutlich eine Brunnenfigur, die ihren Blick ins Wasser wirft, um ihr Spiegelbild zu betrachten.

Saal XII: Der „farnesische Herkules", eine Kolossalstatue aus dem 3. Jahrhundert v. Chr.

Saal XIV: „Psyche", ein wunderschöner, anmutiger Torso; die Skulptur zierte das Amphitheater von Capua (1. Jahrhundert n. Chr. nach einem Original aus dem 4. Jahrhundert v. Chr.).

Saal XV: „Satyr und Dionysos", eine heitere Statue, die sehr beliebt war und in vielen Kopien die Landhäuser der Antike schmückte.

Saal XVI: „Der farnesische Stier"; die etwa 4 m hohe Kolossalgruppe wurde in den Thermen des Caracalla gefunden. Sie ist die größte erhaltene Skulptur der Antike. Das Original stammte aus dem 1. Jahrhundert v. Chr., die gezeigte Kopie aus dem 2. bis 3. Jahrhundert n. Chr. - Amphibion und Zethas binden Dirke, die Gattin des Königs von Theben, auf die Hörner des Stieres, um ihre Mutter Antiope zu rächen, die von dem Königspaar misshandelt worden war.

Säle XXXI-XXXII: die bekanntesten pompejanischen Bronzen; sie wurden in den nach ihnen genannten Häusern in Pompeji gefunden: der tanzende Faun, Satyr mit Weinschlauch, der trunkene Silen, Narcissus, sitzender Herkules, Apollo-Statue, Ephebe, Apoll aus dem Haus des Zitaristen, Nike, ruhender Hermes.

Säle XXXVII-XLIII: Galerie der römischen Imperatoren Augustus, Cäsar, Tiberius, Vespasian, Caligula, Caracalla.

Saal XLV: griechische Büsten wie Sokrates, Euripides, der blinde Homer, Seneca.

Zwischenstock (Amezzato)

Säle LI-LIV: Wandgemälde und Fresken aus Pompeji und Herculaneum. Die Lebendigkeit und Farbenpracht, die sie immer noch ausstrahlen, kann den Betrachter fast vergessen lassen, dass sie schon zwei Jahrtausende alt sind.

Säle LVII-LXIV: pompejanische Mosaike, die wohl zu den wertvollsten Stücken des Museums gehören. Ganz besonders hervorzuheben ist wohl das bekannteste und berühmteste Mosaik – „Die Alexanderschlacht" aus dem Haus des Fauns in Pompeji. Es wurde nach einem Gemälde hergestellt, das die Entscheidungsschlacht bei Issus (333 v. Chr.) darstellt, vermutlich auch in den Jahrzehnten nach der Schlacht entstanden. Alexander stößt siegend auf den Perser Darius, der seinen Kampfwagen zur Flucht wendet; die Soldaten werfen sich schützend vor ihren Führer. Das Mosaik ist mit vier Grundfarben (weiß, rot, gelb, schwarz) in einer gewundenen (wurmartigen) Technik gelegt.

Weitere großartige Mosaike in den Sälen – „Meeresfauna" und „Straßenmusikanten" aus der Villa di Cicerone.

1. Stock

Die Säle enthalten eine Vielzahl von Funden aus dem Alltagsleben der versunkenen Städte Pompeji und Herculaneum: Schmuck, Vasen, Gläser, Waffen, Wandgemälde, Terrakotta-Figuren. Hervorzuheben sind die griechische Vasensammlung, Goldschmuck, der goldene Lorbeerkranz, eine farnesische Tasse, Lararium-Statuen (Hausgötter), Ausrüstungsgegenstände der Gladiatoren, Bronzegeschirr und Operationsbesteck aus dem "Haus des Chirurgen" in Pompeji.

Um einen Überblick und eine Vorstellung von Pompeji zu bekommen, ist auch ein Blick auf das Modell der alten Stadt von Nutzen. Ebenso finden sich Informationen zur Ausgrabungsgeschichte.

Säle XLVI-LXIX: Galerie mit Bildern aus dem 19. Jahrhundert.

Saal LXX: Gobelins.

Saal LXXX: Angelica Kauffmanns „Familie des Ferdinand IV.".

Säle LXXXIII-LXXXV: Porzellan und sogenannte Bisquits (mattes Porzellan) aus der ansässigen Manufaktur.

Saal LXXXVII: Das berühmte Dantebildnis.

Saal LXXXVIII: Kleinbronzen.

Säle LXXXIX-XCIII: Waffen, Medaillen und Elfenbeinarbeiten.

Saal XCIV: Das Rokoko-Porzellankabinett, das 1757-59 in Capodimonte für die Gemahlin Karls III. von zehn Porzellanmalern unter sächsischer Leitung geschaffen wurde – ein wohl einmaliger Raum.

2. Stock:

Saal II: Flämische Wandteppiche mit Szenen aus der Schlacht von Pavia (1531).

Saal IV: Gemälde von Martini: „Krönung Roberts von Anjou durch seinen Bruder, Erzbischof Ludwig von Toulouse".

Saal VI: „Kreuzigung" von Masaccio und das „Schneewunder" von Masolino.

Saal X: Bilder von Schülern Raffaels.

Saal XV: Werke von Coreggio (1519) „Vermählung der Hl. Katharina mit dem Christuskind" und „Die Zigeunerin".

Saal XVII: Werke venezianischer Meister.

Saal XIX: Tizians Gemälde „Weinende Magdalena", „Philipp II. v. Spanien", „Papst Paul III. Farnese", „Danae".

Saal XX: Pieter Breughels „Gleichnis von den sieben Blinden", Lucas Cranachs „Ehebrecherin".

Saal XXI: Aufgang zur Dachterrasse mit herrlichem Ausblick.

Säle XXII-XXIV: Zeichnungen, Skizzen von Michelangelo, Raffael, Rembrandt.

Saal XXVII: Werke von Reni und anderen neapolitanischen Malern.

Saal XXXI: „Die Trinker" von Velasquez.

Säle XXXV-XLII: Neapolitanische Künstler wie Caballino, Mattia Preti, Luca Giordano, Francesco Solimena.

Saal XLV: Gemälde von Goya „Karl IV. von Spanien" und „Maria Luisa von Parma".

Museum Pignatelli

Das Museum liegt im dem sehr schönen Park der Villa Comunale an der Riviera de Chiaia. Es enthält interessante Sammlungen von Möbeln, Porzellan und Einrichtungsgegenständen aus dem 19. Jahrhundert.

Porta del Carmine

an der Uferstraße Via Nuova Marina. Ein massiger Pfeiler der Porta und ein Turm von 1382 bilden den Rest eines alten Kastells. Es war Stadtgefängnis, um das bei den Aufständen unter der Führung des Fischhändlers Masaniello 1647 heftige Kämpfe wogten. Die verurteilten Revolutionäre erwarteten in diesem Gefängnis ihre Hinrichtung auf der Piazza del Mercato.

Santa Lucia

Der Name stand als Inbegriff Neapels neben Schlagworten wie Vesuv und Capri. Spielfilme rührseliger Thematik hatten es zum Inhalt, der berühmte Schlager „Santa Lucia“ fand hier seine Anregung. Von dem alten, verträumten, romantischen Viertel ist nicht mehr viel übriggeblieben. Zwar stehen hier immer noch – an der Via Partenope – die großen, berühmten Hotels (im “Vesuvio” stieg schon Caruso ab – und starb dort); es existieren zwar immer noch die klassischen Fischrestaurants (wie „Zi Teresa“) und die kleinen Lokale, auch liegen noch ein paar Fischerboote im Hafen, aber der einstige Zauber ist dahin. Bummeln Sie dennoch gegen Abend an der Uferstraße entlang und versuchen Sie, etwas von der ehemaligen Stimmung einzufangen, es gehört zu einem Neapel-Besuch dazu.

Stazione Zoologica e Acquario

ist im Stadtpark Villa Comunale untergebracht, zwischen der Uferstraße Via Caracciola und der Riviera de Chiaia. Das Institut gehört zu den besten Einrichtungen dieser Art in Europa. Es wurde 1972 von dem deutschen Zoologie-Professor Anton Dohrn aus eigenen Mitteln aufgebaut. Heute ist die Station internationales Forschungsinstitut unter der Leitung von Dohrns Nachkommen, getragen von verschiedenen Nationen, für deren Forscher man Arbeitsplätze zur Verfügung stellt.

Das angeschlossene Aquarium zeigt in 26 Becken die Unterwasserwelt des Mittelmeeres, zumindest das, was vor der Verschmutzung in den Fluten des Golfes schwamm und wuchs.

Universität

Sie wurde von dem Hohenstaufer Friedrich II. im Jahre 1224 gegründet. Das heutige Gebäude (1897-1908 erbaut) erinnert mit seinem Giebelrelief an den Gründer; es zeigt Friedrich II. bei der Verlesung der Gründungsurkunde. Traditionsreich sind die Fakultäten Archäologie und Geschichte.

Villa Floridiana

Im Vomero-Park gelegen, mit herrlichem Fernblick über den Süden Neapels, den Golf, Capri und Ischia. Ferdinand IV. von Bourbon ließ die Villa 1817-19 für seine Gemahlin, Herzogin von Floridia, errichten. Heute beherbergt das Haus das Nationale Keramik-Museum mit wertvollen Sammlungen an

Keramik, Porzellan, Email- und Elfenbeinarbeiten aus dem 16. bis 19. Jahrhundert.

Der Vomero

Der Monte Vomero bietet eine herrliche Aussicht über Neapel und Umgebung und lohnt besonders den Besuch bei klarem Wetter und zwar in den Nachmittagsstunden, weil dann das beste Licht herrscht. Am schnellsten und bequemsten erreicht man den Vomero mit einer der drei Zahnradbahnen (Funicolare). Nach einem Besuch des Klosters San Martino und der Villa Floridiana kann man sich mit dem Taxi hinab zum Schloss Capodimonte fahren lassen. Die Serpentinen führen – im Gegensatz zu den eleganten Häusern auf dem Vomero – durch das Armenviertel Neapels.

Das unterirdische Neapel

Es ist in der Altstadt - im Stadtviertel Quartieri Spagnoli, in der Via Tribunali, links neben dem Treppenaufgang der Kirche San Paolo Maggiore - über Stufen in 60 m Tiefe zu erreichen, wo sich in insgesamt 4000 km langen Gängen und Tunneln sowie in bis zu 40 m hohen Hallen mit fahlgelben Tuffsteinwänden ein Labyrinth gebildet hat, das den Griechen im 4. Jahrhundert v. Chr. als Grabstätte, den alten Römern als Aquädukt und den Neapolitanern im Zweiten Weltkrieg als Luftschutzbunker diente - Napoli sotterranea, das unterirdische Neapel. Übrigens: Die Römer hatten als gewiefte Konstrukteure den Aquädukt unterirdisch verlegt, weil der traditionell hohe auf dem Lande vom Feind leicht zerstört werden konnte! Und die Neapolitaner nahmen gern den Tuffo aus dem Untergrund als Baumaterial, weil für importierten Stein Transport- und Zollkosten anfielen. So entstanden durch den unterirdischen Abbau rund 25 Millionen Kubikmeter leerer Raum unter der Erdoberfläche der Stadt. Befanden sich in den Höhlen im 18. Jahrhundert geheime Waffenkammern der in Neapel regierenden Bourbonen, so tauchen hier heute von der Polizei gesuchte Bosse der Camorrà ab - das Wort Unterwelt könnte aus Neapel stammen. Auch sind die über 6000 Brunnenschächte (ital. pozzi) erreichbaren heimlichen Unterhöhlungen ein geradezu ideales Depot für Drogen und Hehlergut. Offenbar haben die unterirdischen Lufträume aber auch eine positive Seite: Sie blocken bei Erdbeben die Schwingungen der aneinander sich reibenden tektonischen Platten ab. Jedenfalls stürzte bei dem letzten Beben 1980 kein einziges Haus ein.

Zoologischer Garten

Der Zoo Neapels (nicht zu verwechseln mit der Zoologischen Station) liegt zwischen der Ausstellung Mostra d'Oltremare und dem Vergnügungspark Edenlandia. Er genießt einen ausgezeichneten Ruf in Europa und ist bei der Bevölkerung als Ausflugsziel sehr beliebt.

Restaurants:

Unter den aberhunderten von Lokalen sollen nur einige wenige herausgegriffen werden, die sich in irgendeiner Form von der Masse abheben. Zu nennen wären da:

„Brandi", in dem die berühmte Pizza Margherita 1889 das Licht des Ofens erblickte (s. S. 34/35), noch heute exzellent.

„Salita Sant´Anna" di Palazzo, 1/2 (Nähe Piazza del Plebescito). Tel.: 081/4´6928 Jeden Tag - bis 2 Uhr ! - geöffnet.

„Di Matteo", auch eine Pizzeria, deren Backware US-Präsident Bill Clinton beim Gipfeltreffen 1994 mit der Hand zu sich genommen hat. Via dei Tribunali 94 (im Centro storico, also in der Altstadt). Tel.: 081/455262.Preiswert.

„La Sacristia", Feinschmeckerlokal, Via Orazio 116 (nahe dem Hafen für Tragflächenboote, Mergellina). Tel.: 664186.

„Il Pozzo", für Liebhaber der alten neapolitanischen Küche (im Chiaia-Viertel), Via Fratelli Magnoni 18 / B. Tel.: 081 / 66 83 33. Mittlere Preisklasse.

„Ciro e Santa Brigida", Stammlokal von Künstlern und Journalisten, Via S. Brigida 71 (nicht weit von der Galleria Umberto). Tel.: 5524072. Benannt ist das Restaurant nach der 1392 heilig gesprochenen Brigitta von Schweden, die sich oft am Hof von Königin Johanna aufhielt und sich der Pflege der Kranken und Armen widmete.

„Enoteca Campagnola", einfach und billig im Hinterraum des Weinausschanks, Via dei Tribunali 47 (Altstadt). Hier war auch Beuys zu Gast. Tel.: 081/459034. Billig.

„Cantinella", Top-Lokal mit Gerichten nach alten neapolitanischen Rezepten, Blick auf das Castell dell´Ovo und aufs Meer, Via Cuma 42 (Uferstraße von Santa Lucia). Tel.: 081/7648684.

„Zi´Teresa", *das* Fischlokal in Santa Lucia, wo man im Sommer auch draußen sitzen kann, Borgo Marinari 1. Tel.: 081/7642565. Gehobene Preisklasse.

Santa Lucia - das Theater für den Hunger Neapels

Schrieb der alte deutsche Italienkenner und Historiker Gregorovius: „Hier (in Santa Lucia) ist das Theater für den Hunger Neapels. Man flüchtet sich in eine jener wunderlichen Garküchen, wo hinter Bretterverschlägen die ´pizzi´, große, flache Kuchen, gegessen werden, welche mit Käse oder mit Schinkenstücken belegt sind, je nach dem Geschmack des Bestellers. Man fordert sie, und in fünf Minuten sind sie gebacken. Es gehört der Magen eines Lazzarone dazu, sie zu verdauen."

Der beste Kaffee?

„**Na tazzulella a caffè"** in der Rösterei Marino, Via dei Mille 57. Köstlich!

„La Caffetiera" an der Piazza dei Martiri (zwischen Chiaia und Pizzofalcone) - absolut "in".

„Café Gambrinus", für ältere Semester, Piazza Trieste e Trento.

Der Golf: „Ein Meisterwerk Gottes"

Der Marquis de Sade schrieb 1797: „Die Umgebung Neapels ist die herrlichste der Welt. Die Zerstörung und das Durcheinander der Vulkane versetzen die Seele in einen Zustand, geeignet, die verbrecherische Hand der Natur nachzuahmen. ´Wir´, sagte ich zu meinen Freundinnen, ´wir gleichen diesen Vulkanen und die tugendhaften Menschen der einförmigen trostlosen Ebene Piemonts.´" Auch Italien-Kenner Ferdinand Gregorovius stellte auf die Umgebung ab, wenn er um 1850 festhielt: „Man merkt es bald an seinem inneren Drange, dass alles Leben in Neapel nicht in

Der Vesuv

die Stadt, sondern aus ihr heraus in die Umgebung strebt. Neapel selbst hat geradezu etwas Abstoßendes; dies wüste Chaos himmelhoch getürmter Häuser mit barocken Architekturen, die Schwüle und der Staub der Straßen, das sinnbetäubende Gewühl, das fesselt wahrlich nicht für lange; wer in Neapel verweilt, bleibt wohl nur, weil die Natur rings umher das zauberhafteste Paradies der Erde aufgebaut hat."

Und noch in unseren Tagen ist vom „Meisterwerk Gottes" die Rede. Wenn schon eine darartig hochtrabende Wendung erlaubt sein soll, mit der kein geringerer als der chilenische Literatur-Nobelpreisträger Pablo Neruda die Insel Capri beschrieb, muss dieses Prädikat eigentlich für die ganze Golfregion gelten - von der Insel Ischia über Pozzuoli, Neapel, Pompeji und Sorrent bis hin zu Positano und Amalfi.

Der Vesuv

„Gehört nicht der Vesuv zu Neapel wie die Alhambra zu Granada? Neapel gehört dem Vesuv: Der Vulkan ist die Hauptsache, die Stadt das Zubehör."
Pedro Antonio de Alarcon, 1801.

Geologische Bedeutung und Geschichte des Vulkans

Seit seinem Ausbruch 1944, als sich sein Donnern mit dem der Kanonen und Bomben vermischte, **scheint der Vulkan erloschen**. Seine berühmte pinienförmige Rauchsäule ist nur noch auf Postkarten zu sehen, auch auf den neuesten, denn man hat in Neapel geschickte Retuscheure. Schon oft schien er tot zu sein, aber immer wieder zeigte er von neuem, dass noch Leben und Kraft in ihm steckte, oft sehr deutlich und grausam.

In vorgeschichtlicher Zeit muss er viel höher gewesen sein als heute; man schätzt, dass er an die **3000 m hoch** war. Dann muss eine unheimliche Katastrophe seinen Gipfel in die Luft geblasen haben, auf dem dann ein tiefer Ringkrater einsank. So kannten ihn die Alten, so sah er aus, als die Griechen zu seinen Füßen siedelten, als die römischen Kaiser ihre Villen bauten und die Menschen in Herculaneum und Pompeji ihrem Vergnügen und Tagewerk nachgingen, ruhig auf dem unsicheren Boden des Vulkans, von dessen gluterfülltem Inneren sie nichts wussten. Vor ihnen stand, wie alte Schilderungen und Abbildungen zeigen, ein gleichmäßiger Kegel, mit Busch und Wald bedeckt bis zum Gipfel, und in seinem breiten Krater wuchsen Steineichen und Ginster. In diesem gewaltigen natürlichen Amphitheater sam-

Ein Bild zeigt den Vulkan noch mit seiner Rauchfahne

melte 73 v. Chr. der Führer der aufständischen Sklaven, Spartakus, sein Heer.

Nichts deutete damals darauf hin, dass dieser Berg eines Tages seine Feuerschlünde öffnen könnte. Der Ätna, der Stromboli und der Vulcano auf und um Sizilien, auch der Epomeo auf Ischia - das waren die „prominenten" Vulkane, die Götterschmieden des Altertums. Die nahe Solfatara bei Pozzuoli war zahm und ihre Dämpfe gerade gut genug, um den vornehmen Römern das Bad zu wärmen.

Im Jahre 62 n. Chr. erschütterte ein sehr heftiges Erdbeben die Orte an seinem Fuß. Man weiß nicht, ob es ein tektonisches Beben war, wie es in jener Gegend vielfach vorkommt, oder ob es der Vesuv war, der nach mehrtausendjähriger Ruhe erwachte. Jedenfalls traf die Menschen, die auf der fruchtbaren Erde zu seinen Füßen dicht beieinander wohnten, mitten im Wiederaufbau ihrer Städte im Jahre 79 n. Chr. der vernichtende Schlag. Mit einer gewaltigen Eruption, der größten in geschichtlicher Zeit, sprengte der Vesuv sein Oberteil ab; der ganze Gipfel wurde in die Luft geschleudert, und Flammen schlugen aus dem Kraterloch, das wahrscheinlich damals noch nördlicher lag als jetzt. Durch die Gewalt seiner Explosion riss das **Atrio del Cavallo** auf, die Senke, die heute den **Monte Somma** (1132 m) vom eigentlichen Vesuvgipfel (1186 m) trennt. Der Monte Somma ist also kein selbständiger Vulkan, wie oft erklärt wird, er hat keinen Krater, er ist nichts als ein stehengebliebener Rest des großen Ringkraters eines gewaltigen Ausbruchs aus vorgeschichtlicher Zeit. **Der Ausbruch von 79 zerstörte die Form des Berges**, ungeheuere Mengen von Flugasche wurden in die Luft geblasen und mit dem Wind nach Südosten getrieben. Erstickend legten sich die Dämpfe über die dichtbesiedelten Gebiete um Pompeji und Stabia, und die

Blick auf den Vesuv von Vico Equense

glühendheiße Asche setzte die Siedlungen in Brand und überdeckte sie mit einer mindestens sechs Meter dicken Schicht.

Das Eruptionsmaterial, teils feinste sandförmige Asche, teils erbsengroße und dickere Bimsbrocken (Lapilli), legte sich über die blühende Landschaft. Das Los der Städte am Fuß des Berges, Herculaneum und Torre del Greco, war nicht besser. Lava wälzte sich über Torre und vernichtete alles.

Über Herculaneum aber ergoss sich ein **Schlammstrom**, der die Stadt fast **zehn Meter hoch** überdeckte, die Gegend so gründlich veränderte und die Meereslinie verschob, dass bald keine Kunde mehr von der untergegangenen Stadt blieb, obwohl sich hier alle Einwohner in Sicherheit bringen konnten (man fand in Herculaneum im Gegensatz zu Pompeji fast keine Überreste von Opfern der Katastrophe). Dieser Schlammstrom wurde ausgelöst durch die gewaltigen Regengüsse, die fast jeden Vulkanausbruch begleiten, wenn sich die unvorstellbar großen Wasserdampfmengen, die aus dem Krater geschleudert werden, niederschlagen. Diese Regenmengen wuschen die neue und alte Asche von den Hängen des Berges los und wälzten sich über die unglückliche Stadt.

Nun folgte in der Geschichte des Vesuvs eine lange Zeit der Ruhe, die nur von wenigen gelinden Eruptionen unterbrochen war. Ein größerer Ausbruch wird dann erst wieder um 472 gemeldet. In langen Zwischenräumen, 685, 1036, 1139 und 1500 (in jenem Jahr gleich zweimal), erfolgten nun weitere schwere Ausbrüche, wobei immer wieder die Asche oder gar die Lava das Leben zu Füßen des Berges überdeckte.

Aber immer wieder bauten die Bewohner ihre zerstörten Städte neu auf, kultivierten das Land an seinen Flanken. Wo die Lavaerde verwitterte, waren die Felder von üppiger

Der unheimliche Berg von weitem...

Fruchtbarkeit. Keine drohende Rauchwolke, kein Grollen und Donnern konnte die Menschen vertreiben. Nach 1500 wurde er wieder ruhig, auch da schien er tot zu sein. Dann aber kam die Katastrophe von 1631, die weite Landstriche ringsum verwüstete und die Städte vernichtete, darunter auch Resina, das über den Trümmern von Herculaneum errichtet worden war. Immer dicker wurde die Schicht, welche die antike Stadt bedeckte.

Nach dieser gewaltigen Katastrophe folgten die Ausbrüche von 1666 und 1698. Dann steigerte sich die Tätigkeit des Berges: Im 18. Jahrhundert waren es 20 Ausbrüche und im 19. Jahrhundert beinahe 40, von denen der im Jahr 1872 besonders schwer war und über ein Jahr dauerte. Er kostete damals einer Reihe von Touristen, die sich zu nahe an den Krater herangewagt hatten und im Atrio del Cavallo von Lava eingeschlossen wurden, das Leben. Das Zentrum der Eruptionen verlagerte sich immer weiter nach Süden, so dass sich mit der Zeit der charakteristische Doppelgipfel bildete. Nach dem schweren Ausbruch von 1906 entstand ein gewaltiges Kraterloch, das sich in den folgenden Jahren, bis 1944, in denen in kurzen Intervallen fast 50 leichtere Ausbrüche folgten, langsam auffüllte. In diesen Jahren entstand der bekannte, oft im Bild festgehaltene Eruptionskegel.

Bei dem Ausbruch von 1944 wurde dieser in die Luft gejagt, und der heutige stumpfe Kegel entstand. Der Schlund verschloss sich durch zurückfallendes Gestein und erstarrende Lava, und zum Leidwesen der auf touristische Attraktionen bedachten Neapolitaner fehlt seitdem die Rauchfahne.

Man schätzt die Menge der ausgeflossenen Lava in den letzten zehn Jahren seiner Aktivität auf etwa 150 Millionen Kubikmeter. Der Lava fiel gegen Ende des Ausbruchs von 1944 auch die bisherige Bahn zum Opfer, die von dem eng-

...und am Kraterrand

Darstellung des Vesuvs auf einem Stich aus dem 19. Jahrhundert

lischen Reiseunternehmen Thos. Cook & Son betrieben wurde und die in dem bekannten Lied „Funiculi, Funicula…“ besungen wird. Sie ist stillgelegt, auch wenn sie auf Ansichtskarten immer noch als existent dargestellt wird.

Es gibt keinen Vulkan auf der Erde, der so exakt erforscht und überwacht wird, wie der Vesuv. Das Observatorium auf halber Höhe wurde 1840 errichtet und ist bei allen Ausbrüchen nie beschädigt worden (im Innern gibt es ein interessantes Archiv. Voranmeldung zur Besichtigung erforderlich).

Heute bietet sich dem Touristen am Kraterrand das Bild eines an vielen Stellen wie ausgestanzt wirkenden Trichters, an dessen nahezu senkrechten Wänden man die Schichten ablesen kann, in denen der Kegel aufgebaut wurde (der Vesuv ist ein „Stratovulkan“, das heißt einer, dessen Kegel sich Schicht auf Schicht durch die Ausbrüche auftürmte).

An vielen Stellen des Kraters ist der Boden glühend heiß, und der Fremdenführer lässt an bestimmten Stellen Holzstücke auf den brennend heißen Steinen in Flammen aufgehen oder zündet sich am Boden eine Zigarette an. An anderen Stellen wieder treten Fumarolen aus dem Gestein; aber von der Urgewalt des Vulkanismus sieht man auf dem Krater des Vesuvs nur noch die Auswirkungen. Die Temperaturen im Krater haben sich in den letzten Jahren erhöht, und die Fumarolentätigkeit hat sich verstärkt. Niemand aber vermag zu sagen, wann und ob der Vesuv wieder aus seinem Schlaf erwacht. Eines aber ist sicher: tot ist er nicht!

Der Weg zum Vesuv (Neapel - Vesuv ca. 35 km)

Mit Bahn und Bus:

Die Circumvesuviana-Bahn (Anfangs-Station am Corso Garibaldi in Neapel) bis Station Pugliuano oder Ercolano. Vom Bahnhof fahren Busse bis in ca. 1000 m Höhe zu einer Schutzhütte. Ein Fußmarsch von ungefähr einer 1/2 Stunde folgt bis zum Kraterrand. Der sich anbietende Führer ist zwar überflüssig, aber obligatorisch.

Mit dem Auto:

Die teilweise beschilderten Autostraßen führen von Ercolano, Torre del Greco, S. Sebastiano oder Boscotrecase zum Vesuv. Der Parkplatz bei der Schutzhütte in ca. 1000 m Höhe ist hier sowohl für offizielle als auch für private Pkw oder Busse Endstation.

Zu Fuß:

Am besten über Boscotrecase. Von da aus gibt es einen Fußweg, der in ca. 5 Stunden zum Gipfel führt. Da fast die ganze Strecke schattenlos ist, ist es ratsam, den Aufstieg in den ganz frühen Morgenstunden zu beginnen.

Die Führung ist nur bis zum Kraterrand im Preis inbegriffen. Man kann sich dann noch weiter führen lassen, ein Stück in den Krater hinein, was wiederum seinen Preis hat. Ein Rundgang um den Krater dauert etwa eine Stunde und ist bei Hitze sehr beschwerlich. Das wird auch wieder extra berechnet; insofern ist der Gang nur speziell Interessierten anzuraten. Der Aufstieg ist an klaren Tagen lohnend und ohne besondere Vorkehrungen mit normalem Schuhwerk durchzuführen. Wer den Krater umkreisen will oder an der Rückseite aufsteigt, braucht etwas festere Schuhe.

Besonders eindrucksvoll ist bei gutem Wetter die herrliche Sicht über Neapel und den Golf und weit hinein nach Kampanien und Kalabrien, über den Apennin und die Insel.

Ein unvergessliches Erlebnis ist es auch, den Besuch in den späten Nachmittagsstunden zu unternehmen, den Sonnenuntergang vom Krater aus zu genießen und dann unter sich die Lichter der Großstadt aufglühen zu sehen.

Ein dichter Pinienhain an der Auffahrt zum Bergmassiv

Foro civile (mit dem Vesuv)

Tour 3

Pompeji

Geschichte

Pompeji (ital. Pompei) ist keine Gründung der Griechen gewesen, sondern ist rein italischen Ursprungs und wohl von der oskischen Bevölkerung Kampaniens gegründet worden. Vermutlich wurde sie vor dem 8. Jahrhundert v. Chr., also vor der Griechenkolonisation begonnen. 290 v. Chr. wurde die Stadt römisch und war zur Zeit ihrer Zerstörung im Jahr 79 n. Chr. ein blühendes Gemeinwesen, mit der damals sehr beachtlichen Einwohnerzahl von über 20 000. Ihre Lage am Ausgang des Sarno-Tals begünstigte die Entwicklung als Umschlagort der Produkte des sehr fruchtbaren Hinterlandes sowie als Produktions- und Einkaufsstätte für den Bedarf der ländlichen Bevölkerung dieses Gebietes. So kommt es, dass wir in Pompeji einen kompletten Abriss des Lebens jener Zeit finden, vom einfachsten Handwerksbetrieb an bis zum Luxus-Palais eines reichgewordenen Handelsherrn, von der Straßenschänke bis zum Tempel, alles in komprimierter Form.

Eine Straße mit „Fußgängerüberweg", der bei Regen nützlich ist.

Im Jahr 62 n. Chr. wurde Pompeji von einem Erdbeben heimgesucht und weitgehend in Trümmer gelegt. Mitten in den Wiederaufbau hinein schlug 17 Jahre später die Katastrophe von 79 n. Chr., als überraschend für die Bewohner des Gebietes der Vesuv ausbrach, dessen Charakter als Feuerberg niemand ahnte. Der Himmel verdunkelte sich plötzlich und mit donnerndem Bersten öffnete sich der Vesuv. Der Nordwestwind blies Wasserdampf, Schwefelgase und das reichlich ausgestoßene Eruptivgestein über die rund 10 km entfernte Stadt.

Eine lebhafte Schilderung dieser Katastrophe findet man in einem Brief des jüngeren Plinius, eines Adoptivsohns des römischen Schriftstellers Plinius des Älteren, an Tacitus, den größten Geschichtsschreibers Roms. Plinius d. Ä. lief mit der römischen Flotte, die er befehligte, von Misenum aus und versuchte zu retten, was zu retten war. Hierbei fand er selbst den Tod, weil er sich aus Forscherdrang und Einsatzwillen zu lange den giftigen Dämpfen ausgesetzt hatte.

„Gestützt auf zwei Sklaven brach er zusammen"

Aus dem Brief von Plinius d. J. über den Tod seines Onkels, Plinius d. Ä.:

„Im Dunkel der Nacht leuchteten vom Vesuv her riesige Flammenherde und mächtige Feuersäulen. Um die Gemüter zu beruhigen, sagte mein Onkel, das seien verlassene Bauernhöfe, die durch ungelöschte Herdfeuer in Brand geraten seien. Darauf legte er sich zur Ruhe und schlief einen tiefen Schlaf...

Aber der Hofraum mit dem Zugang zu seinem Zimmer hatte sich so gefüllt mit Asche und Bimssteinen, dass ein Entkommen bei längerem Warten nicht mehr möglich gewesen wäre. Man weckte ihn. Er begab sich nach draußen zu Pompeianus und den anderen. Gemeinsam berieten sie, ob sie im Hause bleiben oder im Freien auf und ab gehen sollten. Denn von den vielen heftigen Erdstößen wankten die Häuser, als seien sie aus dem Boden gerissen. Unter freiem Himmel befürchtete man hingegen das Herabfallen der freilich leichten und ausgebrannten Bimssteine...

Man beschloss, zum Strand zu gehen, um aus der Nähe zu sehen, ob man sich aufs Meer hinauswagen könne; es war aber immer noch wild und aufgewühlt. Dort legte sich mein Onkel auf eine Decke, bat wiederholt um Wasser und trank. Nun trieben Flammen und Schwefelgeruch die anderen in die Flucht und veranlassten ihn aufzustehen. Gestützt auf zwei Sklaven, erhob er sich, brach aber gleich wieder zusammen...

Als es wieder hell wurde - es war am dritten Tag nach seinem Hinscheiden - fand man seinen Körper unversehrt, ohne Verletzung. Er glich eher einem Schlafenden als einem Toten."

Die entsetzten Bewohner der Stadt versuchten zu fliehen; viele ereilte der Tod in den Straßen der Stadt, andere wurden auf der Landstraße nach den Nachbarorten erschlagen, wieder andere suchten in den Kellern ihrer Wohnungen Zuflucht, erstickten an den giftigen Dämpfen oder wurden von der heißen Asche begraben. Der glühende Ascheregen, der vermutlich einen Teil der hölzernen Konstruktionen der Häuser in Flammen setzte und, dann alles begrabend, Flammen und Leben unter sich erstickte, konservierte in einer seltsam lebensbewahrenden Art das, was sie überdeckte. Man stieß bei den Ausgrabungen der letzten Jahrzehnte auf Hohlräume in der festgewordenen Asche, goss sie mit Gips aus und bekam genaue Abgüsse der Menschen und Tiere, die hier liegengeblieben waren; die Asche hatte sie bedeckt und die Gussform geschaffen, während der Körper in ihr zerfiel.

Ein „Leichnam" - Gipsabguss eines Hohlraumes in versteinerter Asche, ausgestellt auf dem Fischmarkt (macellum)

So fand man die Leiche eines offenbar reichen Bürgers mit den Schlüsseln seines Anwesens in der Hand, begleitet von seinem Leibsklaven, der, beladen mit Kostbarkeiten, mit ihm fliehen wollte. Ein junges Mädchen hatte sich zu Boden geworfen, die Arme und das Obergewand zum Schutz über den Kopf gebreitet und starb so an dieser Stelle. Ein Dieb, wahrscheinlich einer der vielen Plünderer, wurde mit seinem Opfer vom Schicksal ereilt, in der Hand noch den gestohlenen Beutel. Der eingeschenkte Wein stand noch auf den Ladentischen, das Geld auf der Theke blieb liegen und in den Öfen der Bäcker verkohlten die Brote, bis sie nach fast zwei Jahrtausenden wieder ans Tageslicht kamen.

Friedrich von Schiller wähnte **in** seinem Gedankengedicht **„Pompeji und Herkulanum"** von 1796 die Orte noch so erhalten, dass sie auch gleich wieder belebt werden könnten. Hier die ersten acht Zeilen:
„Welches Wunder begibt sich? Wir flehten um trinkbare Quellen, Erde, dich an und was sendet dein Schoß uns herauf? Lebt es im Abgrund auch? Wohnt unter der Lava verborgen noch ein neues Geschlecht? Kehrt das entflohne zurück?
Griechen! Römer! O kommt! O seht das alte Pompeji
Findet sich wieder, aufs neu bauet sich Herkules´ Stadt.
Giebel an Giebel steigt, der räumige Portikus öffnet
Seine Hallen, o eilt ihn zu beleben herbei!..."

Eine Fundgrube für die Erforschung der Lebensweise und des Alltags der Bewohner sind auch die unzähligen Hausbeschriftungen, die Wahlaufrufe, die an die Häuser gemalt waren, die Ankündigungen von Spielen und Waren, die unzähligen kleinen Kritzeleien, deren Repertoire vom philosophischen Ausspruch über die Liebeserklärung bis zur obszönen Schmähung geht.

Das Interesse an den verborgenen Schätzen wurde erstmalig durch eine Frau und zudem durch eine Sächsin geweckt. Es war Maria Amalie, Tochter des Sachsenkönigs August III. und als Gemahlin Karls IV. von Bourbon Königin von Neapel, die nach dem Vesuvausbruch von 1737 in ihren Gärten in Neapel zutage getretene Kunstwerke entdeckte. Mit Sinn für Kunst ausgestattet brachte sie ihren gleichgesinnten Ehemann dazu, in Pompeji, Herculaneum und Stabiae nach antiken Bildwerken zu graben. Der Erfolg ließ die Gelehrten aufhorchen.

Während die ersten Ausgrabungen jedoch nur planlose Schatzgräberei waren, um Antiquitäten zu bergen, und man naturgemäß hierbei mehr zerstörte als konservierte, kam man im 19. Jahrhundert zu planmäßigen Grabungen. Schon seit dem Jahre 1763 wusste man, dass es sich bei den Trümmern, auf die man beim Brunnenbau gestoßen war, um eine ganze Stadt, um Pompeji nämlich, handelte, aber man hielt ihre Existenz ängstlich geheim, damit die Ausbeute der Ausgrabungen nur der Sammlung Karls III. zugute käme. Selbst die Berichte des deutschen Kunstgelehrten Johann Joachim Winckelmann waren heimlich zusammengestellt. Auch im 19. Jahrhundert noch wurden die freigelegten Ruinen ausgeraubt, die Wandgemälde entfernt, ins Museum nach Neapel gebracht und die Kunstwerke bis zur letzten Amphore abtransportiert. Erst im 20. Jahrhundert war man bemüht, möglichst alles so zu belassen, wie man es vorfand, und so entstanden die „Scavi Nuovi", die neuen Ausgrabungen, die in unglaublicher Lebensechtheit von der Blüte dieser Stadt künden.

Heute ist es ein Trauerspiel zu sehen, wie Pompeji - und auch Herkulaneum - unter den Fußtritten von zwei Millionen Besuchern jährlich und unter den Augen des italienischen Staates verfällt. "Notstand in Pompeji" hieß es zwar 1998 zur Stadt als Weltkulturerbe der Unesco, doch getan wird so gut wie nichts. Von einst 67 ha Stadtfläche sind gerade einmal noch acht zugänglich! Sondergelder, die insbesondere nach dem Beben von 1980 bewilligt wurden, sind nicht zum Tragen gekommen. Heute geht man von Restaurierungskosten von einer Viertel Milliarde Euro aus - Arbeit für zehn Jahre.

In letzter Zeit beschäftigten sich Wissenschaftler mit der Gartengestaltung des antiken Pompeji. Anhand der Pflanzenreste, Hölzer, Samen und auch den in der erstarrten Lavamasse zurückgebliebenen Hohlräumen von Wurzeln konnte man sehr exakt feststellen, welche Pflanzen damals in den Gärten wuchsen. So gewann man auch die Erkenntnis, dass die für uns „typische" italienische Pflanze, die Zitrone (und auch die Orange), damals in den Gärten nicht angebaut wurde. Die Forscher untersuchten nicht nur die Vielfalt der Pflanzenwelt, sondern auch die Architektur der Gärten und Grünflächenbepflanzung. Inzwischen hat man um die 15 Gärten nach antikem Vorbild neu entstehen lassen. Wenn die Anlagen wieder wie zu Zeiten des Vesuv-

„Eine Fahrt ins Reich der Schatten"

Johann Wolfgang von Goethe 1787: „Sonntag waren wir in Pompeji.- Es ist viel Unheil in der Welt geschehen, aber wenig, das den Nachkommen so viel Freude gemacht hätte. Ich weiß nicht leicht etwas Interessanteres. Die Häuser sind klein und eng, aber alle inwendig aufs zierlichste gemalt. Das Stadttor merkwürdig mit den Gräbern gleich daran. Das Grab einer Priesterin als Bank im Halbzirkel, mit steinerner Lehne, daran die Inschrift mit großen Buchstaben eingegraben. Über die Lehne hinaus sieht man das Meer und die untergehende Sonne. Ein herrlicher Platz, des schönen Gedankens wert."

Wilhelm Heinse zwischen 1780 und 1783: „Es ist eine wirkliche Hinabfahrt ins Reich der Schatten; und man glaubt, die alten Römer herumgehen zu sehen."

Fanny Lewald 1846: „Eine fast sonntägliche Stille, ein süßes, melancholisches Schweigen liegt über Pompeji. Die Vordermauern vieler Häuser sind wohlerhalten, die Zerstörung tritt hier milder auf. Nur die Dächer fehlen, um der Stadt wieder ein wohnliches Ansehen zu geben."

Theodor Wolff 1909: „Nichts ist so rauh, so hart, so unbarmherzig wie dieses Bild, wie diese erbarmungslose Einöde, dieses unendlich weite Land des Todes."

ausbruchs bewachsen sind, rundet sich das lebensnahe Bild der Antike noch vollständiger ab. Kunstvolle Mosaikbrunnen und Marmorbrückchen, Wasserläufe und Statuetten kommen in einem gepflegten Garten besser zur Geltung als zwischen Unkraut.

Wie kommt man nach Pompeji?

Am bequemsten hat man es, wenn man sich einer der organisierten Touren anschließt, die von den verschiedenen Reisebüros von Neapel und den Inseln aus täglich veranstaltet werden und die etwa einen halben Tag lang dauern. Man fährt dann mit einem Bus; meistens ist auch ein Führer im Preis eingeschlossen, auch werden fremdsprachige Fahrten regelmäßig veranstaltet. Auskunft gibt es in allen Hotels oder bei den Verkehrsbüros.

Es ist aber nicht jedermanns Sache, sich solchen Massenveranstaltungen anzuschließen. Wer auf eigene Faust durch die Ruinenstadt bummeln will – und anhand dieses Führers ist es auch ohne Cicerone möglich –, kann sich natürlich auch nur einer Busfahrt anschließen, ohne an der Führung teilzunehmen, kann mit dem eigenen Fahrzeug fahren oder auch die Circumvesuvia-Bahn benutzen. Wenn sich 4-5 Personen zusammenfinden, ist es oft günstiger, ein Auto (mit oder ohne Fahrer) zu mieten. Auch hier helfen die örtlichen Verkehrsbüros, der Hotelportier oder Pensionswirt.

Mit dem Auto:
Man fährt die 22 km auf der gebührenpflichtigen (aber billigen) Autobahn. Das ist besser als auf der recht schlechten, parallel verlaufenden Landstraße. Abfahrt, Zufahrt und Parkplätze sind gut ausgeschildert. Man fährt am besten zum Eingang „Porta Marina", wo sich das Antiquarium befindet, an dem unser beschriebener Rundgang beginnt.

Mit der Bahn:
Alle halbe Stunde fahren die Züge der „Ferrovia Circumvesuviana", einer Privatbahn, vom Bahnhof am Corso G. Garibaldi – ca. 500 m von der Piazza Garibaldi (Hauptbahnhof) in Richtung Hafen entfernt – ab. Man nimmt eine Karte bis zur Haltestelle „Pompei - Villa dei Misteri" (Züge Richtung Sorrento) und kommt unmittelbar am Eingang vor der Porta Marina an. Zurück kann man den Zug auch ab Haltestelle „Pompei Scavi" nehmen und verlässt dann die Stadt durch die Porta di Nola.

Das von Säulen umstandene Peristyl war der Ziergarten, der der Entspannung diente.

Das pompejianische Haus

Das pompejianische Haus variierte natürlich in Dekoration und Architektur. Besonders bei Ausstattung der Räume und Gartenanlagen spielten Geld, Geschmack und Phantasie eine große Rolle. Zur Straßenseite hin waren die Wohnungen fenster- und schmucklos. Verschiedene Häuser hatten die Raumaufteilung doppelt angelegt (zwei Atrien oder zwei Peristyle). Bei einer Vielzahl von Zimmern waren dann auch Privatbäder untergebracht. In den zweistöckigen Häusern der jüngeren (Kaiser-)Zeit wohnten in dem Oberstock die Dienstboten (Sklaven). Eines der typischen Beispiele für ein klassisches Haus in pompejanischem Stil ist das **Haus des tragischen Poeten.**

Bei den **Wanddekorationen,** -malereien und -fresken unterscheidet man **vier Stile**, die manchmal ineinander übergehen:

- den Inkrustations-Stil: Mit farbiger Flächeneinteilung wird der Eindruck einer Marmortäfelung erweckt,
- den perspektivischen Stil (80 v. Chr. - 14 n. Chr.): Mit architektonischen Mitteln (Säulen

Im „Haus der Vettier" (s.S. 132): Das Lararium mit tanzenden Jünglingen, Trinkhörnern zu Ehren der Hausgötter (Laren) schwingend (oben), und eine der zahlreichen - nach 70 n. Chr. angefertigten - oft in zarten Ornamenten gefassten Fresken.

etc.) malte man tiefenperspektivisch, um die Räume größer erscheinen zu lassen,

- den ägyptischen Stil (Kaiserzeit bis zum Erdbeben von 62 n. Chr.): Die Wände sind nicht mehr perspektivisch vergrößert, eher wirken sie wie Gobelins mit starker Ornamentierung.
- den ornamentalen Stil (bis zum Ausbruch des Vesuvs 79 n. Chr.): Eine Verschmelzung der ersten Stile, die Perspektive ist verfeinert, seine Wände sind geschmückt und mit szenenhaften Geschehnissen kombiniert.

Selbst Hauswände hatten oft ein Mosaik-Dekor

Öffnungszeiten: 9 Uhr bis Sonnenuntergang, täglich außer montags

Neben den Malereien spielte die Stuckverzierung eine große Rolle. Ein nicht wegzudenkendes Element der Wohnkultur aber waren **die Mosaiken**, die eigentlich in jeder Wohnung zu finden waren, selbst in den ärmeren Behausungen. Die Mosaikverzierung reicht vom nachgeahmten, mit bunten Ziegelstückchen primitiv gelegten Muster über die „lithostroton"-Mosaike aus bunten Steinen bis hin zum klassischen, echten Mosaik aus ausschließlich schwarz-weißen Steinchen, die von geometrischen Mustern bis zu bildhaften Motiven reichen. Über die Gebrauchsmosaike hinaus gehen die rein künstlerischen Mosaike aus Marmor in verschiedenen Farben. Eines der vollendetsten ist „Die Alexanderschlacht" aus dem Haus des Fauns.

Pompei scavi – das ausgegrabene Pompeji Informationen und Tipps

Bevor man an eine Eintrittskarte kommt, muss man sich den Weg durch die zahllosen, lästigen Händler bahnen.

Vorsicht ist geboten bei dem unwahrscheinlichen Trubel und Nepp, den Auswüchsen von Kitsch und Souvenirs und sehr suspekten Angeboten, die die Piazza vor Pompejis Toren beherrschen. Lassen Sie sich vor allem von keinem Fremdenführer ansprechen - er hat keine Lizenz, ist extrem teuer und überflüssig.

Pompei scavi sollte man **so früh wie möglich besuchen**, schon vor der offiziellen Öffnung um 9 Uhr da sein, um den Warteschlangen und Besuchermassen, die aus Reisebussen quellen, zu entgehen. Spätestens um 10 Uhr in der Hauptsaison ist Pompeji „voll". Übrigens besteht die Möglichkeit, eventuelles Gepäck, Taschen oder Jacken am Eingang zu deponieren. Es wandert sich dann leichter durch das ausgedehnte Grabungsgebiet. Auch bequemes Schuhwerk ist bei dem antiken Holperpflaster von Vorteil. Und denken Sie daran, daß Pompeji **kaum Schatten** bietet!

Im Sommer wird die ausgegrabene Stadt zu bestimmten Zeiten nachts angestrahlt und kann dann bei Flutlicht besichtigt werden. Für den speziell Interessierten sind die verschiedenen Publikationen zu empfehlen, die sich aus-

schließlich mit Pompeji befassen. An einer offiziellen Führung teilzunehmen ist eine Entscheidung, die jeder selbst treffen muss. Ein Führer ist teuer und zeigt dem Besucher das, was *er* will, und nicht unbedingt das, was man selbst sehen möchte. Wenn Pompeji gut besucht ist, steht allerdings ohnehin vor jedem wichtigen Punkt eine Touristengruppe, und der Führer gibt lautstark Erklärungen ab (In Herculaneum ist es anders: Das Gelände ist kleiner, und vor allem sind dort die meisten Häuser abgeschlossen, so dass die offiziellen, mit Schlüsseln ausgestatteten Führer vielfach eine Besichtigung erst möglich machen).

Das typische Straßenbild Pompejis: Die Fahrbahn aus unregelmäßigen Steinen wird von hohen Gehsteigen gesäumt.

Bei einem Kurzbesuch sollte man sich ansehen: das Antiquarium (55), das Forum (45), die Theater (53/54), die Stabianer Thermen (43), die Casa dei Vettii (7/8), die Casa degli Amorini Dorati (9), die Casa del Fauno (15) und, außerhalb gelegen, die Villa dei Misteri (1).

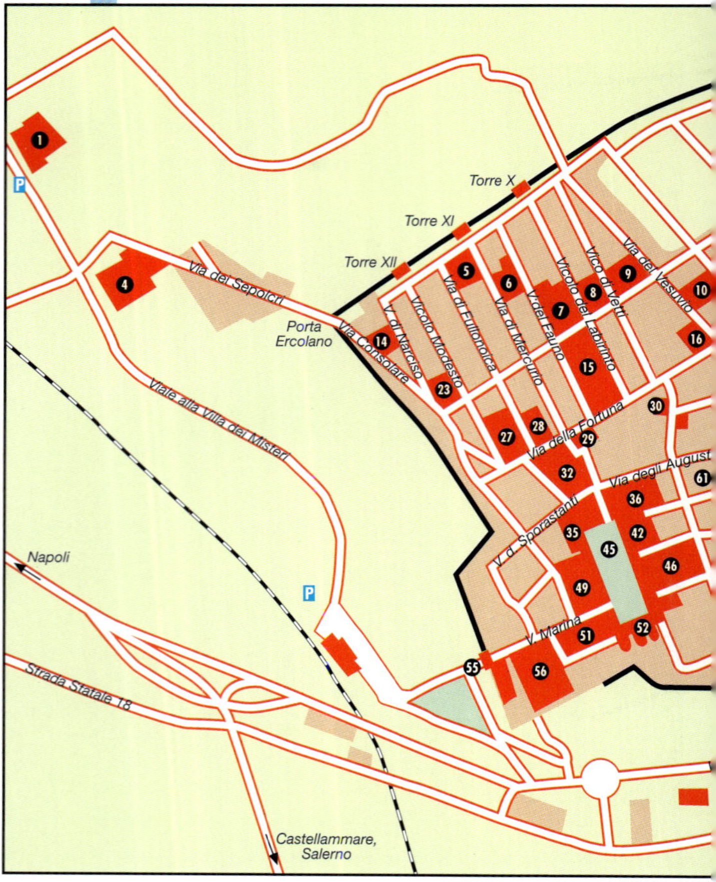

Pompeji (Rundgang)

1 Villa der Mysterien
2 Haus des M.L. Frontone
3 Haus der Gladiatoren
4 Villa des Diomedes
5 Haus des Apoll
6 Haus des Meleager
7/8 Haus der Vettier
9 Haus der goldenen Amoretten
10 Haus des Cecilius Jucundus (Bankier)
11 Haus der Silbernen Hochzeit
12 Haus der Jahrhundertfeier
13 Haus des Obellinus Firmus
14 Haus des Chirurgen
15 Haus des Fauns
16 Haus des Orpheus
17 Zentralthermen
18 Waffenschule
19 Haus des Pinarius Cerialis (Edelsteinschleifer)
20 Haus des Loreius Tiburtinus
21 Haus der Venus
22 Haus der glücklichen Julia
23 Haus des Sallust
24 Haus des Marcus Lucretius (Priester)
25 Haus des Trebius Valente (Grafitti)
26 Amphitheater
27 Pansa-Haus (Mietshaus)
28 Haus des tragischen Poeten
29 Tempel der Fortuna Augusta
30 Bäckerei

31 Haus des G. Rufus
32 Thermen des Forums
33 Haus des Bären
34 Große Palästra
35 Tempel des Jupiter
36 Macellum (Markthalle)
37 Gästehaus des Sittius
38 Haus des Epidius Rufus
39 Geschäft des Verecundus
40 Haus des Kryptoporticus
41 Haus des Sacerdos Amandus
42 Tempel des Vespasian (Kaisertempel)
43 Stabianer Thermen
44 Haus des Zitharisten
45 Forum
46 Gebäude der Eumachia
47 Haus des Cornelius Rufus
48 Haus des Menander
49 Tempel des Apoll
50 Tempel der Isis
51 Basilika (Gerichtsgebäude)
52 Wahllokal
53 Großes Theater
54 Kleines Theater
55 Porta Marina (Haupteingang), Antiquarium
56 Tempel der Venus
57 Haus des Giuseppe II
58 Dreieckiges Forum
59 Gladiatorenkaserne
60 Dorischer Tempel
61 Bordell
62 Eingang des Amphitheaters

Der Rundgang

führt an fast allen wichtigen Häusern vorbei. Zur Orientierung stehen hinter den Häusern Zahlen in Klammern, die dem offiziellen Stadtplan entnommen sind. Wir beginnen unseren Rundgang durch die Stadt an der **Porta Marina** (55). Sie hat zwei Torbögen; der eine mit Treppensteige war für die Fußgänger gedacht, der andere ohne Stufen für Packtiere. Gleich hinter den Torbögen liegt der Eingang zum **Antiquarium**, dem Museum Pompejis. Hier sind Sammlungen, Funde, Stadtrekonstruktionen, Überblicke über die Stadt, Gipsabdrücke der Leichen und anderes Sehenswertes untergebracht. Das Gebäude fiel im letzten Krieg einem Bombenflieger zum Opfer, der hier inmitten von Ruinen ein

Bogen schießender Apollo vor dem gleichnamigen Tempel

unversehrtes Haus entdeckte. Das störte ihn, und so wurden bei dem Treffer unersetzliche Werte vernichtet, die die Naturkatastrophe von vor 2000 Jahren überdauert hatten.

Wir steigen nun die **Via Marina** hinauf, eine Straße, auf der die tief in den Pflasterstein eingeschliffenen Spuren von unzähligen Karren verraten, welch starker Verkehr hier einst herrschte. Auch die ersten Trittsteine finden wir hier. Man legte sie überall über die Straße, damit der Fußgänger bequem von einem hohen Bürgersteig zum anderen wechseln konnte – trockenen Fußes, denn eine Straßenreinigung kannte man noch nicht.

Gleich hinter den Resten der Stadtmauer liegt das **Gebiet des Venustempels** (56), der von dem Erdbeben 62 n. Chr. zerstört wurde und bei der Naturkatastrophe 79 n. Chr. noch nicht wieder aufgebaut worden war. Links steht der **Apollotempel** (49) mit 49 Säulen um die Cella sowie den Abgüssen der hier gefundenen Originalstatuen des Apoll und der Diana. In der Mitte, vor der Treppe, befindet sich der freistehende Altar. Links davon (gegenüber dem Apoll) steht eine ionische Säule mit einer Sonnenuhr. An der Mauer des Apollotempels beachte man eine Nische, in der der Tisch des damaligen städtischen Eichamtes steht, ein Marmortisch mit den damals gültigen Normalmaßen, die man hier kontrollierte.

Markthalle, in der Lebensmittel, insbesondere Fisch und Fleisch verkauft wurden. Ein eleganter Säulengang aus Marmor zum Forum hin überdachte die Bezeichnungen der Häuser in Pompei Scavi

„Büros" der Geldwechsler. In der Mitte des Macellum steht ein Wasserbassin; im hinteren Teil befinden sich die Räume, die dem Kaiserkult dienten. Neben dem Macellum liegt der Kaisertempel, **Tempel des Vespasian** (42) und das **Gebäude der Eumachia**, Edificio di Eumachia (46). Angeblich wurde es im Auftrag der Priesterin Eumachia gebaut, um ein Zunfthaus für die Tuchhändler, Bleicher und Färber zu schaffen, einer der bedeutendsten Handwerkergilden der Stadt. Im Süden des Forums schließt sich eines der wichtigsten Gebäude der Stadt an, die **Basilika** (51). Sie war Börse und Gericht; an ihrem Eingang steht das Comitium, in denen Ratsversammlungen und Wahlen stattfanden.

Wir verlassen nun den öffentlichen und repräsentativen Teil Pompejis und gehen die **Via dell'Abbondanza** hinab. Diese Hauptverkehrsstraße war schon damals vom Forum durch eine Straßensperre abgegrenzt, um den großen Platz als Fußgängerzone zu erhalten.

An der **Via del Teatri**, Region VIII, Insula 6, biegen wir rechts ab und kommen auf das **Forum Triangolare** (58) und zum Theaterviertel. Der dreieckige Platz hat in der Mitte einen kleinen dorischen Tempel (60), vermutlich dem Herkules geweiht. Hier liegen drei vorrömische Altäre aus Tuffstein und die Reste eines öffentlichen Brunnens mit der Inschrift seines Stifters.

Das große Theater fasste 5000 Zuschauer

Das Teatro Grande (53), das große Theater, entstand 200-150 v. Chr. nach griechischem Vorbild. Der Architekt nutzte die Hanglage, um Ränge für fast 5000 Personen zu errichten. Unter dem Orchestergraben (hinter der halbkreisförmigen Bühne) waren Wasserleitungen eingebaut, um die Zuschauer während der Pausen mit Wasserspielen zu unterhalten. Hinter dem Theater erhebt sich, großzügig angelegt, die **Caserna dei Gladiatori** (59), die Gladiatorenkaserne, ein viereckiger Portikus, der ursprünglich als Foyer des Theaters gedacht war, bevor er unter Kaiser Nero zur Kaserne umfunktioniert wurde. Neben dem großen Theater liegt das **Teatro Piccolo** (54), das kleine Theater, ein überdachter Konzertsaal.

Die **Casa di Cornelio Rufo** (47), mit beispielhaftem Impluvium (Regenwasserauffangbecken), grenzt an die zweite große Straße Pompejis, an die **Via di Stabia**. Die Nr. 5 ist das vornehme Haus **Casa di Citarista** (44), benannt nach einem hier gefundenen Leier spielenden Apoll. Die Statue und die prachtvollen Wandmalereien des Hauses brachte man ins Nationalmuseum, wo sie längst nicht so wirken, wie sie es in diesem prächtigen Haus getan hätten.

Die Verlängerung der Via d'Iside führt uns zu dem Gebiet der neuen Ausgrabungen, Region I. Links besichtigen wir die **Casa di Criptoportico** (40), das Haus des Kryptoportikus, mit einem unterirdischen Gewölbe, in das sich einige Bewohner vor dem Aschenregen geflüchtet hatten. Die Gipsabdrücke sind neben herrlichen Wanddekorationen im Inneren des Hauses zu bewundern.

Gegenüber steht das Haus des Menander, die **Casa di Menandro** (48), genannt nach dem Bildnis des Dichters, das hier zusammen mit einem reichen Silberschatz gefunden wurde. Das Haus ist wunderschön angelegt: Elegante Wandmalereien, darunter Motive aus dem Troianischen Krieg, und ein luxuriöses Privatbad sind erhalten geblieben. Auf der Straße, die schließlich zum Amphitheater führen wird, kommt man am Haus der Liebenden, **Casa degli Amanti**, vorbei. Das kleine, zweistöckige Haus ist ein typisches Beispiel für die damalige Lebensqualität. Es gibt ein fein dekoriertes Atrium, schöne Fußböden und Decken, ein fröhliches Peristyl, Wohnräume mit vornehmen Malereien (unter anderem mit der Inschrift „Die Liebenden saugen das süße Leben wie die Bienen den Honig"), alles in einem frischen Zustand, lassen die Vermutung aufkommen, dass das Haus von einem jung verheirateten Paar bewohnt war.

Beim Gerichtsgebäude - Pompeji zeigt heute noch, was es einmal hatte: Gericht und Gerichte, Theater und Tempel, Bar und Bordell

An noch im Gange befindlichen Ausgrabungen und einzelnen freigelegten Häusern vorbei (unter einem Dach versteckt ist das Gerippe eines Pferdes aufgestellt), erreicht man eine baumbestandene Allee, die die **Grande Palestra** (34) umrandet. Die Palästra (1936-51 ausgegraben) ist ein großartiger Platz, von einem Säulengang an drei Seiten umgeben. Er diente dem Sport; in seiner Mitte befindet sich ein Schwimmbecken.

Große Portale öffneten sich zum **Amphitheater** (26), das das Südostende der Stadt bildete. Es wurde 80 v. Chr. erbaut und ist eines der ältesten erhaltenen Amphitheater überhaupt. Die Anlage hat keine unterirdischen Räume, die aber auch nicht erforderlich waren, da zu jener Zeit die Tierhetzen, für die man hauptsächlich diese unterirdischen Anlagen brauchte, noch keine besondere Bedeutung hatten. In erster Linie diente es wohl Gladiatorenkämpfen. Die oberen Galerien waren den Frauen vorbehalten, und an ihrem oberen Rand kann man noch Steinringe für die Stangen entdecken, die einst das Sonnendach trugen. In diesem Theater fand im Jahre 59 n. Chr. eine Rauferei zwischen Pompejanern und Einwohnern von Nuceria statt, die zu einem heftigen Kampf ausartete, bei dem die aus Nuceria unterlagen und viele von ihnen von dem wütenden Pöbel erschlagen wurden. Wegen dieses Streites, der die „Pax Romana" verletzte, schloss der römische Senat das Theater für zehn Jahre. Wahrhaftig eine schlimme Strafe für die Menschen jener Zeit, denen die „Circenses" oft noch über die „Panes" gingen. Ein Bild über dieses Geschehnis fand man in einem Haus in Pompeji. **Das Theater fasste beinahe 20 000 Menschen**, also die ganze Einwohnerschaft.

Man kann nun südlich vom Amphitheater zur **Nekropolis** gelangen, der Gräberstadt außerhalb der Stadtmauer. Hier ist eine Anzahl interessanter Mausoleen und einfacherer Grabmäler zu besichtigen. (**Achtung!** Beim Verlassen der Stadtmauern verlieren die Eintrittskarten ihre Gültigkeit).

Vom Amphitheater aus sollte man nach Norden an den Insulae 4 (links) und 5 (rechts) vorbei nach links in die Via dell'Abbondanza einbiegen. Die Insula 4 in der Region II ist das letzte große Gebäude an der Via dell' Abbondanza. Es ist die **Villa di Giulia Felice** (22). Sie wurde schon 1755 ausgegraben und nach der Entfernung der Kunstwerke (darunter Apoll mit den neun Musen, heute im Louvre) wieder zugeschüttet. 1953 wurde sie erneut ans Licht gebracht. Das Haus besteht aus dem Wohnhaus der Julia Felix und einem öffentlichen Bad mit angeschlossenem Gasthaus. Es war wohl ein exklusives Etablissement, denn es wird am Haus als „Venereum" angekündigt, also der Venus selbst würdig, und dafür kann man schließlich einiges erwarten. Es lohnt sich, einmal dieses raffinierte Badehaus näher in Augenschein zu nehmen. Das danebenliegende Gasthaus mit Fremdenzimmern und einer Durchreiche für Speisen und Getränke sowie Appartementwohnungen dürften diesem großen Haus die nötige Rendite gegeben haben.

Das daneben liegende Gebäude, immer noch auf der linken Seite der Via dell'Abbondanza (Region II, Insula 3) ist die **Casa di Venere** (21), benannt nach dem Venusbild. Das Haus, das einem sehr reichen Besitzer gehört haben muss, befand sich bei dem Untergang noch im Umbau, vielleicht wegen der Schäden aus dem Erdbeben aus dem Jahr 62 n. Chr. Im Weltkrieg, 1943, fiel auf dieses noch unter dem Schutt liegende Haus eine Bombe. Der dreifachen Zerstörung aber entging das Wandbild in der wundervollen Gartenwohnung, das eine Venus auf einer Muschel im Meer, begleitet von zwei Amoretten, zeigt.

Das folgende Haus ist die **Casa di Loreius Tiburtinus** (20) mit kostbarer Innenausstattung. Einer der Hausbesitzer muss ein Isis-Priester gewesen sein, wie man an Hand einer gefundenen Statue feststellen konnte.

Gegenüber das erste Haus auf der rechten Straßenseite, die **Casa di Pinario Ceriale** (19), in dem man 114 Gemmen, Kameen und unbearbeitete Edelsteine fand, war das Haus eines Juweliers oder Edelsteinschleifers. Pompeji galt in der Antike als Zentrum des Schmuckhandwerks. Daneben steht wieder ein bedeutendes Haus, **die Scuola Armaturarum** (18), eine Waffenschule. Bereits an der Straßenfront sind Bilder von verschiedenen Waffengattungen und Inschriften zu sehen.

Im Verlauf der Straße erblickt man links eine Reihe von Ladengeschäften, die Verkaufstheke offen zum Bordstein hin, so wie es noch heute in den kleinen Gassen der Städtchen Kampaniens üblich ist. Auch finden sich überall deut-

Ein Lokal. In die runden Öffnungen wurden Behälter mit Speisen und Getränken zum Warmhalten gestellt.

lich sichtbare Inschriften, Wahlsprüche und Kritzeleien an den Wänden.

Hervorzuheben ist das **Thermopolium, eine Kneipe** mit Ausschank von warmen und kalten Getränken. Im Inneren der renovierten Bar sieht man die Originalgefäße, eine Lampe, die Wechselgeldkasse. An der Mauer des Hauses sind mehrere Mädchennamen (Asellina, Maria, Smyrna) zu lesen, die darauf schließen lassen, dass der Wirt neben Trinkbarem noch anderes seinen Gästen bot!

„Blondchen sagte mir, ich solle die Brünetten hassen. Wenn ich kann, werde ich das tun – wenn nicht, muss ich eben alle lieben."
Grafitto auf der Wand einer Taverne

Die Officina di Verecundus (39), eine Werkstatt, steht stellvertretend für die typischen Handwerksläden Pompejis. Man stellte hier Stoffe her. Die Wandmalereien zeigen neben den religiösen Motiven auch übliche aus dem Alltags- und Wirtschaftsleben: Merkur, der Gott des Handels (und der Diebe), kommt mit prallem Geldbeutel aus einem Tempel, Venus sieht man auf einem Viergespann von Elefanten, demonstriert wird das Abkochen von Wolle und der Verlauf von Bankgeschäften.

Die **Casa di Epidio Rufo** (38) ist eine vornehme Villa mit großem Atrium. Das Larenheiligtum des Hauses ist von zwei freigelassenen Sklaven ihrem ehemaligen Herrn gewidmet (Inschrift).

Wir kommen nun an die Kreuzung mit der Via Stabiana. Hier liegen die größten und besterhaltenen Badeanlagen der Stadt. **Die Therme Stabiane** (43) beeindrucken in ihrem Aufbau. Durch einen Porticus tritt man in die Palästra, die zum großen Schwimmbecken führt, hinter dem sich die Ankleideräume und das Männerbad befinden. Zunächst betritt man das Apoditerium, einen Gewölberaum mit Stuckrelief, in dem die Kleider aufbewahrt wurden. Dann folgen das runde Frigidarium (Kaltbad), das Tepidarium (Warmbad) und schließlich das Calidarium (Heißbad). Daneben ist das Frauenbad in der gleichen Reihenfolge eingerichtet. Zwischen beiden Badeabteilungen ist das Heizungssystem installiert. Die zahlreichen kleinen Nischen dienten der Aufbewahrung von Ölen und Crèmes. Deutlich sichtbar ist wegen der Zerstörung der Räume die Konstruktion der Fußbodenheizung. Zwischen den geziegelten Stützpfeilern strich im Heizraum erwärmte Luft entlang.

Seit 2002 sind für Besucher vor 15 Jahren entdeckte Fresken zugänglich, die Liebesspiele in allen Variationen darstellen und das erotische Leben vor 2000 Jahren illustrieren

Hinter den Thermen biegen wir rechts in die kleine Straße **Vico del Lupanare** (61). Dieses Gässchen ist ausnahmsweise nicht gerade, sondern gewunden angelegt - wohl aus Gründen der Diskretion, damit man die Passanten nicht in einem bestimmten Haus verschwinden sah, nämlich dem Lupanare (61), dem Bordell. Das kleine zweistöckige Haus gleich hinter dem Straßenknick hat kleine Gemächer, über deren Eingang eindeutige Zeichnungen auf die Spezialität der innen residierenden Damen hinweisen. Gegenüber liegt die **Herberge des Sittius** (37), mit zwei Eingängen, eines der verschiedenen Gasthäuser in diesem volkstümlichen

Erotisch aufregende Freske im Lupanare, vulgo: Bordell

Viertel Pompejis. Neben den vielen kleinen Wohnungen der ärmeren Bevölkerung ist auch ein Schusterladen und die Unterkunft eines Centurio zu finden.

An der **Via degli Augustali** wendet man sich nach links. In der **Casa dell'Orso** (33), dem Haus des Bären, steht ein schöner mit Mosaiken verzierter Brunnen. An der nächsten Straßenecke biegt man nach rechts in die **Vicolo Storto**. Auf der rechten Straßenseite, kurz vor der Seitenstraße, blickt man in eine große **Bäckerei, Forno** (30), mit einer Mühle aus massiven Lavasteinen. Wir treten hinter der Bäckerei rechts in die kleine Stichstraße ein und stoßen wieder auf die Via Stabiana. Gleich rechts steht die **Casa di Marco Lucrezio** (24), das Haus eines Marspriesters und Dekurio mit entsprechend vornehmer Dekoration.

Die Bäckerei mit der Mühle aus Lavastein im „Haus des Sallust"

Geht man nun die Via Stabiana weiter hinauf, so gelangt man an der Kreuzung mit der **Via di Nola** zu den **Terme Centrali** (17), den Zentralthermen, die zur Zeit des Vulkanausbruchs noch im Bau waren, vermutlich, weil die alten vorhandenen Bäder nicht mehr den gewachsenen Ansprüchen gerecht wurden. Hier sollten nun moderne Bäder entstehen; in dem vorgefundenen Baustil kann man eine Nachahmung prunkvoller Badeanstalten der Hauptstadt Rom entdecken.

Auf der Via di Nola, die zu dem gleichnamigen Stadttor und zur Haltestation der Vesuvbahn führt, liegen zwei bekannte Gebäude, die man sich ansehen sollte, auch wenn man einen kleinen Umweg machen muß: die **Casa del Centenario** (12) und die Casa di Obellino Firmo.

Die Casa del Centenario wurde so genannt, weil man sie 1879, also genau 18 Jahrhunderte nach dem Vulkanausbruch, ausgrub. Es ist eines der geräumigsten Häuser Pompejis und besteht aus der noch zu erkennenden Verbindung von mindestens drei Wohnungen. Die Wände tragen Gemälde im perspektivischen Stil, einen bühnenartigen Charakter aufweisend. Im Garten stand ein Bassin mit der berühmten Statuette „Satyr mit Weinschlauch". Das Peristyl endet in einem kleinem Hof, der mit zahlreichen Wasserspielen ausgestattet war (Nymphäum).

Zwei Insulae weiter als vorläufig letztes ausgegrabenes Haus an der Via di Nola stößt man auf die **Casa di Obellino Firmo** (13), eine schöne Wohnung mit doppeltem Atrium und doppeltem Eingang. Das größere Atrium birgt die anmutige Statue eines verschmitzt lächelnden Satyrs.

Wir kehren nun um; auf der anderen Straßenseite liegt die **Casa dei Gladiatori** (3). Mit zunehmender Begeisterung für Kampfspiele wuchs auch die Bedeutung und Anzahl der Gladiatoren, so dass man geeignete Unterkünfte schaffen musste. An den Wänden des Peristyls sind Jagdszenen und an den Säulen viele Kritzeleien zu erkennen, die die Gladiatoren hier nach Siegen einritzten.

Wir gehen weiter die Via di Nola zurück. Zwischen den Insulae 3 und 2 biegen wir rechts ab zur **Casa di Nozze d'Argento** (11), dem Haus der Silberhochzeit, so genannt, weil es am 25. Hochzeitstag des italienischen Königspaares ausgegraben wurde. Es gilt - nach dem Haus des Fauns - als das vornehmste und eleganteste der Stadt. Es hat ein großartiges Atrium, das von korinthischen Säulen gestützt wird. Hinter dem Peristyl liegen die prächtig mit perspektivischen Malereien ausgestatteten Wohnräume. Der Gang führt zu den Schlafgemächern, von denen ein Zimmer eine schwarze Wanddekoration hat. Dieses hochherrschaftliche Haus besitzt sogar Privatbäder (Calidarium und Tepidarium); das Kaltwasserbecken (Frigidarium) befindet sich im Garten.

Der Nordausgang des Hauses liegt an der **Vicolo di Mercurio**, auf der wir uns nach links (Westen) wenden, und auf die Via del Vesuvio, einer Verlängerung der Via Stabiane, stoßen. Links an dieser Straße, Hausnummer 26, steht die

Casa di Cecilio Giocondo (10), das Haus eines Bankiers. Der Fund seiner Buchhaltung auf vielen Wachstäfelchen und ein ausdruckstarkes Portrait im Atrium haben aus dem cleveren Geschäftsmann einen der bekanntesten Bewohner Pompejis gemacht. Diesem Haus gegenüber steht die **Casa d'Orfeo** (16), benannt nach dem Gemälde im Peristyl „Orpheus unter wilden Tieren".

Wir wenden uns wieder zurück in Richtung Porta del Vesuvio. In der Nähe des Orpheus-Hauses kommen wir an der **Spielhölle** vorbei, der **Taberna Lusoria**. Das Ladenschild weist eindeutig auf die Bestimmung dieser Kneipe hin: Vier rote Phalli umrahmen einen grauen Würfelbecher. Während unten geknobelt wurde, konnte man im oberen Stock des Etablissements anderen Vergnügungen nachgehen.

Die raffinierte Wasserversorgung

Die Via del Vesuvio führt zur Porta di Vesuvio. Hier, an einer der höchstgelegenen Stellen der Stadt, steht das **Castello Acquario**, das Wasserreservoir der Stadt. Der Bau, in dem die Wasserversorgung raffiniert geregelt wurde, ist so hoch angelegt, um den nötigen Druck zu gewährleisten. Die dreibogige Ziegelfassade, nach dem Erdbeben 62 n. Chr. ausgebessert, zeigt im Fundament die drei Löcher, aus denen die Wasserleitungen austraten. Das Wasser wurde im Inneren des Kastells durch zwei Rechen gefiltert und durch Trennwände in drei Ströme geteilt, die mit verschieden hohen Wehren abgesperrt waren. Das niedrigste in der Mitte ist die Leitung für die öffentlichen Brunnen, die immer versorgt wurden. Bei mittlerem Wasserstand brachte Wehr II das Wasser zu den Thermen und in die Theater, und erst bei hohem, genügendem Wasserstand versorgte Wehr III auch die angeschlossenen Privathäuser, übrigens meist durch Bleirohrleitungen, die unverputzt verlegt waren.

Brunnen beim „Haus des Chirurgen"

Mosaikfußboden im „Haus des Wildschweins“

Wir gehen auf der Via del Vesuvio zurück bis zur Kreuzung mit dem Vicolo di Mercurio. Das Eckhaus ist die **Casa degli Amorini Dorati** (9), das Haus der goldenen Amoretten. Das Haus gehörte einer Adelsfamilie und ist mit erlesenem Geschmack ausgestattet. Es hat seinen Namen nach den Amoretten, in Blattgold auf Glasscheiben gemalt, mit denen das Cubiculum geschmückt war. Die Villa spiegelt den Lebensstil der neronischen Zeit wieder. Ein Fußbodenmosaik stellt „Leda mit Schwan“ dar, und ein besonders schönes Wandgemälde zeigt die „Venus als Fischerin“. Marmormasken hängen zwischen den Säulen, die einen reizvollen Garten umstehen. Interessant ist in einem Raum die rekonstruierte Deckenmalerei.

Ganz besondere Aufmerksamkeit aber benötigt das Nachbarhaus, das **Haus der Vettier** (8). Die reichen Besitzer, zwei Brüder, repräsentierten den prunkliebenden Handelsstand. Alles, was zum damaligen Schick gehörte, ist in dieser Villa wiederzufinden. Schon die Außenfassade lässt die reiche Ausstattung im Inneren ahnen. Die Wände sind mit einem wasserdichten Material verputzt. Durch einen Hausflur, in dem eine obszöne Abbildung des Priapus, des Gottes der Fruchtbarkeit, zur Abschreckung von Neidern hängt, gelangt man ins Atrium, das das Impluvium (das Auffangbecken für Regenwasser) umschließt. Rechts steht die Geldtruhe der Besitzer. An den Pfeilern und Sockeln gibt es hübsche Bilder von spielenden Amoretten. Es folgen zahlreiche Fresken mit mythologischen Motiven: „Ariadne“, „Hero und Leander“, „Pan im Kampf mit Amor“, „Jupiter, Leda und Danae“. In dem größeren Zimmer, einem kleineren Atrium, befindet sich an der Wand ein beachtenswerter Larenaltar, der das Familienoberhaupt zwischen zwei Göttern zeigt; unter ihnen sieht man eine Schlange, die sich an Opfergaben labt. Von diesem Raum aus gelangt man in eine interessante Küche. Hinter einer verschlossenen Tür verbirgt sich ein Raum mit pornografischen Wandmalereien und einer obszönen Brunnenfigur. Die

Skulpturen oder Abbildungen von Faunen, Satyren, Göttern und Halbgöttern mit einem gewaltigen und steil nach oben gerichteten erigierten Glied sind typisch für die pompejanische Kunst. Man empfand die Darstellung eines Phallus nicht als Pornographie, sondern als Symbol von Lebenslust und Fruchtbarkeit.

Wir kehren zurück zum Atrium und betreten das Peristyl, als wunderschöner Garten angelegt. Aufgrund gefundener Wurzelreste hat man ihn original bepflanzen können; aus den zahlreichen Putten und Statuen zwischen den Säulen sprudelt Wasser in kleinen Brunnen – man hat die alten Bleiwasserleitungen wieder instand setzen können, sie waren vollständig erhalten! Von diesem Garten aus betritt man das **Speisezimmer** (Triclinium), das in seiner prunkvollen Ausstattung den **Höhepunkt der Luxus-Villa** darstellt. Die Wände sind rot bemalt und durch große, schwarze Scheinpfeiler unterteilt.

Jedes Feld enthielt ein Holzbild, wovon jedoch leider keines erhalten blieb. Der untere Teil, auf einem Sockel, zeigt zahlreiche Amoretten in den verschiedensten Posen (Blumenflechten, Verkauf von Ölen, Wettrennen, Goldschmieden, Weinlese, Steinwerfen). In den Mittelfeldern sehen wir prächtige Gemälde mit religiösem und mythologischem Inhalt (Agamemnon tötet die geweihte Hirschkuh der Diana, Apoll besiegt die Schlange Python), und an den Seiten gibt es Darstellungen von berühmten Liebespaaren (Perseus und Andromeda, Apollo und Daphne, Poseidon und Amymone).

Auf der anderen Seite lagen die Frauengemächer; links und rechts neben dem Atrium waren die Empfangsräume mit ebenfalls beeindruckenden Wandfresken. Durch die Sorgfalt bei den Ausgrabungen und dadurch, dass man Gefundenes an Ort und Stelle ließ, strahlt diese Villa eine Lebendigkeit aus, dass man fast erwartet, die Bewohner des Hauses anzutreffen.

Pompeji hat aber noch weitere Schätze zu bieten. Nach der Luxusvilla der Vettier wollen wir uns das zweite berühmte Haus der versunkenen Stadt ansehen: das **Haus des Fauns** (15). Wir biegen von der Vicolo di Mercurio links (Süden) in den Vicolo del Labirinto ein, gehen an der Außenmauer des Faunhauses entlang bis zur Kreuzung mit der Via della Fortuna, an der sich der Eingang des Hauses befindet. Weit öffnet sich der Innenhof des Hauses, in der Mitte das Impluvium (Regensammelbecken) mit der Statue des tanzenden Fauns, wohl die bekannteste Figur aus Pompeji (das Original steht im Nationalmuseum von Neapel). Leider ist von diesem luxuriösen Haus der überwältigende Eindruck geschmälert, da sich die wertvollsten Ausstattungen im Nationalmuseum befinden. Die Villa aus dem 2. Jahrhundert v. Chr. nimmt mit seiner enormen Größe eine ganze Insula ein. In seiner Anordnung von Architektur- und Dekorationsstil gilt es als das schönste erhaltene Privathaus der Antike. Neben der farbigen Marmortäfelung der Wände ist es berühmt wegen

Das „Haus des Fauns“ mit der Nachbildung des tanzenden Fauns

seiner wertvollen Fußbodenmosaike, die dem Haus entnommen wurden.

Im Hausflur - der Eingang ist mit doppelten Türen versehen- sind zwei Larenaltäre in Stuck gearbeitet; den Fußboden ziert ein farbiges Mosaik, auf das man kaum zu treten wagt. Vor einem öffnet sich der Blick auf das ebenfalls mit einem Marmormuster ausgelegte Impluvium, in dem der niedliche Faun in unnachahmlicher Grazie tanzt. Der vordere Teil des Hauses mit den meisten Räumen dehnt sich um zwei Atrien aus. Der linke Teil des Hauses ist in römischem Stil gebaut, während man den rechten Teil um das zweite Atrium im griechischen Stil baute, denn das Dach wurde von vier Säulen getragen. Hinter diesem – der Dekoration und der Lage nach – im Winter bewohnten Wohntrakt breitet sich das erste Peristyl mit 28 Säulen aus, in dessen Mitte ein Brunnen steht. Die Wände sind mit Stuckarbeiten verziert. Hinter dem Peristyl befanden sich die Aufenthaltsräume. Der mittlere davon, die Exedra, war in seiner gesamten Größe von dem berühmten Mosaik „Die Alexanderschlacht" wie mit einem riesigen Teppich bedeckt. Ein einzigartiges Kunstwerk (ebenfalls im Nationalmuseum)! Durch die Exedra gelangte man in das zweite Peristyl, das mit dorischen Säulen von gewaltiger Größe umgeben ist. Am äußersten Ende des Hauses ist eine kleine überdachte Loggia mit dem Nebenausgang auf den Vicolo di Mercurio, auf die wir zurückkehren, um unseren Rundgang fortzusetzen.

Gleich die nächste Nebenstraße des Vicolo di Mercurio ist die **Via di Mercurio**, sie führt uns direkt zur Stadtmauer und auf den Merkurturm, Torre XI, mit einer Besichtigungsplattform, von der man einen umfassenden Blick auf Pompeji hat.

An der Via di Mercurio liegen sich gegenüber die Häuser **Casa di Apollo** (5), mit italischer Kalkfassade, schönem Brunnen, der Wandmalerei „Musikwettstreit zwischen Apoll und Marsyas", und die **Casa di Meleagro** (6), mit besonderer Architektur des Peristyls und griechischen Säulen. Weitere Häuser dieser Straße sind die **Casa di Adone**, mit dem sehenswerten Wandgemälde „Venus mit verwundetem Adonis"; bei Hausnummer 6-7 folgt das Haus des Castor und Pollux, **Casa di Castore e Polluce**. Beachtenswert ist das Atrium mit 12 korinthischen Säulen, in den Zimmern die Wandgemälde „Geburt des Adonis" und „Apollo und Daphne", ein Larenheiligtum, sowie ein zweites Peristyl mit Stilleben-Bildern.

Wir folgen der Merkurstraße weiter geradeaus und kommen zur **Casa della Fortuno Piccola** und **Casa della Fortuna Grande**, Insula 8, Nr. 22-24, zwei Häuser mit zwei besonders hübschen Brunnen, die in der augustäischen Zeit sehr in Mode waren. Im Haus des kleinen Brunnens gibt es außer dem reizenden Nymphäum interessante Landschaftsmalereien; im Haus des großen Brunnens steht im Nymphäum eine Nachbildung der Bronzeputte mit Delphin (Original im Nationalmuseum).

Gegenüber steht die **Caupona, das Wirtshaus** der Merkurstraße. Vorne sehen wir den üblichen Verkaufstisch, der immer an eine Eisdiele erinnert, dahinter stufenförmige Regale für Gläser und Geschirr, die Küche und hinten die Gasträume. Die Wände schmücken kleine volkstümliche Malereien mit Motiven aus dem Kneipenleben. Beachten Sie die „Vier Trinker"!

Wir durchschreiten nun den **Bogen des Caligula** und wenden uns nach rechts. An dieser Insula 5 liegen weitere Thermen, die **Terme del Foro** (32), die man sich aber unbedingt ansehen sollte. Sie sind zwar kleiner als die Stabianer Thermen, doch ist das Innere feiner dekoriert, besonders die Wölbdecken. Die Aufteilung ist wie bei den anderen Bädern: Umkleideraum der Männer mit Nischen als Ablage

Im Eingang des „Hauses des tragischen Dichters" der Mosaik-Hinweis „Cave canem" (Hüte dich vor dem Hund)

für die Kleidung und als Sitzgelegenheit, das Tepidarium (Warmbad) mit einem erhaltenen Kohlebecken, dann das Calidarium (Heißbad), in dem die modernere Form der Beheizung bereits installiert war, nämlich Kupferplatten, an denen Wasser zu Dampf erhitzt entlangführte und aus der Wand austrat. In der Mitte des Calidariums ein großes Marmorbecken (aus einem Stück), in dessen Rand die Namen der Spender und auch gleich der Preis eingelassen sind.

Die **Casa del Poeta Tragico** (28), das Haus des tragischen Poeten, liegt den Thermen gegenüber. Es erhielt seinen Namen nach einem Mosaik mit einem Dichter, ist aber auch wegen seiner schönen mythologischen Fresken „Opfer der Iphigenie" bekannt. Am Eingang finden wir endlich den berühmten Mosaikhund, dessen „Cave Canem" auf unzähligen Postkarten, Kacheln und Andenkenkitsch überall im Großraum Neapel zu finden ist. Das Haus des tragischen Poeten ist übrigens auch in dem Roman „Die letzten Tage von Pompeji" von Bulwer beschrieben als Wohnung des Glaucus. Reich geschmückte Wände zeugen vom Wohlstand des Besitzers, eines Handeltreibenden. Das Nebenhaus, die **Casa di Pansa** (27), war ein Mietshaus, wie aus einem erhaltenen Mietvertrag übermittelt wurde.

Wir erreichen wieder den Vicolo di Mercurio und gehen nach links auf das Haus des Sallust zu. Die **Casa di Sallustio** (23) liegt an der Ecke zur Via Consolare; das Haus hat genauso wie die gegenüber liegende Bäckerei zur Straße hin ein Ladengeschäft. Im Inneren sind besonders im Tablinum und einem Cubiculum Wandmalereien aus der samnitischen Zeit erhalten geblieben.

Eine großzügige Wohnanlage mit Viridarium (Lustgarten) im Vordergrund und anschließendem Peristyl (Säulenhalle um einen Hof)

An der Via Consolare, die uns zur Porta Ercolano führt, sehen wir bei Hausnummer 8-10 das Haus des Chirurgen, die **Casa del Chirurgo** (14), in dem man einen bedeutenden Fund von chirurgischen Instrumenten machte. Die Bestecke, teilweise mit Futteral, zeugen von erstaunlich entwickeltem Wissensstand der Medizin (im Nationalmuseum ausgestellt). Es ist eines der ältesten Häuser Pompejis, vermutlich um 200 v. Chr. erbaut, ein seltenes erhaltenes Beispiel für Kalksteinbauten.

Wir verlassen jetzt das Stadtgebiet von Pompeji durch die **Porta Ercolano** mit drei Torbögen, von denen der mittlere für Fuhrwerke, die beiden äußeren für Fußgänger bestimmt waren. Das Tor wurde auf Resten eine älteren Wehrturmes (um 450 v. Chr.) mit Befestigungsanlagen und unterirdischen Fluchtwegen erbaut.

Die leicht abschüssige Straße, die wir nach dem Torbogen hinuntergehen, ist die **Gräberstraße**, die **Via dei Sepolcri**. Auf ca. 400 m sind links und rechts Grabanlagen freigelegt worden, keine unterirdischen Grabstellen, sondern hochgemauerte Gruften mit aufgesetzten Denkmälern, Altären, Nischen, Säulen und Standbildern. Am Ende der Straße trifft man auf die erste der großen Vorstadtvillen, die **Villa di Diomede** (4), fälschlich nach einem in der Nähe liegenden Grab so genannt. In ihrem Keller fand man neben vielen Weinamphoren die Leichen von 18 erstickten Bewohnern, darunter den Hausherrn, den ein Sklave mit Geld und Wertsachen begleitete. Das Haus ist gut erhalten, jedoch ist leider wegen der wenig einfühlsamen Ausgrabungsmethode des 18. Jahrhunderts wenig von der Innendekoration übriggeblieben

Die Gräberstraße

(einige Wandfresken sind im Nationalmuseum. Wir biegen nun durch ein kleines Eintrittsgebäude (nach Verlassen verliert die Eintrittskarte ihre Gültigkeit für Pompeji, nicht aber für die Villa der Mysterien) auf die betonierte Straße ein, um die letzten paar hundert Meter zurückzulegen zur **Villa dei Misteri** (1), einem letzten **Höhepunkt von Pompei Scavi**. Selbst wenn man von Fußmarsch und Besichtigung müde ist, sollte man dieses bedeutende Haus nicht auslassen.

Erst 1930 vollständig ausgegraben und hervorragend restauriert, bietet die Villa ein typisches Beispiel für die Architektur und Dekoration der damaligen Zeit. Sie enthielt einst 60 Zimmer. Die Wandmalereien haben den Dionysus-Kult zum Motiv.

Lange hat man gebraucht, um das Mysterium zu enträtseln. Es beginnt mit der Darstellung eines Knaben, der das Ritual vorliest. Ein Mädchen bringt das Opfer auf einem Teller. Ein alter Silen singt und spielt die Harfe. Eine Frau weicht erschrocken vor dem Dämon zurück, der eine ihrer Gefährtinnen geißelt. Ein Silen läßt einen Satyr trinken, ein zweiter hält ihm eine schreckliche Maske über den Kopf (ein berühmter und oft gezeigter Gemäldeausschnitt). Die Hochzeit des Dionysos mit Ariadne. Enthüllung eines mystischen Symbols (Phallus) von einer Frau, die jedoch von einer geflügelten Figur mit einer Rute dafür bestraft wird. Die gegeißelte Frau ist in den Schoß einer Freundin geflohen, daneben tanzt eine nackte Bacchantin einen Kulttanz. Toilette der Braut, die auf das Mysterium vorbereitet wird, dahinter eine Frau, die schon eine geweihte Braut des Gottes ist, vermutlich gleichzeitig die domina, die Hausherrin, der das Gemälde zu verdanken ist.

Sie war eine Priesterin des Dionysus-Kultes, der sich auf Erotik und Fruchtbarkeit erstreckte. Obwohl der Kult vom römischen Senat unter Androhung schwerer Strafen verboten war, fand er in Süditalien und auch hier seine Verbreitung. Die Villa war daher geheimer Treffpunkt von Eingeweihten, die hier ungestört den orgiastischen und meist auch obszönen Dionysos-Kult zelebrierten. Im Keller der Villa finden sich eine rekonstruierte Weinpresse und eine eingerichtete Kelterei.

Das neue Pompeji

Auch wenn die heutige Siedlung im Schatten von Pompei Scavi liegt, soll es nicht unerwähnt bleiben. Seine Hauptsehenswürdigkeit ist die große **Kirche Sanctuarium der Madonna mit dem Rosenkranz**, alljährliches Wallfahrtsziel von über hunderttausend Gläubigen, erbaut von 1876 bis 1891. Links neben der Fassade der freistehende **Campanile**, 80 m hoch mit fünf Stockwerken und einer Bronzetür. Im dritten Stock befinden sich ein Glockenspiel und ein Bronzeengel, im vierten eine riesige Statue des Heiligen Herz Jesu, im fünften eine Terrasse, über der ein großes Kreuz angebracht ist. Von dem Glockenturm aus hat man einen phantastischen Rundblick über das neue und alte Pompeji!

An der Straße Viale dei Teatri - von der Stadtmitte zur Station der Vesuvbahn „Pompei Scavi - Villa dei Misteri" - liegt das Auditorium, ein weiter Saal, in dem Vorträge und andere Kulturbeiträge über die Ausgrabungen für Besucher (nach vorheriger Anmeldung) abgehalten werden. Darüber hinaus finden hier auch Kongresse mit künstlerischem Inhalt statt.

Wandmalereien gab es in jedem pompeijanischen Haus, nicht nur in den Villen der Reichen

Tour 4

Touristen-Information:
Azienda Autonoma di Cura Soggiorno e Turismo, 80045 Pompei, Via Sacra 1, Tel.: 081/8507255 Fax: 081/8632401

Herculaneum

Geschichte der Stadt und ihre Ausgrabung

Herculaneum (oder Herkulanum, ital. Ercolano) war eine kleine Stadt in Kampanien, der Sage nach von Herkules selbst gegründet. Sie lag im Altertum auf einem Landvorsprung am Meer, zu dessen beiden Seiten Gebirgsbäche begrenzende Täler eingeschnitten hatten. Man weiß nicht sehr viel über seine Geschichte. Die **erste Erwähnung** erfolgte im Jahr **314 v. Chr. unter dem griechischen Namen „Herakleion".** Die Anlage der Stadt, soweit sie bis heute freigelegt ist, weist in ihren Grundzügen die gleiche Planung wie das alte Neapolis auf, so dass auch dadurch die Vermutung auf griechischen Ursprung erhärtet wird. Bei dem Aufstand der Italiker gegen Rom stand es wie Pompeji und Nola auf Seiten der Rebellen und wurde 89 v. Chr. durch die Legionen Sullas besiegt und besetzt. Im Ganzen weisen die bisher ausgegrabenen oder unterirdisch durchforschten Teile der Stadt nicht das Gepräge einer emsigen Geschäftsstadt auf wie etwa Pompeji. Es ist auch nur ein Viertel so groß und hatte etwa 5000 Einwohner. Herculaneum war wohl in erster Linie ein Villenort, in dem aber auch Handwerksbetriebe nicht fehlten.

Genau wie in Pompeji waren auch in Herculaneum die Schäden der Erdbebenkatastrophe von 62 n. Chr. noch nicht ausgebessert, als der Ausbruch des Vesuvs 79 n. Chr. seiner Geschichte ein Ende machte. **Anders als Pompeji**, das unter heißer Asche begraben wurde, ist **Herculaneum von** einem **Schlammstrom überzogen** worden. Er bildete sich, als die enormen Regenfälle, die vulkanische Eruptionstätigkeit zu begleiten pflegen, die gewaltigen Mengen von uraltem und neuem Eruptivmaterial herabschwemmten, das sich am Krater und an den Hängen des Berges angehäuft hatte.

Der Eingang zur Grabungsstätte

Bewiesen wird diese Annahme dadurch, dass bei hohen Bauwerken teilweise die oberen Gebäudeteile abgerissen und Skulpturen von ihren Sockeln geschwemmt wurden, deren Bruchstücke man talwärts entlang der in Gießbäche verwandelten Straßen fand. Diese Verschüttung auf „kaltem Weg" hatte noch zur Folge, dass ein großer Teil der Holzkonstruktionen erhalten blieb und man dadurch bei den wiederhergestellten Häusern ein wesentlich lebendigeres Bild hat als in Pompeji.

Herculaneum - antik und modern

Während in Pompeji die Bewohner bald nach dem Ausbruch durch die sie erreichenden Dämpfe und Gase in großer Zahl den Tod fanden, konnten sich in Herculaneum die Einwohner fast vollzählig in Sicherheit bringen, als die Katastrophe über sie hereinbrach. Auch das ist erklärlich, denn trotz der größeren Nähe zum Krater (7 km gegen 12 km bei Pompeji) erreichte die Auswirkung des Ausbruchs Herculaneum wesentlich später. Während in Stabia und Pompeji der Wind die todbringenden Gas- und Aschenmassen sofort nach der Explosion heranwehte, gab die Bildung des Schlammstromes als Folge der Regenfälle den Einwohnern hier eine Chance, sich zu retten, die sie nach bisherigen Forschungen auch ausnahmslos ergriffen. Bisher fand man in Herculaneum nur die Überreste von drei Menschen.

Fanny Lewald 1847: „Der Eindruck, welchen das verschüttete Theater gewährt, ist einer der entsetzlichsten, die man sich zu denken vermag. Unsere Führer gingen uns die hohe Treppe hinunter mit Fackeln voraus. Es war feucht und kalt in den Gewölben, Todesschauer schienen darin zu wohnen; immerfort wähnte ich, der Angstschrei der Menschen müsse ertönen, die hier, im Theater versammelt, ihr Ende finden, als das Unheil hereinbrach."

Zwei Wärter, die wohl zur Bewachung zurückgeblieben waren, fand man in den Thermen, in denen sie Schutz gesucht hatten, und in der Casa dello Scheletro (Haus des Skeletts) fand man ein menschliches Gerippe, von dem die Forschung annimmt, dass es einem schon vor der Katastrophe Verstorbenen gehörte, der noch nicht bestattet war.

Der Schlammstrom verwandelte die Landschaft und auch den Verlauf der Küstenlinie gründlich. Er verhärtete im Lauf der Jahrhunderte fast zu der Festigkeit von Tuffstein.

Später wurde der Ort von der Stadt Resina überbaut, denn die genaue Lage von Herculaneum war in Vergessenheit geraten. Im Jahr 1631 ergoss sich bei dem großen Ausbruch des Vesuvs ein Strom feuriger Lava über die gleiche Gegend, zerstörte Resina und überdeckte die Stelle, unter der Herculaneum lag, abermals. Auf diese Art entstand eine feste Schicht von einer Mächtigkeit von 15 bis 25 m, die naturgemäß den Ausgrabungen auch durch ihre Festigkeit enorme Schwierigkeiten entgegensetzt. Hinzu kommt noch eine weitere nicht geringere Behinderung der Arbeiten durch die Lage der Stadt Resina, die gerade in ihren bevölkertsten Vierteln über dem bisher noch nicht erforschten Teil der Stadt Herculaneum liegt.

Wenn auch die Tatsache der früheren Existenz der Stadt den Gelehrten nicht unbekannt war, so kannte man doch die genaue Lage nicht. Durch Funde bei Ausschachtungen in Resina und durch Brunnenbauten war man schon öfter auf Trümmer gestoßen. Im Jahr 1709 ließ der österreichische Fürst d'Elbœuf einen Brunnen anlegen und stieß dabei auf die Skena des Theaters. Bergwerksmäßig beutete er nun die Anlage aus und richtete damit schwere Schäden an diesem bedeutenden Bauwerk an, während die gefundenen Gegenstände in alle Winde zerstreut wurden.

1738 begannen die ersten planmäßigen Ausgrabungen, die aber auch in Form von Stollen in die Deckschicht getrieben wurden. Zwischen 1750 und 1765 stieß man auf die **Villa dei Papiri**, das Haus eines Gelehrten, und fand da Hunderte von Papyrus-Rollen, die heute im Nationalmuseum von Neapel untergebracht sind. Dieses Haus ist inzwischen wieder verschüttet und unzugänglich. Im 19. Jahrhundert wurden die Grabungen wieder aufgenommen, lieferten aber wegen der Schwierigkeiten keinen rechten Erfolg.

Bei den vorherigen und diesen Grabungen war es in erster Linie darauf angekommen, Kunstwerke zu bergen und wegzuschaffen, so dass keine Pläne aus jener Zeit einen Aufschluss über die genaue Topographie der Stadt ergaben. 1870 begann man mit Ausgrabungen an der Südfront, die aber eingestellt werden mussten, als man die darüberliegenden Gebäude in Resina gefährdete.

Von planvoller Arbeit konnte man erst von 1927 an reden, als die damalige (faschistische) Regierung die Eigentumsrechte der Hausbesitzer in Resina mit einem Machtwort regelte. So kommt es, dass durch die Art der Verschüttung und die verhältnismäßig spät begonnene Freilegung der Bauwerke nach neuesten Methoden man heute **in Herculaneum** ein zwar nicht so umfassendes Bild wie in Pompeji hat, dafür aber ein viel lebendigeres, weil **alles viel besser erhalten** ist. Die größten Schäden richtete die verständnislose Minierarbeit der früheren Jahrhunderte an, bei der rücksichtslos Mauern durchbrochen wurden sowie Wohlerhaltenes als überflüssig verkannt und mit der Spitzhacke zerschlagen wurde.

Das Atrium war der Mittelpunkt des pompejanischen Hauses. Je nach Gusto und Geldbeutel hatte es bis zu 16 Säulen.

Wie kommt man nach Herculaneum?

Mit Bussen

gibt es täglich organisierte Fahrten – teilweise gleich mit Führungen. Die Busse fahren meist in der Stadtmitte ab. Auskunft hierüber erhält man im Reisebüro und an der Hotelrezeption.

Mit einem Mietwagen

fährt man bei entsprechender Personenanzahl unabhängiger, unter Umständen sogar billiger. Einen Führer braucht man bei der eingehenden Beschreibung in den folgenden Kapiteln nicht unbedingt. Die Wärter, die ohne zusätzliche Eintrittsgebühren die Häuser aufschließen, geben gerne Auskunft, erwarten aber ein Trinkgeld.

Mit dem eigenen Auto
fährt man auf der gebührenpflichtigen Autobahn bis zur Abfahrt Pugliano-Resina. Es ist die gleiche Abfahrt wie zum Vesuv, nur wendet man sich zur anderen Seite, dem Meer zu. Es sind auf der Autobahn nur 7 km zu fahren; man erreicht sie (gut ausgeschildert) über den Corso Umberto I. Außerdem kann man die Landstraße 18 benutzen (Tirrena Inferiore), die von Neapel aus zunächst als Via Stella Portale über die Vororte San Giovanni und Portici nach Ercolano führt.

Mit der Vorortbahn „Circumvesuviana"
fährt man vom gleichnamigen Bahnhof (die Stazione Circumvesuviana befindet sich am Corso Garibaldi, ca. 500 m vom Hauptbahnhof entfernt) mit einem der alle halbe Stunde verkehrenden Züge bis zur Station Ercolano, Fahrzeit ca. 20 min. Vom Bahnhof aus läuft man ca. 500 m bergab auf die Ausgrabungen zu. An dieser Geschäftsstraße, der Via IV. Novembre, findet man neben kleinen Läden, Cafés und Kneipen auf der rechten Straßenseite eine (bescheidene und vielleicht auch geöffnete) Fremdenverkehrsinformation. In den Vormittagsstunden wird auf dieser Straße ein pittoresker Markt mit einem breit gefächerten Angebot abgehalten. Man kann den Besuch von Herculaneum auch gut mit einem Trip zum Vesuv verbinden. Von Ercolano aus fahren morgens die Ausflugsbusse („Vesuviobus") zum Vulkan.

Bei einem **Kurzbesuch** sollte man sehen: die Casa d´Argo mit Garten, die Thermen und die Häuser des Cardo IV., der mittleren Straße.

Der Rundgang

wie nachstehend beschrieben dauert 2 bis 3 Stunden; man kann ihn aber auch straffen. Es stellt sich die Frage, ob man einen Führer engagiert oder nicht. Auf der einen Seite ist das Gelände wesentlich kleiner und übersichtlicher als das in Pompeji, und die Beschreibungen dieses Reiseführers reichen für den durchschnittlich Interessierten sicherlich aus. Auf der anderen Seite ist es in Herculaneum sehr lästig, ständig nach einem Führer zu suchen, der die Häuser aufschließt. Er darf zwar kein Trinkgeld dafür nehmen, aber die Wärter sind wesentlich zugänglicher, freundlicher und erklärungswilliger, wenn man einen Schein in die diskret geöffnete Hand drückt. Eventuell ist es dann doch preisgünstiger, sich gleich einen Führer zu nehmen, zumindest an Tagen, an denen Herculaneum nicht stark besucht ist.

Beim **Rundgang** betritt man den Eingang über eine schöne Zypressenallee mit Aussicht aufs Meer sowie auf Ischia und über die Ausgrabungen. Der Zugang zu ihnen liegt an der Südfront der antiken Stadt, die direkt am Meer lag. Das Stadtgebiet von Herculaneum ist aufgeteilt in „Insulae" (Häuserblöcke) und Straßen, wobei die Querstraße von West nach Ost „Decumano" heißt und die Längsstraße von Nord nach Süd „Cardo". An den Häusern ist als Orientierungshilfe jeweils die Bezeichnung der Insula (römisch) und der Hausnummer (arabische Ziffern) angebracht.

Das erste bemerkenswerte Haus liegt gleich links, es ist die **Casa d'Argo** (1), das Haus des Argus, ein schönes und vornehmes Gebäude, das in den Jahren um 1830 freigelegt wurde und durch mangelnde Pflege und wenig sorgsame Ausgrabungs- und Konservierungsmethoden nicht mehr viel von den ursprünglichen Feinheiten zeigt. So ist auch das Wandgemälde „Jo, von Argus bewacht", das dem Haus den Namen gab, vollkommen verschwunden. Der herrliche Garten ist von einem dreiseitigen Peristyl umgeben.

Anschließend kommt man zu der **Casa del Genio** (2), dem Haus des Genius. In diesem Haus fand man einen Leuchter, der mit einem kleinen Amor (oder Genius) verziert ist. Sehr hübsch ist der dreieckige Brunnen.

Gegenüber steht die **Casa dello Scheletro** (3), das **Haus des Skeletts**. Von dem in diesem Haus gefundenen menschlichen Gerippe nimmt man an, dass es sich um einen vor der Katastrophe Verstorbenen handelt, der noch nicht bestattet war. Die Leiche ist eine von den dreien, die man in Herculaneum fand.

Man geht weiter zur **Casa dell'Albergo** (4), Haus des Hotels. Dieses ist die größte Wohnung des Südviertels. Wegen ihrer Größe nahm man bei der ersten Phase der Forschung an, dass es sich um ein Hotel gehandelt habe; dieses ist inzwischen zwar widerlegt, doch blieb der Name.

Rundgang durch die Grabungsstätte von Herculaneum

1 Casa d'Argo
2 Casa del Genio
3 Casa dello Scheletro
4 Casa dell' Albergo
5 Casa dell' Atrio a Mosaico
6 Casa dell' Ermete di Bronzo
7 Casa dell'Alcova
8 Casa a Graticcio
9 Casa del Tramezzo di Legno
10 Laden des Lanarius
11 Thermen
12 Casa del Salone Nero
13 Casa del Bicentenario
14 Casa del Bel Cortile
15 Casa del Mosaico di Nettuno e di Anfitrite
16 Casa del Mobilio Carbonizzato
17 Casa Sannitica
18 Casa del Gran Portale
19 Casa del Sacello in Legno
20 Casa dell'Atrio Corinto
21 Casa del Relievo di Telefo
22 Casa della Gemma
23 Casa dei Cervi

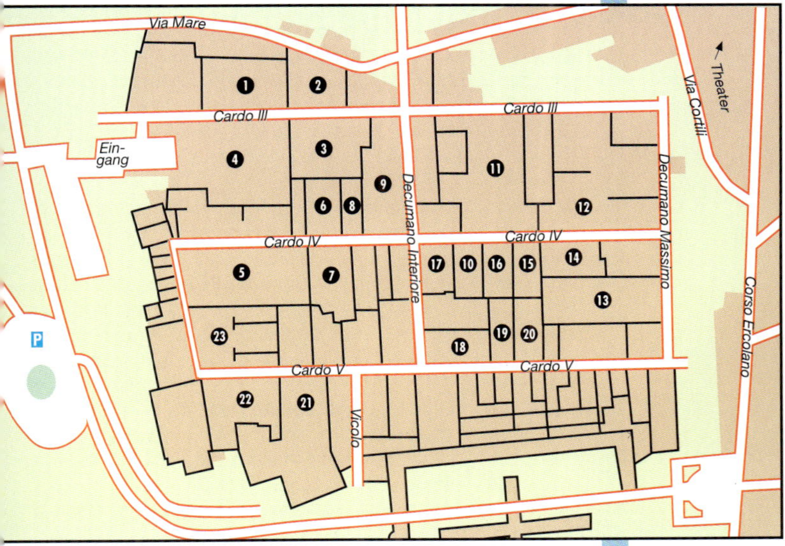

In vielen Innenhöfen befanden sich Nymphäen, Nymphen geweihte Brunnenhäuser

Auch hier haben die Stollengrabungen viel Unheil angerichtet; obendrein war das Haus im Umbau begriffen, als die Katastrophe hereinbrach, so dass es in keinem guten Erhaltungszustand ist. Interessant aber ist die großzügige Anlage des Grundrisses und das schöne Bad, in dem man deutlich die raffinierte Konstruktion der Fußboden- und Wandheizung erkennen kann.

Man verlässt das „Hotel" zum Cardo IV hin, wo gegenüber die große **Casa dell'Atrio a Mosaico** (5) steht, das Haus mit dem Mosaik-Atrium. Das schachbrettartige Mosaik im Hausflur und im Atrium ist wohlerhalten. Eine Bodenverformung, die wie eine erstarrte Meereswelle quer durch das Atrium geht, gibt Zeugnis von einem späteren Erdbeben (vielleicht entstand sie auch durch Nachgeben des Bodens durch den enormen Druck der Schlammschicht). Nach dem Garten, der von einem hübschen Portikus umgeben ist, folgt das Speisezimmer, das Triclinium, mit kleinen Seitenräumen, die mit Fenstern und Ausgängen zur Sonnenterrasse hinausführen.

Weiter auf der Straße Cardo IV folgt nach dem „Hotel" auf der linken Seite zunächst die **Casa dell'Ermete di Bronzo** (6), Haus des bronzenen Hermes, winzig, mit langem, schmalen Grundriss. Der Bronze-Hermes ist vermutlich der idealisierte Hausherr. Die Wohnung ist typisch für den samnitischen Stil.

Gegenüber liegt die **Casa dell'Alcova**, (7), das Haus mit dem Alkoven; die Straßenfront hat neben vielen kleinen mit Eisengittern verschlossenen Fenstern die Reste eines vorgelagerten Balkons.

Auf der linken Straßenseite liegt als nächstes die **Casa a Graticcio** (8), das Fachwerkhaus, ein Musterbeispiel für ein

Mietshaus mit Wohnungen für den „kleinen Mann". Es besteht aus Backstein-Pilastern, Holzbalken und leichtem Zwischenwerk aus Schilfrohr. Man kann in dem Haus zwei vollkommen voneinander abgeschlossene Wohnungen erkennen, deren eine durch die Tür Nr. 14, die andere durch die Tür Nr. 13 über eine Treppe im ersten Stock zu erreichen ist. Die Wohnung zu ebener Erde ist mit einem Laden und einer Handwerkstube verbunden. Zum oberen Stockwerk gelangt man von der Treppe zum oberen Stock, von der ein Teil der Stufen noch erhalten ist. In einem Zimmer kann man das antike Hausgerät einfacher Leute sehen: ein Bett, ein Schrank mit etwas Geschirr, ein Tisch und die Statuetten der Hausgötter, der Laren. In der anderen Wohnung wurden ebenfalls noch Überreste von Möbeln gefunden.

Die damaligen Mosaikfußböden waren phantasievoller gestaltet als unsere heutige Auslegeware

Auf der gleichen Seite liegt nun die **Casa del Tramezzo di Legno** (9), **das Haus mit der hölzernen Zwischenwand**. Dieses Gebäude erstreckte sich ursprünglich durch die gesamte Tiefe der Insula, doch hat man es später „verkleinert" und einige Räume für Mietzwecke abgetrennt. Eigenartig an diesem Haus, das mehrere sehenswerte Kunstgegenstände birgt, ist vor allem die hölzerne Scheidetür, die dreiteilig mit je zwei Flügeln das Tablinum abschloss. Man hat diese Türen im Original konservieren können, und sie hängen nun wieder in ihren ursprünglichen Angeln. Im Cubiculum (Schlaf- und Wohnraum) stehen ein Marmortisch, der von einer Götterfigur (Attis) getragen wird und Holzbetten.

An der Straßenecke Cardo IV und Decumanus Inferior ist das Eckhaus zu beachten. In dem **Laden des Lanarius**, eines Tuchhändlers, (10) steht eine hölzerne Presse, mit der Stoffe bearbeitet wurden.

Wir biegen in den Decumanus Inferior links ein und gehen bis zum Cardo III, um rechts die **Thermen** (11) zu betreten. Zunächst kommt man durch diesen Eingang in das **Männerbad.** Gleich links befindet sich die Tür zu der halbzerstörten Latrine. Vor uns liegt die Palästra, die wahrscheinlich zugleich Warteraum war. Gleich links betritt man durch eine Tür das Ankleidezimmer (Apodyterium) mit geriffeltem Tonnengewölbe. An drei Seiten finden sich Bänke und Ablagenischen. An der Rückwand gibt es eine Schale und eine Wanne, die zum Säubern von Händen und Füßen dienten, bevor man ins Bad ging. Zwei gegenüberliegende Türen an der Rückseite des Raumes führen links durch ein kleines quadratisches Zimmer in das runde Frigidarium (Kaltbad). Die Kuppel über dem Bassin ist mit Meerestieren ausgemalt.

Zurück geht es in das Ankleidezimmer, in dessen Mitte eine Glasvitrine mit den Skelettresten der beiden Wärter stand, die man im Tepidarium (Warmbad) fand. Die Tür an der Hinterwand führt geradeaus in den Heizraum, während die dem Eingang zum Frigidarium gegenüber liegende Tür in das Tepidarium führt. Der Boden, der mit Kanälen untertunnelt ist, die dem Heißluftumlauf dienten, ist teilweise unter der

Das Frauenbad. Im Umkleideraum befindet sich eine vorspringende Kleiderablage

Last des Schlammes eingesunken. Hier sehen wir ein **Mosaik,** das sich im Frauenbad wiederholt: **Triton, von Delfinen begleitet.** Das Calidarium (Heißbad) hat das übliche Becken für das heiße Wasser und eine Schale für kaltes Wasser. Das Gewölbe ist teilweise eingestürzt. Man kann auch hier die Röhren für die Beheizung erkennen.

Man geht nun den gleichen Weg zurück durch die Palästra. Ganz links war eine abgeteilte Fläche, die wahrscheinlich für Ballspiele diente und die auch einen besonderen Eingang hatte. Neben dem Raum rechts, dem Umkleideraum für die Palästra, verlassen wir durch den Eingang 6 die Thermen, wenden uns nach links, betreten dasselbe Haus wieder durch den Eingang 7 und sind im Vorraum des **Frauenbades**. Durch den Raum für die Wärterin kommen wir nun in das Ankleidezimmer. Es ist wie überall im Vergleich zu den Räumen eines Männerbades kleiner gehalten, aber **von intimerer Atmosphäre.** Der Fußboden zeigt ein ähnliches Mosaik wie das schon erwähnte im Männerbad. Das darauf folgende Tepidarium hat einen feinen Mosaikboden mit Mäanderband. Der nächste Raum ist das Calidarium (Heißbad), in dem wir wiederum ein Becken für das heiße Wasser

Die beheizte Wanne über die ganze Länge des Raumes, die man über eine Stufe betreten konnte

Der Mosaikfußboden zeigt Triton, die Meeresgottheit mit Fischunterleib, von Seegetier begleitet. Triton war der Sohn von Poseidon und Amphitrite (s. Bild auf S. 151)

und den Sockel für das fehlende „labrum“, das Becken für kaltes Wasser zum Abspülen, finden. An den Wänden sind Ruhebänke angebracht.

Wir verlassen das Frauenbad auf dem gleichen Weg und sind auf dem Cardo IV. Der Eingang 10 des gleichen Hauses führt in das Praefurnium, den Heizraum des Bades. Die Kessel sind bei den ersten Ausgrabungen leider weggeschafft worden. Man kann auch die beiden Brunnen erkennen, aus denen mit einem Schöpfwerk das Wasser für die Bäder genommen wurde. Interessant ist hier auch die Überdachung des Gehwegs. Die Thermenanlage in Herculaneum gehört in ihrer Erhaltung und Wirklichkeitsnähe zu den besten und typischsten, die uns aus der Antike unverfälscht überkommen sind.

Weiter auf dem Cardo IV schließt sich an die Thermen die **Casa del Salone Nero** (12), das Haus mit dem schwarzen Salon, an. Die Casa hat ein fein gegliedertes Atrium und einen Saal, auf dessen schwarzen Wänden Dekorationen angebracht worden sind.

Am Ende der Insula stößt man wieder auf eine Querstraße, den Decumanus Maximus. Rechts kommen wir an die **Casa del Bicentenario** (13), Haus der 200-Jahrfeier, im Jahre 1938 aufgefunden. Ein schönes Holzgitter ziert den Abschluss des Atriums; das Tablinum ist mit mythologischen Wandmalereien („Daedalos und Pasiphae“, „Mars und Venus“) und einem schönem Fußboden ausgeschmückt. Im Obergeschoss (meist wohnten hier die Sklaven und Dienstboten) fand man in einem kleinen Raum ein Holzkreuz und darunter einen Schrank, der als Altar gedient haben mag - das älteste erhaltene Zeugnis für das Benutzen eines Kreuzes als christliches Symbol.

In der Nähe befindet sich das **Sacello degli Augustali**, das Heiligtum der Augustalier. Dieser, dem Kaiserkult geweihte Tempel, steht in der vor nicht langer Zeit ausgegrabenen Zone. Er besitzt einen mit einer Laterne ausgestatteten Saal; an den Wänden gibt es Freskenmalereien von Herkules, Minerva und Juno sowie von Neptun und Amphitrite.

Wir kehren zurück über den Decumanus Maximus zum Cardo IV, um auf der (jetzt) linken Straßenseite zunächst die **Casa del Bel Cortile** (14), das Haus des schönen Hofes, zu besuchen, in der einige Räume sehr einfach, andere dagegen sehr reichhaltig ausgestattet sind. Der Hof hat eine wunderschöne Treppe und einen Mosaikboden.

Es folgt die **Casa del Mosaico di Nettuno e di Anfitrite** (15), das Haus mit dem Mosaik von Neptun und Amphitrite. Im Erdgeschoss gibt es zunächst einen großen Laden, sicher den reichsten und vollständigsten, der aus dem Altertum erhalten blieb! Die Ladentheke, die Warenregale mit den Amphoren für Öl und Wein, ein Herd, ein Ausguss – kurz, alles ist so erhalten, wie es war, als am Tag der Katastrophe der letzte Kunde aus dem Laden flüchtete. Dieser Laden muss seinen Mann ernährt haben, denn das dazugehörige

Mosaik aus dem Haus des Poseidon und der Amphitrite, dem Weinhändlerhaus „Casa di Nettuno"

Haus weist an Luxus- und Kunstgegenständen unerwartete Stücke auf. Vor allem ist es der kleine innere Hof, dessen Ausstattung Bewunderung verdient. Der Tisch des Triclinums steht im Freien. Die Hinterwand nimmt ein Nymphäum auf mit einer halbrunden Nische, flankiert von zwei rechteckigen Wandeinlässen, in denen Statuen gestanden haben müssen. Ringsum ist ein Glaspastenmosaik von wunderbarer Erhaltung. Theatermasken sind an den Wänden aufgehängt, griechische Sammlerstücke. Daneben, an der anderen Wand, **das bekannte Mosaik mit Neptun und Amphitrite**, umgeben von Rankenwerk und Wandmalereien. Es ist eines der wichtigsten überkommenen Kunstwerke dieser Art aus der Antike!

Die daneben liegende **Casa del Mobilio Carbonizzato** (16), das Haus mit den hölzernen Möbeln, ist ein kleines, aber vornehmes Gebäude. Vom Hausflur aus hat man einen hübschen Blick auf ein kleines Laren-Tempelchen. Rechts vom Flur liegt der Hauptraum, das Triclinum, mit vielen hübschen kleinen Bildern an der Wand. Ein dreifenstriges Zimmer nach der Hofseite wirkt besonders anmutig. Hier finden wir ein kostbar gearbeitetes Liegebett oder Speisesofa, einen Holztisch sowie Trink- und Essgeschirre.

Das Nachbarhaus, die **Casa del Telaio**, das Haus des Webstuhls, ist im Gegensatz zu den vornehmen Patrizierwohnungen das Haus eines einfachen Handwerkers. Man fand hierin die Reste eines Webstuhls.

Das samnitische Haus

Im Gegensatz dazu steht die **Casa Sannitica** (17), das samnitische Haus. Sie gilt als **Musterbeispiel für eine Hausanlage im samnitischen Stil,** für den das wunderschöne Atrium mit den hübschen Arkaden typisch ist. Die eigentlichen Wohnräume lagen hier ausnahmsweise im ersten Stock. Auch in diesem Haus waren Umbauten vorgenommen worden, um Zimmer vermieten zu können. In Vitrinen ausgestellt sind einige hier gefundene Gegenstände, von der Statuette einer Venus bis hin zu einem verkohlten Brötchen. Einen Raum schmückt die **Wandmalerei „Entführung der Europa"**.

Wir biegen an der Kreuzung nach links ein in den Decumanus Inferior und kommen an der **Casa del Gran Portale** (18), dem Haus mit dem schönen Portal, vorbei. Es hat halbe Säulen aus Backstein als Eingangsdekoration. Die Säulen mit korinthischen Kapitellen sind von geflügelten Niken gekrönt und tragen einen Architrav (Querbalken). Zu den schönsten Malereien des Hauses zählt die Wand eines kleinen Ruheraumes am Innenhof, die sogenannte Blaue Wand.

Auf der gegenüberliegenden Straßenseite haben wir die Häuser mit einer Getreidehandlung (IV, 10-11) und das eines Weinhändlers (IV, 12-13) sowie einen Laden (IV, 15-16). Dieser ist **das größte Geschäft,** das man bisher in Herculaneum fand. An der Kreuzung der beiden wichtigen Straßen und dem öffentlichen Brunnen muss es eine ausgezeichnete Lage gehabt haben. Die ganze Ausstattung zeugt davon. Nach den gefundenen Resten wurden hier Gemüse, Getreide und andere Lebensmittel verkauft.

Der Brunnen, der an der Straßenkreuzung Decumanus Inferior/Cardo V steht, wird nach dem Mascherone, aus dessen Mund das Wasser sprudelt, **Neptunsbrunnen** genannt.

Wir wenden uns auf dem Cardo V jetzt nach links. Das Eckhaus ist die **Casa con Giardino**, das Haus mit dem Garten, danach die **Casa del Sacello in Legno** (19), das Haus des Holztempelchens. Der langgestreckte Grundriss birgt eine

Die „Casa del Gran Portale" mit geflügelten Niken in den korinthischen Kapitellen

bescheidene Wohnung mit den Resten der ältesten Dekoration in den kleinen Häusern aus republikanischer Zeit. In dem gewölbten Raum rechts vom Torweg, der die Form eines Alkovens hat, befand sich eine Art Holzschrank, der eine Mischung aus Altar und Aufbewahrungsort für die Laren (Hausgötter) war. Im Schrank darunter lagen einige Hausgeräte und Reste von wertvollen Kleidern der Hausherrin.

Das Nachbarhaus ist zwar recht klein, aber typisch: Die **Casa dell`Atrio Corinto** (20), das Haus mit dem korinthischen Atrium. Der vermutlich wohlhabende Besitzer ließ nicht nur den Eingang sorgfältig mit Marmor auslegen, sondern schmückte sein Atrium mit je drei korinthischen Säulen, verkleidet mit rotem und weißem Stuck. In der Mitte befindet sich das Impluvium mit kreuzförmigem Brunnen. Rechts vom Hausflur steht in dem Zimmer mit dem schönen Mosaikboden eine Vitrine, in der Haushaltsgegenstände ausgestellt sind. Das Cubiculum hat schöne Dekorationen an der Decke, und im Raum hinter dem Atrium finden wir Reste der luxuriösen Wandverkleidung, schwarze Tafeln auf roten Sockeln.

Wir kehren um und gehen am Cardo V an kleinen Häusern und Gassen, die zur Palästra führen, zurück, um im Süden zunächst die **Casa del Relievo di Telefo** (Insula Orientalis 21), Haus des Reliefs, zu besichtigen. Das Haus hat einen winkeligen Grundriss. Zusammen mit einer Einliegerwohnung und einem Garten, der bis zum Vicolo reicht, ist es eines der größten Häuser in Herculaneum. Das Relief gleich am Eingang stellt ein Quadriga-Rennen dar. Man setzte es aus Bruchstücken zusammen, die an verschiedenen Orten im Haus und auch an der Straße Cardo V entlang gefunden wurden, vermutlich von einem öffentlichen Gebäude stammend und von dem zerstörenden Lavaschlamm mit fortgerissen. Das Atrium wirkt sehr anmutig mit seiner Säulenumrandung; hübsche Marmormasken (Oscilla) mit Theater- und Satyrdarstellungen haben einmal dazwischen gehangen. Ein Peristyl umzieht den Garten, von dem reichgeschmückte Räume abgehen, darunter der Marmorsaal mit einem farbigen Fußboden und kolorierten Wänden. In einem anderen Raum findet sich die Nachbildung des Telephos-Reliefs (neuattisch).

Das Nebenhaus, die **Casa della Gemma** (Insula Orientalis 22), hat seinen Namen nach einer hübschen Gemme aus claudischer Zeit, die hier gefunden wurde. Das Atrium zeigt eine hervorhebenswert schöne rot-schwarze Ausschmückung. Die Küche des Hauses ist außergewöhnlich gut erhalten; auf der Latrine zeigt eine Inschrift, dass bereits damals auf Toilettenwände gekritzelt wurde.

Der Cardo V endet an der Porta Marina. Dahinter steht das mit Stuckarbeiten und Malereien dekorierte Eingangstor zu den **Terme Suburbane**, die im Inneren reich mit Marmor- und Reliefarbeiten ausgestattet sind.

Gegenüber der Casa della Gemma liegt die **Casa dei Cervi** (23). **Das Haus der Hirsche** ist das größte Herculaneums; es wird oft als **das prächtigste** bezeichnet. Es ist im Aufbau ungewöhnlich: Sein Atrium ist vollständig überdacht und wirkt wie ein Vorraum. Daneben gibt es ein Triclinum und einen Gang, der zu den inneren Gemächern des Hauses führt, den Vorratsräumen, der Küche und der Latrine

Dem Einfallsreichtum an Ornamenten und Mustern bei Mosaikfußböden war keine Grenze gesetzt - ein Erbe der griechischen Siedler

und über eine Treppe zu den oberen Räumen, in denen die Sklaven untergebracht waren.

Der für seine Zeit revolutionäre Porticus hat keine Säulen mehr, sondern umläuft wie ein Gang mit Fenstern den Garten. Das große Triclinum ist sehr schön ausgemalt und hat einen durchaus modern wirkenden Fußboden, der aus verschiedenen Marmorsorten besteht. In den daneben liegenden Wohnräumen sind mehrere Funde zu betrachten: die Gruppe der von Hunden angefallenen Hirsche, Satyr mit Weinschlauch, betrunkener Herkules. An den Wänden stellen verschiedene Malereien spielende Amoretten dar. Der südliche Teil des Hauses zeigt eine Pergola und eine freie Terrasse (Solarium), von der man den Blick auf den Golf genoss.

Wir stoßen nach der Besichtigung dieses bedeutenden Hauses wieder auf die Zufahrtstraße und kehren zum Eingang zurück.

Tour 5

Die Phlegräischen Felder

Campi Flegrei (brennende Felder)
nennt man das Gebiet, das den Golf von Neapel nach Norden hin abschließt. Hier gab es auf dem unruhigen vulkanischen Boden einst Kulturen, die viel älter sind als Neapel. Es brannte die Erde nicht nur durch die Auswirkungen des Vulkanismus, sondern auch bildlich, weil auf diesem Gebiet immer wieder die Völker und Kulturen zusammenstießen, die sich in dem fruchtbaren Land Kampaniens ansiedeln wollten. Die alte **Via Domitiana** durchzieht dieses Gebiet. Die meisten Vulkane der Gegend waren schon zu vorgeschichtlicher Zeit erloschen, andere verharren in einem postvulkanischen Zustand, wieder andere erloschen zu geschichtlicher Zeit wie der Monte Epomeo auf Ischia.

Dass aber dem Frieden nicht zu trauen ist, sagte schon Goethe 1787; für ihn waren die Felder „unterm reinsten Himmel der unsicherste Boden... Siedende Wasser, Schwefel aushauchende Grüfte, dem Pflanzenleben widerstrebende Schlackenberge, kahle widerliche Räume, und dann doch zuletzt eine immer üppige Vegetation, eingreifend, wo sie nur irgend vermag, sich über alles Ertötete erhebend um Landseen und Bäche umher, ja den herrlichsten Eichenwald an den Wänden eines alten Krater behauptend". Auch Kupferstecher Matthäus Merian (1593-1650) hörte am Rand des Kraters Solfatara „der Feuerflammen Rauschen" und meinte, „etliche Leute bedünkt, als stünden sie auf der Höllen Dach".

Für Goethe waren die Felder „ unter reinstem Himmel der unsicherste Boden"

Den Argwohn bestätigt auch der plötzliche und unvermittelte Ausbruch des **Monte Nuovo** 1538, der sich mit der Eruption zu einem 140 m hohe Berg herausbildete.

Wie kommt man zu den Campi Flegrei?

Wie nach den archäologischen Zentren im Süden von Neapel, Pompeji und Herculaneum gehen auch hierher von Neapel aus organisierte **Touren mit bequemen Bussen.** Dies ist die einfachste Art, dorthin zu kommen, und wegen der weit auseinander liegenden Orte auch die beste für Reisende, vor allem, wenn sie kein eigenes Fahrzeug haben. Das Taxi mit einem deutschsprechenden Fahrer, etwas teurer, aber durchaus erschwinglich, ist die individuelle Möglichkeit für diese Tour. Aber auch mit dem Mietwagen kann man die Fahrt leicht unternehmen.

Die Vorortbahn,
die Ferrovia Cumana, die in Neapel vom Bahnhof Stazione Cumana in der Nähe des Corso Vittorio Emanuele abgeht, sollte man nur benutzen, wenn man lediglich die Orte besuchen will, die direkt an der Bahnlinie liegen, beispielsweise Bajae (Baia), den Lucriner See (Lago Lucrino), Fusaro oder Pozzuoli. Die anderen Orte (z.B. Cumae) liegen oft weit von den nach ihnen genannten Haltestellen entfernt. So sind es zum sehenswerten Arco Felice ganze 5 km Luftlinie von der gleichnamigen Haltestelle, und der erstaunte Reisende erfährt, dass sich die Haltestelle nach dem Strandbad „Lido di Felice" so nennt, das hier liegt! Nach Pozzuoli und zur Solfatara gehen

Linienbusse
vom Zentrum aus. Ebenfalls vom Hauptbahnhof aus, genauer von der Piazza Garibaldi, fährt in kurzem Abstand die „Metro" die beiden Orte an. Und auch mit der „FS-Bahn" kommt man von der Station Montesanto (Bahnhof rechts hinter der Kirche bei der Funicolare oder vom Hauptbahnhof aus) ans gewünschte Ziel.

Eintrittsgelder werden nur teilweise erhoben; die Öffnungszeiten sind hier meistens von morgens 9 Uhr bis eine Stunde vor Sonnenuntergang, manchmal auch nur bis 13 Uhr. Bei den Zisternen Centro Camerelle und Piscina Mirabilis muss man nach dem Wächter manchmal suchen, damit er aufschließt.

Wegen des durch den Vulkanismus unruhigen Bodens muss man damit rechnen, dass einzelne Sehenswürdigkeiten zeitweise gesperrt sind. Am besten besorgt man sich, wenn man die Besichtigungsfahrt allein unternimmt, vorher entsprechende Informationen.

Wieviel Zeit braucht man?
Für die Besichtigung dieses Gebiets benötigt man, wenn man ein Auto zur Verfügung hat, einen knappen Tag.

Beim **Kurzbesuch** (z.B. halber Tag) sollte man sich unbedingt ansehen: **Solfatara, Amphitheater und Macellum in Pozzuoli, Lago Averno, Grotte der Sibylle, Piscina Mirabilis und/oder Centro Camerelle.**

Eine Rundfahrt

Mit dem Auto fährt man in Neapel die Riviera di Chiaia am Stadtpark „Villa Communale" vorbei, durchquert den Straßentunnel unter dem Posillipo, kommt am Stadion S. Paolo, der Ständigen Übersee-Ausstellung „Mostra d'Oltremare", dem Teatro Mediterraneo und dem Vergnügungspark „Edenlandia" vorbei. Die Viale Kennedy führt schließlich als Ausfallstraße nach Pozzuoli (gut ausgeschildert). Kurz hinter dem Berg Posillipo bereits erkennt man die Hügellandschaft der Vulkane, denen die Phlegräischen Felder ihren Namen verdanken. Bald, nachdem man die „Mostra d'Oltremare" hinter sich hat, biegt eine Straße nach rechts ab, die zu den Thermen von Agnano führt (1,5 km).

Der **Krater von Agnano** ist schon lange erloschen. Vor rund tausend Jahren bildete sich in ihm ein See, den man um 1870 trocken legte und in dem man dann die Pferderennbahn (Ippodromo) von Neapel baute (1). Am Rand dieses Kraters sprudeln aus versumpftem Boden mehr als 70 Quellen, deren Temperatur und chemische Zusammensetzung verschieden ist. Bereits die Römer bauten hier eine Thermenanlage, die der neuzeitlichen fast genau gegenüberliegt. Sie ist terrassenförmig angelegt, und man kann neben den Baderäumen (Kalt-, Warm- und Heißbäder) auch „Laconica" erkennen, das sind Schwitzräume, die den natürlichen Wärmeofen des Vulkans als Heizung ausnutzten. Man hat hier bei den Ausgrabungen einige Skulpturen gefunden, die heute in den Anlagen der neuen Thermen ausgestellt sind. Wegen der vielen Umbauten bis in das Mittelalter ist das historische Interesse an diesen Anlagen geringer als ihr geologisches.

Die blubbernde Solfatara

In der Nähe befindet sich die **Grotta del Cane**, die **Hundsgrotte**. Sie hat ihren Namen deshalb, weil kleinere Tiere wie Hunde in ihr ersticken: Die ausströmende Kohlensäure ist schwerer als Luft und setzt sich am Boden der Höhle in einer Höhe von etwa 30 cm ab.

Ungefähr 2 km weiter kommt man an einen ebenfalls längst erloschenen **Krater**, **Gli Astroni**, mit einem kleinen, oft ausgetrockneten See und üppiger Vegetation.

Zurückgekehrt zur Straße nach Pozzuoli hat man bald darauf einen schönen Blick auf **Bagnoli**, ein **Thermalbad** (1) mit Salz- und Schwefelquellen am Golf. Man sieht ebenfalls von hier aus auf die **Insel Nisida**, die mit dem Festland durch einen Damm verbunden ist. Das Gebiet ist als militärisches Sperrgebiet nicht zugänglich. Die einstmals herrliche Umgebung mit gutem Strand ist heute durch die direkt angrenzenden Stahlwerke zwar ein produktiver Landstrich, keinesfalls aber dadurch schöner geworden.

Auf der linken Seite finden wir nun, wenn wir über die Via Solfatara kommen, die **Kirche San Gennaro** aus dem Jahre 1574, nahe dem Hinrichtungsort des Bischofs von Pozzuoli, dem Heiligen Januarius (ital. Gennaro). Er war mit zwei weiteren Christen im Jahre 305 dazu verurteilt worden, im Amphitheater von Pozzuoli den wilden Tieren vorgeworfen zu werden. Nach der Legende haben die Bestien die Männer jedoch nicht angerührt; in Wirklichkeit konnte wegen der Abwesenheit des Statthalters das Todesurteil nicht in der Arena vollstreckt werden, und man änderte es ab in Enthauptung, die hier erfolgte. Das aufgefangene Blut verflüssigt sich durch ein Wunder regelmäßig im Mai. Januarius wurde heilig gesprochen und zum Schutzpatron Neapels erhoben. In der Kirche sieht man einen Stein mit einem

Das „Forum der Vulkane"

Eine Schwefelkuppe

dunkelbraunen Flecken, dem Blut des Heiligen. Wenn sich das Blut im Dom von Neapel in den Ampullen verflüssigt, färbt sich der Fleck auf dem Stein lebhaft rot.

Gleich hinter der Kirche, rechts, ist die Zufahrt zur **Solfatara**, nicht zu Unrecht das „Forum der Vulkane" genannt. In diesem großen Kraterrund, der zum Teil bewaldet ist und einen vorbildlichen, zu einem der schönsten Italiens zählenden Campingplatz beherbergt, haben wir einen aktiven Vulkan im typischen Spätzustand seiner Tätigkeit, eben in dem namengebenden Solfataren-Zustand. Die Besichtigung dieses Kraters ist **wegen seiner geologischen Einmaligkeit in Europa hochinteressant!** Man kann auf gesicherten Wegen allein durch den Krater spazieren, doch das Entgeld für einen - deutschsprachigen - Führer lohnt sich unbedingt, da er den Interessierten bis nahe an die blubbernden Schlammlöcher auch innerhalb der Absperrungen heranbringt, die Naturphänomene wirkungsvoll demonstriert, Erklärungen zur Geologie und Geschichte abgibt und auch auf die Pflanzenwelt (z.B. seltene Orchideen) aufmerksam macht.

Im Sommer gibt es **nächtliche Illuminationen**, zu der aber nur geschlossene Gruppen zugelassen werden.

Unmittelbar an der Straßengabelung am Ortseingang nach Pozzuoli (links ins Zentrum, rechts Richtung Cumae) liegt das **Amphitheater von Pozzuoli** (2). Das Amphitheater Flavium ist das drittgrößte aus der römischen Epoche und steht in seinen Abmessungen mit 149 x 116 m dem Colosseum in Rom und dem Amphitheater in Capua nur wenig nach. Während die Ränge dieses Theaters aus der flavischen Zeit, die bis 40 000 Menschen fassen konnten, durch Steinraub im Mittelalter schwer mitgenommen sind, haben **die unterirdischen Anlagen,** die in hervorragendem Erhaltungszustand sind, Anspruch auf höchstes Interesse. Sie waren im Mittelalter durch die Ausbruchsmassen der umgebenden Vulkane, die der Regen hineingespült hatte (nicht durch die Ausbrüche selbst, wie Fremdenführer gerne erzählen), und die Schuttmassen seiner Galerien vollkommen verschüttet gewesen. Im 19. Jahrhundert wurde der Schutt entfernt und die unteren Teile des Theaters freigelegt. Man bekommt in den unterirdischen Gängen mit den Nischen für Käfige, den Räumen für die Akteure und die einst durch Eichenbohlen verdeckten Durchbrüche in die Arena ein lebendiges Bild von dem komplizierten Mechanismus der römischen Zirkuskunst bei den Tierhetzen und Kampfspielen. Bevor im großen Amphitheater die unterirdischen Anlagen gebaut wurden, konnte es durch eine Abzweigung von der Wasserleitung nach Pozzuoli für Schiffsspiele (Naumachien) über-

Das Amphitheater von Pozzuoli

flutet werden. Diese Art der Zirkusspiele verlor später durch die Tierhetzen, die jene unterirdischen Anlagen erforderten, an Interesse.

Im Eingang steht in einer Apsis für eine Brunnenschale eine Poseidonstatue, die man im Hafen von Bajae fand. Im Garten des Theaters liegen noch Sarkophage und Grabmale herum. Übrigens befindet sich ein zweites älteres Amphitheater etwa 100 m entfernt, das man verfallen ließ, als das neue größere erbaut war. Beim Bau der Bahnlinie Rom –Neapel stieß man auf die Reste dieses Gebäudes, von dem heute in der Nähe der Bahnüberführung noch einige Stützmauern mit Bogen zu erkennen sind.

Man kann nun die Straße in Richtung Cumae fahren und die Besichtigung von dort aus unternehmen, um auf dem Rückweg den unteren Teil Pozzuolis zu besuchen. Vom Theater aus biegen wir an der Straßengabelung ab, nach Pozzuoli hinein. Durch enge und schmuddelige Straßen kommen wir in die Altstadt von

Pozzuoli (2).

Touristen-Information:
Azienda Autonomo di Cura Soggiorno e Turismo,
80078 Pozzuoli,
Via Campi Flegrei 3,
Tel.: 081/5265068,
Fax: 081/5261481.

Im 6. Jahrhundert v. Chr. von politischen Flüchtlingen aus Samos gegründet, wurde die Stadt bald ein wichtiger und reicher Handelshafen. 194 v. Chr. kam „Puteoli“ aufgrund der vielen Schwefelquellen der Umgebung unter römische Herrschaft und gewann an Bedeutung als Hafen, der lange Zeit der wichtigste in Italien überhaupt war. Es stand, wie heute noch vielfache Funde beweisen, mit allen damals bekannten Gebieten der Welt in Handelsverbindung. Der Stern der Stadt sank, als Kaiser Claudius den Hafen von Ostia bei Rom anlegte (1. Jahrhundert n. Chr.).

Nur durch diesen enormen Reichtum lassen sich die Anlagen aus der antiken Zeit erklären, wie das prachtvolle **Macellum,** die mächtigen **Aquaedukte** und die **Theater.** Im Mittelalter verfiel die Stadt und stand, nachdem der Warenumschlag im Hafen zurückgegangen war, weit hinter Neapel zurück. Heute sind viele neue Industrien hierher verlegt worden, und neue Siedlungsgebiete werden die alten verrufenen Elendsquartiere, die der Stadt ein typisches Aussehen gaben, ablösen.

Das **Hafenviertel** von Pozzuoli, von einem wimmelnden Leben angefüllt und mit ebensoviel Schmutz, ist mit seinen engen Gassen, der ewig flatternden Wäsche und dem geräuschvollen Wochenmarkt das, was sich der Fremde unter Neapel vorstellt, aber nur noch selten findet.

Pozzuoli ist übrigens von Neapel völlig getrennt und kein Vorort, sondern ein selbständiger Ort von fast 65 000 Einwohnern; die berühmteste „Tochter“ der Stadt dürfte **Sophia Loren** sein, die hier geboren wurde.

Auf ganz andere Art berühmt ist das Wahrzeichen der Stadt, das **Macellum.** Dieser in der Nähe des Meeres gelegene Marktplatz mit den antiken Säulen hebt und senkt sich in markanter Weise. Noch in den 60-er Jahren stand er unter

Pozzuoli:
das Macellum

Wasser; dann begann in einer Gegenbewegung die Hebung des gesamten Küstenabschnittes (Bradiseismos). 1970 waren diese seismischen Bewegungen so stark, dass große Teile von Pozzuoli zwangsweise geräumt wurden.

Aber nicht nur geologisch ist das Macellum interessant; es war wohl eine der prächtigsten Marktanlagen der Antike. Es bildete eine rechteckige Fläche mit einer Apsis. In der Mitte stand eine von Säulen umgebene Rotunde, während der von einem Peristyl umstandene Umgang Läden und Magazine enthielt. Vor der Apsis, die das Ende einer Cella war, stehen noch drei von ehemals vier gewaltigen Säulen, eben die, die als „historischer Pegel" dienen. In dieser Cella befanden sich die Statuen von Gottheiten und Kaisern. Eine Statue, in der man die ägyptische Gottheit Serapis zu erkennen glaubte, gab der ganzen Anlage im 18. Jahrhundert fälschlicherweise den Namen Serapidum oder Serapistempel. An der Nordseite lagen zwei große reich ausgestattete Räume an den Ecken, vielleicht so etwas wie eine Börse. Vor diesen Räumen liegt das wohl eigenartigste Bauwerk dieser Anlage, nämlich ein Vorraum mit Nischen und aufgemauerten Bänken mit durchbrochenen Marmorsitzen. Darunter waren Abflußkanäle. Sie waren nichts anderes als eine große moderne WC-Anlage.

Von den **Bauten des alten Hafens** ist vor allem die große Mole zu erwähnen, die den Hafen gegen den Südwind schützen mußte. Reste davon wurden vor gut dreißig Jahren durch die neue Molenanlage überbaut. Von Pozzuoli aus fahren mehrmals täglich Schiffe nach Procida und Ischia. Auf der Mole bieten Fischer ihren Fang an. In Blech- und Plastikschüsseln liegen säuberlich sortiert die verschiedenen Fische und mehrere Sorten Muscheln, die hier lebend vor dem Kauf probiert werden, um festzustellen, ob sie frisch und wohlschmeckend sind!

In der Oberstadt steht die **Kathedrale** aus dem 9. Jahrhundert, mit vielen Umbauten aus späterer Zeit, die an der Stelle des einstigen Augustus-Tempels errichtet wurde.

Von dem Tempel sind nur noch an der Ostseite der Kirche ein Fries mit Architrav und sechs korinthischen Säulen sowie einige Inschriften sichtbar, die besagen, dass das Bauwerk zu Ehren des Augustus errichtet wurde, gestiftet von einem reichen Bürger und erbaut von dem Architekten Cocceius, auf dessen Werke wir in Cumae erneut treffen.

Restaurants:

„La Cucina Flegrea".
Es ist keine gewöhnliche Pizzeria, sondern eine Pilgerstätte für die Fans der gebackenen Teigfladen - probieren Sie einmal die Pizza mit wildem Lattich! Und es gibt auch großartige Fischgerichte (mit kampanischen Weinen). Höhere Preisklasse.
Via Monterusciello 20. Tel.: 081 / 5 24 74 81.

„Grottino a ´mmare",
solide, einheimische Küche. Preiswert.
Via dell´Emporio 35-37 (im Hafen). Tel.: 081 / 5 26 24 80.

Von Pozzuoli fahren wir nun weiter, die **neue Via Domiziana** entlang. Unmittelbar hinter dem Ort biegt rechts **die antike Via Campana** ab, an der die **Nekropole von Puteoli** mit unzähligen, teilweise wohlerhaltenen **antiken Grabanlagen** liegt. Dann biegen wir etwa 2 km hinter dem Ort links ab in Richtung Baia-Bacoli. Rechts sieht man den über 100 m hohen **Monte Nuovo** (3), der 1538 durch eine Eruption innerhalb von zwei Tagen entstand und dann sofort wieder erlosch. Sein 80 m tiefes Kraterloch ist heute bewachsen. Der Ausbruch veränderte die Gegend vollkommen. Der Lucriner See wurde weitgehend verschüttet, Quellen versiegten, und an anderer Stelle füllte das Grundwasser Senkungen und Grotten. Hinter dem Monte Nuovo, unmittelbar vor dem Lago Lucrino, biegen wir rechts ab zum

Averner See (5).

Dieser Kratersee mit einem Umfang von rund 3 km galt als Eingang zum Hades (Unterwelt). Kaiser Agrippa ließ ihn durch einen Kanal mit dem Lucriner See verbinden und machte ihn damit zu einem besonders geschützten Hafen für seine Flotte. Der Ausbruch des Monte Nuovo ließ alle diese Anlagen verschwinden. In den Berichten der Alten herrschte hier am See der Gott der Unterwelt, und selbst Vögel, die den See überflogen, fielen tot vom Himmel (Vergil, Äneis, 6. Gesang). Es mag sein, dass starke Kohlensäureausströmungen (Mofetten) das Leben in und über dem Wasser unmöglich machten; jedenfalls ist dieses Phänomen heute, wahrscheinlich durch Niveauveränderungen, verschwunden.

Der Lago Averno galt in der Mythologie als Eingang zur Unterwelt

Wenn man an den See kommt, so sieht man rechts die Reste einer großen antiken **Thermenanlage,** die hier errichtet wurde, um die heißen Quellen und Fumarolen, die im reichen Maße hier dem Boden entströmten, für die so beliebten dampfenden Bäder auszunutzen. Der Gebäudekomplex muss ein eindrucksvoller Kuppelbau gewesen sein, mit einem Durchmesser von 38 m nur wenig kleiner als das Pantheon in Rom. Der Volksmund gab ihm den Namen **Apollo-Tempel,** weil in der Vorstellung des Volkes jeder große Bau der Antike ein Tempel sein musste. Durch den Bradiseismos und den Ausbruch des Monte Nuovo sowie den damit erfolgten Verschiebungen sind heute die Quellen der Anlage versiegt.

Nicht weit von diesem Bau trifft man auf den Eingang zur Pseudo-**Grotte der Sibylle** (4), einer Höhle, die **auch Grotta Romana genannt** wird. Sie stößt vom Ufer des Sees aus auf den Lucriner See zu. Das gewölbte Innere ist aus dem Tuff des Hügels gegraben und braucht keine Vermauerung oder Abstützung. Die Decke ist vom Qualm der Fackeln geschwärzt. Vermutlich stellte der Tunnel eine Verbindung zum Lucriner See dar; er ist infolge des Bradiseismos abgesunken und endet im Ungewissen, weil seine Gänge nach ein paar hundert Meter durch Grundwasser überflutet sind. Seinen Ausgang hat man bis heute noch nicht gefunden. Ein Arm des Tunnels biegt nach rechts ab, der mit einer Treppe zu einigen Räumen führt, deren Verwendung unklar ist. Sie sind ebenfalls teilweise im Grundwasser versunken. Die örtliche Überlieferung sieht noch heute in dieser Höhle das, wofür sie lange Zeit allgemein galt, für die Kulthöhle der Sibylle von Cumae. Nach der Entdeckung der authentischen Höhle unter der Akropolis von Cumae 1932 erwies sich diese Annahme als unhaltbar. Die Grotte ist nicht mehr zugänglich.

Fast gegenüber dieser Grotte geht ein weiter Tunnelgang ab, der den Averner See mit Cumae verband, die **Grotte des Cocceius oder Grotta Pace.** Diese Grotte diente im Krieg der Lagerung von Munition.

Wir fahren nun zurück und biegen am Lucriner See nach rechts ab in Richtung Baia. Der

Lucriner See (4)

ist heute nur noch ein Bruchteil des alten Sees, der durch seine Fisch- und Austernzucht berühmt war. Der Ausbruch des Monte Nuovo verschlang das Dorf Tripergole am Ostufer des Sees und verschüttete die antiken Thermenanlagen und Villen. Auch die alten Hafenanlagen, der Kanal zum Meer und die Bauten der römischen Kaiserzeit verschwanden spurlos. Heute dient dieser See wie vor 2000 Jahren der Zucht von Muscheln und Austern, wie die vielen strohseilumwundenen Pfähle an seinem Ufer verraten.

Am Südende des Sees liegen die spärlichen Reste einer Anlage für Schwitzbäder aus der Antike, denen das Volk in

Erinnerung an den hier lange ansässigen Kaiser Nero den Namen **Stufe Nerone**, die Öfen des Nero, gegeben hat. Sie bildeten einen Teil der großzügigen Thermenanlage, die den ganzen Hügelhang zum Lucriner See bedeckte und mehrere Stockwerke übereinander aufwies. Erosion und Straßenbau haben jede Spur dieser Anlage vernichtet, nur die Stufe Nerone, einige Reste von Mauern aus dem „Opus Reticulatum" (röm. Ziegelsteine) unweit des Ufers blieben erhalten. In ihnen strömten Fumarolen ihren Dampf aus und bildeten ein natürliches Dampfbad. Wenig weiter erreichen wir den Ort

Baia (6),

das antike Baiae. Im Altertum entwickelte es sich vom Hafenvorort von Cumae zu einem Luxus- und Modebad ersten Ranges in der Kaiserzeit.

Der Sage nach hat der Ort seinen Namen von Baios, einem Gefährten des Odysseus, den dieser hier begrub. Die antiken Badeanlagen sind nur teilweise erhalten, weil weite Strecken des Strandes im Meer mitsamt allen Bauten versanken, als die Küste sich im Zug des Bradiseismos um rund 4 m senkte. Von den landeinwärts gelegenenen **Thermenanlagen**, die auch hier als Tempel bezeichnet werden, sind einige imposante Reste erhalten.

Baiae - Herberge des Lasters

Im antiken Baia blühte der Skandal, und die Berichte der damaligen Zeit von Cicero, Varrus und anderen geben Properz recht, der die Verse schrieb: "O pereat Baiae, crimen amoris aquae!" (O, mögest du verderben, Baiae, mit den Quellen der verbrecherischen Liebe!). Im Zentrum des damaligen sündhaften Lebens stand eine Lebedame namens Clodia, die in der altrömischen Gesellschaft mit Sex-Skandalen für Furore sorgte. Nur die Nachricht vom Mord Kaiser Neros an seiner Mutter Aggripina konnte in den zügellosen Kreisen des Lustbadeortes noch einen Schock hervorrufen. "Herberge des Lasters" war der Kommentar des Philosophen Seneca.

Zwischen der Bahnlinie nach Cuma und dem Hügel dahinter liegt der **Diana-Tempel**, vermutlich ein großes Dampfbad. Er ist ein Rundbau wie die Therme am Averner See; von ihm steht noch etwa ein Drittel des Rundbaus und des Gewölbes.

Der **Merkur-Tempel** dagegen scheint ein Warmbad gewesen zu sein. Sein wohlerhaltener Kuppelbau ist in den dreißiger Jahren restauriert worden. Durch seine Kugelform hatte er eine seltsame Akustik, weswegen man ihm den Beinamen **Tempel des Echos** gab. Auch hier ließ der Bradiseismos das Gebäude versinken, und Schlamm und Regenwasser drangen durch die Fenster ein und verschütteten das Innere. Umfangreiche Ausgrabungen haben in jüngster Zeit hier ein imposantes „Kurviertel" freigelegt.

Der **Venustempel** war ein ebenso prächtiger Rundbau, der an der Straße zum Hafen liegt. Er hatte wahrscheinlich ein Becken für warmes, mineralwasserdurchsetztes Seewasser. Die Wölbung ist eingestürzt, und die Rundmauer ist gespalten, Restaurierungsarbeiten erhalten das, was noch übrig ist, der Nachwelt. Die Quellen aber, die diese Bäder speisten, sind versiegt, und Baia ist heute ein kleiner Hafen für Fischer und den Regionalverkehr.

Die Straße (7) führt durch Baia hindurch und steigt auf nach

Bacoli (8).

Unterhalb der Straße liegt das mächtige **Kastell von Baia**, zur Zeit der Vizekönige zum Schutz gegen die Korsaren auf den Grundmauern einer römischen **Cäsarenvilla** erbaut.

Am Ortsausgang von Bacoli führt eine Straße zu einem römischen Konzertsaalbau, einem Odeon, dem das Volk den Namen **Grab der Agrippina** gab. Es erinnert damit an die Mutter des Nero, die diesem unbequem wurde. Als sie einem fingiertem Schiffbruch auf dem Averner See entging, ließ er sie ein paar Tage später erwürgen.

Von der Ortsmitte in Bacoli führt ein Weg (nicht befahrbar, 10 min zu Fuß), die Via Centrocamerelle, zu den **Cento Camerelle**, den „Hundert Kämmerchen“, einem unterirdischen, unheimlichen Labyrinth. Es handelt sich hier um eine Zisterne, die wahrscheinlich zu einer Kaiservilla gehörte. Sie besteht aus zwei unabhängig übereinander gebauten Anlagen, die in vielen Querstollen, Verbindungskammern und Tonnengewölben ein Zisternensystem gebildet haben muss, das von einem ungeheuren Fassungsvermögen war. Das gesamte System ist bis heute noch nicht vollständig ausgegraben. Es ist durchaus lohnend, mit einem Führer durch die Gänge und Stollen zu gehen (Trinkgeld, da Eintritt frei!); die Cento Camerelle bilden ein eindrucksvolles, unheimliches Labyrinth unter der Erde.

Am Ortsausgang von Bacoli zweigt eine winklige enge Straße (nicht ausgeschildert, schwer zu finden, am besten Einheimische fragen) zu der **Piscina Mirabilis** ab, einer noch gewaltigeren **Zisternenanlage** als die Cento Camerelle. Ein Wächter öffnet den Zugang gegen ein Trinkgeld (offizieller Eintritt wird nicht erhoben, keine Führung). Die Piscina Mirabilis ist wahrscheinlich für den Bedarf der Flotte errichtet worden. Man hat das Fassungsvermögen dieser wunderbar erhaltenen Anlage auf 12 600 qm vermessen. Wegen des reichlich vorhandenen Kalkniederschlages nimmt man an, dass hier das Wasser des Sarno über einen Aquaedukt eingeleitet wurde. Die harte Sedimentschicht hat zusammen mit der haltbaren Vermauerung durch Backsteine, die mit Pozzulan-Mörtel verbunden wurden, dazu geführt, dass man diese Anlage heute ohne große Umstände wieder in Betrieb nehmen könnte.

Nun fahren wir am **Mare Morto** vorbei mit Blick auf **Miseno,** einen kleinen Kriegshafen, der durch das **Kap**

Misenum geschützt wird. Der Sage nach hat der Ort seinen Namen nach dem Trompeter Misenus, einem Gefährten des Äneas. Dieser hatte Misenus hier am Vorgebirge ertrunken aufgefunden, als er der Grotte der Sibylle entstieg, genau wie die Seherin es ihm geweissagt hatte. Tatsächlich hat dieses Kap eine deutliche Ähnlichkeit mit einem monumentalen Grabhügel.

Ein beschwerlicher Weg führt von Miseno aus zur Kapspitze, von der aus man dann allerdings einen wundervollen Ausblick hat.

Wir halten uns rechts und bleiben am Nordufer des **Lago Miseno** (oder Mare Morto), der heute ebenfalls der Austernzucht dient, einstmals aber durch einen Stichkanal mit dem Meer verbunden war und als Hafen für die römische Flotte diente. Man biegt rechts ab, fährt bergan durch den Ort

Säulenreste am Wegrand in Cuma

Cuma: die Grotte der Sibylle

Capella und stößt am Ufer des Lago Fusaro auf den Trakt der **Via Domitiana antiqua.** Links liegt der Ort **Torregaveta** mit den Resten einer römischen Villa. Wir halten uns rechts und fahren am Ostufer des **Lago Fusaro** entlang. Auf einer kleinen Insel steht eine **Villa von Ferdinand IV.**, die Vanvitelli 1782 erbaute. Das Ufer des Sees bildet eine Zone von **Mofetten** (Kohlensäuregas-Quellen), die teilweise 90 °C heiß sind. Wir erreichen

Cuma, römisch Cumae (9),

heute nur noch eine Ruinenstadt, einstmals eine der ältesten und mächtigsten Kolonien der Griechen in Italien. Schon im 8. Jahrhundert als Kyme gegründet, war es ein wichtiges Zentrum von Kultur und Handel Von hier aus wurde Neapolis gegründet. 334 v. Chr. wurde Cumae römisch und verfiel langsam. Im 9. Jahrhundert zerstörten es die Sarazenen, und von da an war es ein berüchtigter Seeräuberstützpunkt, bis das den Neapolitanern zu bunt wurde und sie in einer Strafexpedition 1207 das, was noch übrig war, dem Boden gleichmachten. Dass sie dabei ganze Arbeit leisteten, kann man daran sehen, dass außer dem Amphitheater und der Akropolis kaum noch etwas von der ausgedehnten Stadt zu sehen ist.

Am Fuße des Hügels der Akropolis befindet sich die **Grotte der Cumäischen Sibylle** (9), die man nach langem Suchen 1932 entdeckte, lange nachdem bereits Ausgrabungsarbeiten an der Akropolis im Gange gewesen waren. Der ursprüngliche Eingang, der mit Geröll zugeschüttet war, war durch die Errichtung eines Bäckereigebäudes einfach zugemauert und ein Teil als Weinkeller benutzt worden. Als man von diesem Keller aus den Stollen freilegte, entdeckte man schnell, dass es sich diesmal wirklich um die von Vergil (Äneis, 6. Gesang) und von einem christlichen, unbekannten Schreiber erwähnte und detailliert geschilderte Grotte der Sibylle handeln musste. Ein langer trapezförmiger Tunnel, in dem die Schritte hallen und die Lichtschächte ein seltsames Wechselspiel zwischen Hell und Dunkel verursachen, führen zum „oikus", dem Raum, in dem die Sibylle ihren Orakelspruch fällte.

Zwischendurch bildeten Seitenräume die Wohnung der Sibylle und die Bäder, die zum Ritus gehörten. Man muss diesen Eindruck selbst erlebt haben, um verstehen zu können, von welch` mystischem Zauber diese geheimnisvolle Stätte umgeben war.

Leider fand man in den Anlagen nicht das Geringste, wonach ein genaues Alter hätte bestimmt werden können. So datierte man dann aus historischen Zusammenhängen heraus die Grotte in das 5. bis 3. Jahrhundert v. Chr.

Kurz vor der Grotte befindet sich der Eingang zu einer großen Höhle, der sogenannten **Galeria Romana**, auch römische Krypta genannt. Der römische Architekt Cocceius untertunnelte zur Zeit des römischen Bürgerkrieges (1. Jahrhundert v. Chr.) den Monte Cuma und schuf so eine Verbindung von Cumae durch die Grotte Pace bis zum Averner See. Am Eingang des Vestibüls sind in den Tuff einige der damals verwendeten Werkzeuge eingemeißelt. Wenn man in dieser Höhle steht, muss man sich vorstellen, wie sie erfüllt war von dem lauten Treiben und Leben, dem Geschrei der Fuhrknechte und dem Knarren der Wagen!

Man steigt nun über das antike Pflaster der „Via Sacra", des „Heiligen Weges", auf zur **Akropolis**. Auf halber Höhe gibt es eine Terrasse, umsäumt mit Säulen und Statuen, die bei den Ausgrabungen gefunden wurden, mit herrlichem Blick über das Kap Miseno, Ischia und Procida. Der Weg führt weiter hinauf zur Akropolis. Hier standen zwei große Tempel, die leider nur noch zum Teil erhalten sind. Der eine, nach Osten hin gerichtet, ist der **Apollo-Tempel**, dem Schutzgott

Die Galeria Romana (römische Krypta)

Cumaes und Ratgeber Sibyl'es, geweiht. Mehrfach umgebaut zur Zeit des Augustus und im 5./6. Jahrhundert n. Chr., wurde aus ihm schließlich eine christliche Kirche mit in die Felsen geschlagenen Begräbnisstätten, die deutlich zu erkennen sind.

Der andere Tempel, **Zeus- oder Jupiter-Tempel** genannt, auf dem Gipfel der Akropolis, ist ebenfalls mehrfach umgebaut worden. Zuletzt diente er als Basilika mit fünf Schiffen dem frühchristlichen Gottesdienst; beispielhaft für die Bescheidenheit der ersten Christen sind die einfache Ausstattung und die fast rustikale Ausführung von Altar und Taufbecken. Eine Marmortafel, die bei den Ausgrabungsarbeiten gefunden wurde, trägt den Namen des Hl. Max, dem 1. Märtyrer Cumaes.

Die Aussicht von hier oben ist herrlich, und man kann sich gut vorstellen, dass der prächtige Tempel vom Meer aus oder vom weiten Land her großartig gewirkt hat.

Wir verlassen das Ausgrabungsgebiet von Cumae und fahren zurück; die Straßengabelung führt links zur Nekropolis von Cumae mit einem unbedeutenden Rest des römischen Tempels Tempio dei Giganti, der irgendwann einmal in einen profanen Bauernhof umgewandelt wurde! Auch die Nekropole zeigt sich uns mehr oder weniger als Gärten und Felder, aus denen hie und da einige Mauerreste lugen.

Rechts geht die Via Domitiana durch trockengelegte Sumpfgebiete, die in antiker und mittelalterlicher Zeit immer wieder für Malaria-Epidemien sorgten und die Gegend nahezu unbewohnbar machten.

Die Straße führt am **Amphitheater** vorbei, das ebenfalls kaum erhalten in die Landschaft integriert worden ist. In den Ausmaßen kleiner als das von Pozzuoli ähnelt es in der Bauweise eher dem in Pompeji.

Es folgt der Nordeingang der **Grotta Pace oder** der **Grotte des Cocceius**, die als Tunnel den Averner See mit Cumae verbanden - ein weiterer Gewölbegang, ähnlich wie die „römische Galerie". Kurz darauf überspannt der **Arco Felice** die antike Römerstraße. So wie Cocceius eine verkehrstechnisch wichtige Verbindung zum Averner See schuf, baute man unter Domitian die Römerstraßen, hier die Via Domitiana, aus. Man durchstach einen Hügel und überbrückte die Kluft mit dem Torbogen. Auch wenn es aussieht wie die uns vertrauten Wasserleitungen, handelt es sich im Grunde genommen lediglich um eine Fußgängerbrücke, die die beiden Hügel miteinander verbindet.

Die Straße trifft kurz darauf auf die nach Pozzuoli. Mit einem herrlichen Ausblick auf den Averner See und das Kap Miseno, am Monte Nuovo vorbei schließt die Rundfahrt durch die Campi Flegrei.

Der Arco Felice über der alten Römerstraße

CAPRI

Das überlaufene Kleinod.

„L'isola più bella del mondo" – die schönste Insel der Welt nennen die Einheimischen ihre Insel selbst. Capri ist tatsächlich ein Kleinod vor der „Goldenen Küste", eingefasst vom Lapislazuli des blauen Tyrrhenischen Meeres. Dass ein solcher Ruf nicht ohne Folgen an dieser Insel, die noch vor einigen Jahrzehnten eine stille Idylle war und nur von wenigen Kennern und Künstlern besucht wurde, vorübergeht, ist klar.

Hier legen die Fähren an

Heute ist Capri ein Treffpunkt sowohl für die Schickeria (nur in der Nebensaison), obwohl in dieser Hinsicht die Glanzzeiten vorbei sind, als auch für den Massentourismus. Zuviel Prominenz tummelte sich – künstlerisch oder skandalträchtig, manchmal auch beides, auf dieser Insel, schwärmte von der Schönheit, bis auch – besonders in den 60-ern – jeder von dieser zauberhaften Mittelmeerinsel wusste. Der berühmte Hit „Wenn vor Capri die Sonne im Meer versinkt“ baute eine romantische Vorstellung auf; man musste einfach

Warnung vor dem „Heuschreckenschwarm"

Spätestens Anfang Juli ist es mit der Beschaulichkeit vorbei. Auf Capri startet der Touristenbetrieb, und der wird oft zum unerträglichen Rummel. Zwischen 10 und 17 Uhr setzen bis zu 15 000 Tagesausflügler von Neapel, Sorrent und Ischia über. Die Schönheit und der Zauber der Insel läuft dann Gefahr unterzugehen. Mit Regelmäßigkeit spucken die Fähren vom Festland und der Nachbarinsel Ischia die Tagesbesucher aus. Zwischen 10 und 16 Uhr ist die Rush-hour. Auch wenn sich dieser „Heuschreckenschwarm" (so wird er verächtlich von jenen genannt, die auf Capri übernachten) hauptsächlich über Hafen, Piazza, Blaue Grotte und Munthe-Villa ergießt, so sind doch die Auswüchse in diesen Stunden schaurig. Wer meint, er könne ein Bild von Capri während eines Tagesausfluges im Juli/August gewinnen, soll sich lieber ein Video oder einen Bildband kaufen. Falls Sie trotzdem unter den erwähnten Umständen nach Capri reisen und nicht zu den Unerschütterlichen und Hartgesottenen zählen, so suchen Sie sich lieber einen der Spazierwege heraus, zur Villa Jovis vielleicht, und meiden die touristischen „Muss-Punkte".

Oben im Ort Gedränge auf der Piazza

An der Marina Grande

auch mal dorthin reisen. Diese Tendenz hat nicht nachgelassen. Und so gibt es heute zwei Meinungen über Capri: Die einen wollen so schnell wie möglich dieser verrückten Insel wieder entfliehen, und die anderen möchten am liebsten ihr ganzes Leben dort verbringen. Besuchen Sie einmal Capri im August, für einen Tag, möglichst an einem heißen, so verstehen Sie die erste Gruppe; kommen Sie aber an einem frühsommerlichen Tag im Mai, der voller Düfte und blühender Natur Sie zu einem mehrtägigen Aufenthalt einlädt, dann gehören Sie garantiert zu jenen, die sich in diese Insel verlieben

Geologie

Capri ist nicht wie ihre Nachbarinseln Ischia und Procida vulkanischen Ursprungs. Die Insel ist praktisch der Berggipfel eines Apenninausläufers, nämlich der Monti Lattari, welche die Halbinsel Sorrent bilden. Darum zeigt die Insel in Farbe und Vegetation ein ganz anderes Bild als das vorwiegend vulkanische Gebiet um Neapel und auf den anderen vorgelagerten Inseln. Daran ändert auch der Eindruck der bizarren Felsen um die Insel herum nichts. Der Ausdruck Faraglioni für die Felstürme an der Südostküste ist geologisch gesehen falsch, denn so werden Lavaauftürmungen bezeichnet, während es sich hier, ebenso wie bei den zahlreichen Grotten, Felsentoren und dergleichen, um Kalksteinformationen handelt, die das Meer so ausgewaschen hat. Dieser Kalkstein ist jahrtausendelang der Meeresbrandung ausgesetzt gewesen, so dass die weicheren Gesteinseinschlüsse weggespült wurden. Dadurch entstand neben den Faraglioni und dem „Arco Naturale" auch die weltberühmte „Blaue Grotte".

Die Insel bildet ein Rechteck. An beiden Schmalseiten erheben sich schroffe Steilküsten; in der Mitte befindet sich eine sattelförmige Ebene, die den **Ostteil Capri** vom **Westteil Anacapri** trennt und an der sich am Nord- und Südufer die beiden Häfen **Marina Grande und Marina Piccola** befinden. Der **Monte Tiberio** ist mit 354 m die höchste Erhebung des Ostteils, während auf dem Westteil Anacapri vom **Monte Solaro**, mit 589 m der höchsten Erhebung der ganzen Insel, überragt wird. Schon in der Antike erfreute sich Capri großer Beliebtheit. Kaiser Tiberius bewohnte sie als Wahlheimat. Die klimatischen und landschaftlichen Vorzüge ließen es zu allen Zeiten zu einem beliebten Aufenhaltsort der jeweiligen Herren von Neapel werden. Im 19. Jahrhundert bildete sich eine deutsche Künstlerkolonie, die sich an der kleinen Piazza im Lokal „Kater Hiddigeigei“ traf. Diese und die Wiederentdeckung der Blauen Grotte, die man dem deutschen Malerdichter August Kopisch zuschreibt, machten Capri um die Wende vom 19. zum 20. Jahrhundert zu einer Insel der Deutschen.

Geschichte

Capri war schon in der frühen Steinzeit besiedelt, wie prähistorische Funde ausweisen, von denen einige im „Centro Caprense Ignazio Cerio“, an der gleichnamigen Piazetta gelegen, ausgestellt sind. Ihren Namen hat sie entgegen der weit verbreiteten Meinung nicht von der Ziege (lateinisch: caprea), sondern vom griechischen Wort für Wildschwein oder Eber, kapros. Heute gibt es allerdings keines dieser Tiere hier mehr, sie wurden schon im Altertum ausgerottet.

Die ersten Siedler geschichtlicher Zeit waren die Griechen, die dann von den Römern abgelöst wurden. Kaiser Augustus erwarb die Insel, nach einem Besuch beeindruckt, im Tausch gegen das reichere Ischia von Neapel. Sein Nachfolger Tiberius wählte sie als Zufluchtsort und Alterssitz; er lebte auf Capri von 26 bis 32 n. Chr. Zahlreiche Villen ließ er auf der Insel bauen. Sein Hauptsitz war die Villa Jovis, die Jupiter-Villa. Er (oder sein Biograph) benannte alle seine Häuser nach Gottheiten des Olymp. Durch Tiberius wurde Capri beim römischen Hochadel und auch bei zahlreichen darauf folgenden Kaisern zum beliebten Aufenthaltsort.

Später teilte die Insel die Geschicke mit dem Königreich Neapel und wurde von den Sarazenen heimgesucht; der berüchtigte türkische Korsarenführer Cheireddin Barbarossa residierte hier zeitweise. Sie wurde dann im wechselnden Geschick von Normannen, Aragoniern, Spaniern, Österreichern, Franzosen und Engländern beherrscht. Im 19. Jahrhundert entdeckten die Insel die Künstler, die aus ganz Europa hierher strömten und dem Eiland ihr Gepräge gaben, bis schließlich der Tourismus die Alleinherrschaft antrat. Besonders beliebt ist die Insel durch ihr ausgeglichenes Klima, das weder Frost noch die brütende Hitze des Festlandes kennt.

Luxusherbergen gab es hier auch schon in der Antike

Wie kommt man nach Capri?

Die Zeit, in der man sich wie einstmals Axel Munthe mit einem Ruderboot oder einem gelegentlichen Segler hinüberquälen musste, sind natürlich längst vorbei. Die „klassische" Verbindung sind immer noch die Motorschiffe, die von Neapel aus im kleinen Hafen Molo Beverello neben der Stazione Marittima unterhalb des Castel Nuovo (Maschio Angiono) abfahren. Diese Schiffe setzen zum Teil direkt nach Capri über, teilweise legen sie in Sorrent an; ebenso führt eine Linie von Sorrent nach Capri. Es verkehren mehrere konkurrierende Linien nach dort. Die Fahrzeit beträgt auf dem direkten Weg eine Stunde und zwanzig Minuten.

Auf der Gucci-Pucci-Meile

Weitere Linien verkehren von Ischia, Positano und Amalfi aus. Die Schiffe sind für die Tagesbesucher in ihren dichten Fahrplänen so eingerichtet, dass die Hauptabfahrzeiten ab Neapel morgens und von Capri zurück abends liegen. Eine weitere schnelle Verbindung besteht mit den Tragflächenbooten (Aliscafi), die von der Mole an der Mergellina aus abfahren und Capri in einer knappen halben Stunde erreichen. Auch von Sorrent aus gibt es eine solche Verbindung. Die Aliscafi haben höhere Tarife (etwa das Doppelte) und befördern gebührenfrei nur Handgepäck. Größeres Gepäck muss zusätzlich bezahlt werden.

Die schnellste Verbindung nach Capri besteht mit dem Hubschrauber der ATI (Aerotrasporti Italiani), der in Neapel von dem Vorplatz der Stazione Marittima in der Hauptsaison mehrmals täglich abfliegt. Auch von Sorrent und vom Flugplatz von Neapel Capodichino bestehen Zubringerdienste mit dem Hubschrauber (Elicottero) der ATI. Zum Teil fliegen diese Maschinen Capri direkt, teilweise über Sorrent und Ischia an. Für den längeren Besuch von Capri als Ferienort gibt es von Deutschland aus auch Charterflugverbindungen, die über den Flugplatz von Neapel und von dort aus per Bus und Schiff zur Insel weitergeführt werden oder eine Hubschrauberverbindung einschließen. Der Flugplatz der Insel, auf Anacapri gelegen, kann nur durch Hubschrauber angeflogen werden. Auf Capri selber kann man mit dem eigenen Wagen nichts anfangen, von März bis Oktober ist die Mitnahme sowieso verboten. Es besteht die Möglichkeit, mit Linienbussen, Taxen und Pferdedroschken zu fahren; auch Reittiere kann man mit einigem Glück noch mieten.

Die meisten Wege auf der kleinen Insel wird man zu Fuß auf Spaziergängen zurücklegen; von der Marina Grande zum Ort Capri führt eine Standseilbahn, auf den Monte Solaro ein Sessellift.

Gepäcktransfer auf Capri

Dauer des Aufenthalts

Wer auf Capri kein Dauerquartier nimmt (was aber wenigstens mit einer Übernachtung unbedingt zu empfehlen ist), sondern die Fahrt als Ausflug unternimmt, kann bei einem eintägigen Besuch nur einen flüchtigen Eindruck bekommen und wird sich bei der Stippvisite mit den wichtigsten, gut erreichbaren Sehenswürdigkeiten begnügen müssen. Auf jeden Fall aber sollte man auch Anacapri besuchen. Besser ist es, mindestens zwei Tage auf der Insel einzuplanen, einen Tag für Capri, einen anderen für Anacapri; aber selbst bei einem Aufenthalt von 1 bis 2 Wochen kann man täglich Neues entdecken und erleben.

Besuch der Insel

Der Besucher wird in den meisten Fällen an der Marina Grande ankommen. Von hier aus fährt man mit der Standseilbahn oder einem anderen der dort reichlich angebotenen Beförderungsmittel – vom Vespa-Dreirad über Taxi-Cabriolets im Stil der „wilden 50-er Jahre" bis zum Autobus – hinauf zum Zentrum von Capri, der Piazza. Auf diesem kleinen Platz zu Füßen der Kirche S. Stefano (erbaut im 17. Jahrhundert., vor dem Hauptaltar ein Marmorfußboden, der aus der tiberianischen Villa Jovis stammt), konzentriert sich das Leben. Dicht an dicht sitzt man dort unter den Sonnen-

Touristen-Information:

Azienda Autonoma di Cura Soggiorno e Turismo
80073 Capri,
Piazzetta Cerio 11
Tel.: 081/8370424,
Fax: 081/8370918
sowie
Marina Grande,
Piazza Umberto,
Tel. 8370634,
Fax 8370686
und
Anacapri,
Piazza Vittoria,
Tel. 8371524

Die Barockkirche S. Stefano an der Piazza des Ortes Capri

schirmen der zahlreichen Cafés, Campari und Espresso schlürfend, oder – wie die Capri-Insider – auf den Stufen, die zur Kirche hinaufführen. Man lernt Capri am besten durch mehrere Spaziergänge kennen, die man sich, je nach der Zeit, die man zur Verfügung hat, einteilen kann. Nach allen Teilen der Insel, auch allen beschriebenen Rundgängen, bestehen Verbindungen mit Kleinbussen oder Mikro-Taxis – größere Fahrzeuge können wegen der engen Straßen und Kurven nicht fahren.

Die Abfahrtstelle der Kleinbusse befindet sich in der Nähe der Piazza; neben diesem kleinen Busbahnhof ist auch der Taxistand. Die Busse fahren in dichter Folge (ca. alle 10 min).

Ausflüge

Rundfahrt mit dem Boot: zur Blauen Grotte und/oder Inselrundfahrt (ein Vormittag).

Diese Fahrt beginnt **an der Marina Grande**, der **Abfahrtsstelle** für Rundfahrten. Manchmal lehnen Schiffseigner eine Rundfahrt um die Insel unter dem Vorwand ab, es seien zu wenig Interessenten da. Sie machen bei der kurzen Fahrt zur Blauen Grotte das bessere Geschäft. Sammeln Sie selbst in solch einem Fall Interessenten und handeln Sie den Preis aus – es lohnt sich.

Hafenszene

„Capri ist ein Wunder" - die Insel in Zitaten berühmter Schriftsteller

Hans Christian Andersen 1882: „Nur von einer Seite ist die Insel Capri zugänglich; ringsum erheben sich steile senkrechte Felswände, gegen Neapel schräge, amphiteatralisch, Weingärten, Orangen- und Olivenwälder. Am Strande stehen einige Fischerwohnungen und eine Wache, etwas höher zwischen den grünen Gärten lugt die Stadt Anacapri hervor, eine kleine Zugbrücke und ein kleines Tor führen in dieselbe hinein."

Georg Büchner 1936: „Und dann umstellen wir das Ländchen mit Brennspiegeln, dass es keinen Winter mehr gibt und wir uns im Sommer bis Ischia und Capri hinaufdestillieren und wir das ganze Jahr zwischen Rosen und Veilchen, zwischen Orangen und Lorbeeren stecken."

Theodor Däubler 1908: „Capri läßt einen vermuten, dass man seine eigentliche Heimat gefunden hat."

Theodor Fontane 1874: „In Capri sah ich ... die Kopische Blaue Grotte und die Platenschen ´Fischer von Capri´, wie man denn überhaupt aus Jugenderinnerungen und ganz speziell aus dem Rauschen des deutschen Dichterwaldes an dieser gesegneten Erdenstelle gar nicht herauskommt."

André Gide 1896: „Capri schwebt geheimnisvoll auf dem durchsichtigen Wasser. Ich liebe Meeresgrotten... aber die Blaue Grotte nicht. Ihre Strahlungen - eiskalt getönt und dabei nicht einmal himmel-, sondern nur künstlich-blau, scheinen Werke eines Gottes mit wenig farbenfreudiger Phantasie. Ich hatte Eile, um wieder herauszukommen."

Ferdinand Gregorovius 1851: „Capri ist fürwahr ein rechter Ruheort für lebensmüde Menschen, und ich wüsste keine andere Stelle in der Welt, wo jemand, der im Leben Schiffbruch gelitten hat, seine Tage so wohl beschließen könnte."

Die Villa Malaparte

Gerhart Hauptmann 1883: „Was Capri uns war, empfanden wir erst ganz, als wir uns nach Wochen schweren Herzens selbst aus diesem Paradies verstoßen hatten. Wirkliches Heimweh nach Capri überwältigte uns, und wir dachten daran, sogleich wieder umzukehren und alle noch verfügbare Zeit dem unvergleichlichen Orte zu schenken, wo wir, wie nirgends, unsere eigene Jugend gefühlt und in Schönheit genossen hatten."

Pablo Neruda 1954: „Capri, Felsenkönigin, in deinem Grund, lilien- und amarantenfarben, lebte ich, das Glück vermehrend...", „Gottes Meisterwerk ist Capri" und „Honigwabe meines Planeten".

Iwan Turgenjew 1871: „Neapel ist schön, Pompeji ist interessant, aber Capri ist ein Wunder. Ja, ein Wunder! Und nicht, weil es die wundervolle Blaue Grotte besitzt, sondern weil diese Insel verzaubert ist, ein Tempel der Göttin Natur, die Inkarnation der Schönheit."

In der Blauen Grotte

Die offizielle Inselrundfahrt ist – leider – nur bei einem längeren Aufenthalt auf Capri buchbar, denn sie startet morgens um 9 Uhr, bevor auch noch die erste Fähre Capri erreicht hat.

Die Blaue Grotte (Grotta Azzurra)

Sie war bereits den Römern bekannt; sie gestalteten die Höhle sogar zu einem Nymphäum aus. 1964 fanden den Beweis dazu einige Unterwasserfotografen: die Marmorstatue eines knieenden Knaben. Sie lag auf dem Grund der Grotte. Und ein paar Jahre später fand man eine weitere Statue, vermutlich die eines Poseidon. Beide Statuen wiesen Befestigungsmöglichkeiten auf, an denen sie vermutlich schon vor ca. 300 Jahren an den Wänden der Grotte hingen. Eine Überlieferung berichtet nämlich von zwei Priestern, die sich Mitte des 17. Jahrhunderts schwimmend in die Grotte gewagt hatten und dann nach einer panischen Flucht von einem geheimnisvoll beleuchteten, unterirdischen Tempel und von Götzenstatuen an seinen Wänden berichteten.

Obwohl die Grotte nie ganz in Vergessenheit geraten war, haftete ihr jahrhundertelang etwas Unheimliches an; man hielt sich von ihr fern. Erst auf Erzählungen des Fischers Ferraro hin ließ sich **1826** der **Dichter August Kopisch** mit einigen Gefährten in die Grotte bringen, maß „seiner" **Entdeckung** zunächst aber keine große Bedeutung bei. Erst im Laufe des Jahrhunderts wurde im Rahmen der romantischen Welle aus der unheimlichen Höhle die weltberühmte Sehenswürdigkeit.

Anmutiges Spiel von wallenden Ringen

August Kopisch 1826: „Ihre vielzackige Wölbung zeigte sich in voller Farbenpracht, so sie heller war, leicht gespiegelt von dem himmelklaren Wasser. Ich ließ die Ruder einziehen; da ruhte das liebliche Element beinahe völlig, und man hätte es für den blauen Himmel selbst ansehen können, wären nicht bald hier bald da silberne Tropfen von der Decke herabgefallen, die es, melodisch tönend und blaue Funken stiebend, mit einem anmutigen Spiel von wallenden Ringen schmückten. In dieses melodische Geträufel stöhnte dann und wann, wie eine atmende Menschenbrust, die leise Brandung..."

Die Grotte ist eine der vielen Auswaschungen an der Küste, die sich im Laufe der Jahrtausende gesenkt hat. Die Höhle wurde dadurch bis zur halben Höhe vom Meerwasser ausgefüllt. Ihren Namen hat sie von dem überraschenden Lichteffekt, der dadurch entsteht, dass durch den niedrigen Eingang das Sonnenlicht nur indirekt einfallen kann. Es taucht die Grotte in ein **magisch blaues Licht;** alles, was ins Wasser getaucht wird, wirkt silbern oder wie angeleuchtet, da die Sonnenstrahlen zusätzlich vom weißen Sand des Grundes zurückgeworfen werden. Je tiefer man in die Grotte eindringt, desto stärker entwickeln sich die Lichteffekte. **Am schönsten** sind sie **am späten Vormittag.**

Die Grotte ist über **50 m lang,** etwa **30 m breit** und wölbt sich hinter dem nur 1,30 m niedrigen Eingang bis zu 15 m hoch. Ebenso tief ist das kristallklare Wasser in ihr. Hinter der kuppelförmigen Höhle setzt sie sich noch in einem schmalen Stollen fort.

In der Nähe steht die Villa Damecuta. Auf einer künstlich geebneten Fläche lag diese kaiserliche Villa oberhalb der Grotte. Von dem Haus aus hatte man einen einzigartigen Blick über den Golf mit den Inseln Ischia und Procida. Die Villa könnte beim Vulkanausbruch 79 n. Chr. zerstört worden sein, da in den Trümmern Vesuvasche gefunden wurde. Unweit der Ruinen erhebt sich ein Turm aus dem 12. Jahrhundert.

Auf halbem Wege zur Grotte sieht man zunächst die Bagni di Tiberio, die **Bäder des Tiberius**, und den **Palazzo a mare**, wie die Ruinen genannt werden. Es soll sich um die Sommerresidenz von Kaiser Augustus gehandelt haben. Zu dem Komplex gehören neben den Gebäuderesten großzügige Terrassen- und Gartenanlagen, Hafenmolen sowie Fisch- und Schwimmbecken, die im Wasser gebaut worden sind. Der Meeresspiegel lag zur Zeit der römischen Kaiser auf gleichem Niveau, die Anlagen sind also nicht „versunken", wie es gelegentlich heißt.

Mit dem Motorboot geht es dann um das **Cap Punta del Arcera** herum zur stark zerklüfteten Westküste weiter, die bei Tauchern sehr beliebt ist.

Am **Punta del Miglio** steht das erste von drei englischen Forts (Anfang 19. Jahrhundert), gebaut auf mittelalterlichen Befestigungsanlagen. Vorbei an der Bucht Cala del Rio erreicht man die Südwestspitze, die **Punta Carena**, mit einem alten Leuchtturm. Hier landeten 1808 die Franzosen und nahmen England nach nur zweijähriger Herrschaft die Insel wieder ab.

Eine kleine Bucht vor Punta Carena wurde vor nicht allzu langer Zeit zu einem Badestrand (Schwimmbad, Restaurant) ausgebaut. Die Straße von Anacapri führt bis hierher.

Dann folgt die Steilküste des südlichen Teils von Anacapri, bis man am Fuß des Monte Solaro die **Grotta Verde (grüne Grotte)** erreicht. Sie gleicht mit ihrem Wasser einem großen, leuchtenden, flüssigen Smaragd. In der Nähe befindet sich die Grotta Rossa, (rote Grotte), die ihren Namen ebenfalls einer merkwürdigen Lichtbrechung verdankt.

Wir sehen vor uns **Marina Piccola** liegen. Früher hauptsächlich Boots- und Fischerhafen für kleinere Boote ist sie heute der Hauptbadestrand Capris mit wenig Strand und vielen Lokalen, eingequetscht in die Steilküste. In der Bucht springt der eigenartige Felsen der Sirenen ins Meer vor.

In der Nähe, etwas landeinwärts, liegt die **Grotta delle Felci**, in der man Funde aus der Stein- und Bronzezeit machte.

Die Faraglioni

Das Boot tuckert weiter, an den Sirenenfelsen vorbei. Man kann nun die **Via Krupp** sehen, eine schmale, kurvenreiche Straße, die Alfred Krupp von seiner Villa zum Strand hinunter bauen, besser in den Felsen schlagen ließ. Vorher war Marina Piccola nur per Boot erreichbar. Wieder taucht vor uns eine Grotte auf: Die **Grotta dell'Arsenale**. Früher hielt man sie aufgrund einiger antiker nautischer Instrumente, die hier gefunden wurden, für eine Werft für römische Kriegsschiffe. Andere behaupteten, es handele sich um eine Badeanlage. Doch es dürfte tatsächlich ein ausgebautes Nymphäum sein; die Höhle war früher mit Stuck und Mosaiken verkleidet, hatte einen Marmorfußboden und einen gemauerten Sockel rings um die Höhlenrundung.

Etwas oberhalb, mit Eingang von der Via Krupp aus, liegt die **Grotta Fra Felice**. Sie wurde von Krupp ausgebaut. Über diese Höhle kursieren wilde, böswillige Gerüchte: Es habe sich um eine Art Hausbar gehandelt, einen Treffpunkt von Krupp und seinen Freunden, sogar Orgien sollten hier stattgefunden haben. Da fragte sich schon der deutsche **Schriftsteller Joseph Viktor von Scheffel (1826-86):**

„Wer ist dort der blonde Fremde,
der auf Don Paganos Dache
wie ein Kater auf und ab geht? ...
frug wohl manch ehrsamer Bürger
in dem Inselstädtlein Capri...
s ist ein Deutscher, und wer weiß,
was diese treiben..."

In der nächsten Bucht öffnet sich die **Grotta Oscura**, die merkwürdige, dunkle Grotte. Sie ist heute nicht mehr zu besichtigen, wurde aber von früheren Besuchern als riesengroß mit durchlässigem Gestein und Tropfsteinbildung beschrieben. 1808 fand ein Bergrutsch statt, der einen tiefen Riss zwischen der Certosa und der Unghia Marina verursachte. Der Turm des Klosters wurde abgerissen, die Grotta Oscura verschüttet und die Kluft vergrößert zur **Insel Unghia Marina** („Meereskralle"), auf der römische Villen standen, angeblich sogar ein Haus der verbannten Julia (Tochter des Augustus und zweite Ehefrau des Tiberius).

Vor einem ergibt sich nun der prächtige Blick auf die drei berühmten **Faraglioni (Klippen),** das wohl meistfotografierte Motiv auf Capri. Die Faraglioni erheben sich bis zu **100 m aus dem Wasser;** sie sind Ausläufer und Bergspitzen eines Gebirgszuges, der vor Urzeiten mit der Halbinsel von Sorrent verbunden war, also nicht vulkanischen Ursprungs; daher ist die übliche Bezeichnung Faraglioni falsch.

Der höchste der Felsriesen ist mit Capri verbunden, der mittlere ist von einem schiffbaren Höhlentor durchbrochen, und auf dem äußeren Felsen lebt eine seltene, nur hier vorkommende Eidechsenart, die *Lacerta sicula coerulea* oder auch *Lacerta coerulea faraglionensis*. In der kleinen Bucht hinter den Faraglioni fand man Reste von römischen Unterwasserbauten, wahrscheinlich Hafenanlagen oder Schwimmbecken.

Es folgt die **Insel Monacone** („Großer Mönch"), auf der neben unzähligen Grotten und Höhlen die Reste römischer Lagerräume für gesalzenen Fisch zu sehen sind. Fälschlicherweise wurden sie auch als Grabmal des Masgaba, eines Augustus-Lieblings, bezeichnet. Wir sehen an der zerklüfteten Ostküste das rote Haus des Literaten Curzio Malaparte, des „enfant terrible" Italiens, der, zum Schock der Bürgerwelt, sterbend dieses Haus den Rotchinesen vermachte. Diese lehnten das Erbe allerdings ab.

Im steilen Felsen öffnet sich jetzt die **Grotta Matromania** dem Blick. Sie wurde in römischer Zeit ebenfalls zu einem Nymphäum ausgebaut; ursprünglich diente sie als Kultstätte, der Kybele geweiht. Nur wenige Meter weiter erhebt sich der **Arco Naturale**, die torförmige Felsauswaschung, die zu den bekanntesten Naturschönheiten Capris zählt.

Nach dem Felsen Scoglio Matromania sieht man auf halber Höhe der Steilküste zunächst die **Grotta Bianca**. In der weißen Grotte hat man in antiker Zeit einen kleinen Kanal in den Felsen gehauen, um eine Trinkwasserquelle einzufassen. Daneben, mit einer Treppensteige verbunden, ist der Eingang zur **Grotta Meravigliosa**, der wunderbaren Grotte. Sie hat herrliche Tropfsteinbildungen, Stalaktiten, und eine eigenartige Lichtspiegelung.

Nun umrundet man den Monte Tiberio, sieht den alten römischen Leuchtturm, die Grotta di Tiberio, unterhalb der Villa Jovis gelegen, und dann den steilen Fels, **Salto di Tiberio**, der knapp 300 m senkrecht ins Meer abfällt. Nach Sueton (Biograph des Tiberius) ließ der Kaiser hier seine Widersacher hinabstürzen.

Kurz bevor man die Nordost-Ecke Capris umschifft, sieht man oben auf der Steilküste die kleine Wallfahrtskirche Santa Maria del Soccorso (18. Jahrhundert). Nachdem wir die Punta del Capo mit ihrem Leuchtturm passiert haben, fahren wir die Nordküste, ebenfalls grottenreich, entlang, bis wir wieder in der Marina Grande anlegen.

Rundgang 1: zum Arco Naturale und zur Grotta Matromania (1,5 Std.)

Sicherlich **der schönste Spaziergang**, den man machen kann, ist der hinaus **zum Arco Naturale**. Man geht von der Piazza aus über die Via Le Botteghe bis zur Wegkreuzung Via Croce. Dann biegt man rechts ab in die Via Matromania; an kleinen Häusern und Gärten vorbei erreicht man den Arco Naturale, eine Felsenpforte, durch deren hellen Kalkstein das blaue Meer in phantastischen Abtönungen erscheint. Der Weg geht weiter über eine Treppe hinunter an hübschen Gartenlokalen vorbei zur **Grotta Matromania**. Der Name wird als Verballhornung von Mater Magna (Große

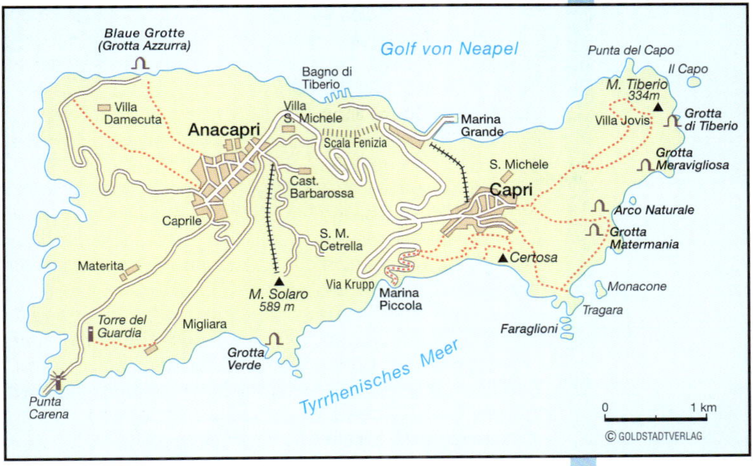

Der Arco Naturale

Mutter = Göttermutter) angesehen. Ursprünglich war sie der Göttermutter Kybele geweiht. Unter Augustus wurde sie mit Mosaiken zu einem Nymphäum ausgebaut. Leider ist von diesen antiken Anlagen nichts mehr erhalten.

Der stufenreiche Weg läuft treppauf, treppab durch schöne Natur und wundervolle Aussichten bietend am Cap Masullo vorbei.

Der Weg wird nun ebener und führt durch immer wieder begeisternde landschaftliche Schönheiten. Steile Felsen, blühende Steinpflanzen, blaues Meer, im Vordergrund der kleine Felsen Scoglio Monacone, **im Hintergrund die Faraglioni**. Ganz in der Nähe steht auch die Villa, in der Monika Mann, die Tochter von Thomas Mann, jahrzehntelang mit ihrem Lebenspartner, einem capresischen Fischer, glücklich war. Hier ist einer der schönsten Flecken der Insel. Noch wenige Meter und wir erreichen die **Punta Tragara**, von wo aus man einen wunderschönen Blick auf die Marina Piccola und die Faraglioni zur anderen Seite hat. In der Bucht vermutet man einen kleinen Römer-Hafen, in dem Tiberius angeblich eine stets startbereite Flotte liegen hatte. Allerdings können die antiken Unterwasserbauten auch die Reste einer Schwimmbeckenanlage sein.

Ein gut ausgebauter Weg führt durch Weingärten und vorbei an hübschen Villen über die Via Camerella zurück zur Piazzetta.

Rundgang 2: zur Villa Jovis auf dem Monte Tiberio (ca. 2 Std., mit Umweg 3 Std.)

Von der Piazza aus führt die Via Le Botteghe bis zur Via Croce, dort biegen wir links ein bis zur kleinen Kirche San Michele und folgen dann der Via Tiberio. Durch Gärten mit niedrigem Mauerwerk hindurch steigt der Weg an, wir gehen **durch** die **Weinberge** – unterwegs **schöner Ausblick auf Marina Grande und Monte Solaro** – zum Gipfel des Monte Tiberio (334 m) mit dem kaiserlichen Palast, der Villa Jovis. Der Regierungs- und Alterssitz des Kaisers Tiberius ist der berühmteste auf Capri. Er wurde kurz nach dem Tod des Kaisers, 37 n. Chr., durch ein Erdbeben zerstört. Die Villa ist teilweise ausgegraben. Man darf allerdings nicht ein Geschichtsmonument wie in Pompeji erwarten. Von der Villa sind eigentlich nur die Grundmauern zu sehen. Wegen dieser Reste lohnt kaum der Aufstieg; aber der schöne Spaziergang, abseits touristischer Trampelpfade und eine beeindruckende Aussicht belohnen den Besucher.

Neben den zahlreichen Wohn- und Aufenthaltsräumen, dem typischen Vestibül, Garten- und Bäderanlagen, besaß die Villa Jovis vier große Zisternen im Inneren. Interessant ist die Loggia, des Kaisers Wandelhalle, in der er sich – laut Anekdote – während der Todesnacht Jesu ein Paar Schuhe beim unruhigen Auf-und-Ab-Gehen durchgetreten haben soll.

In der Nähe steht der Unterbau eines römischen Leuchtturms, einer der zahlreichen, mit denen Tiberius durch ein ausgeklügeltes Licht-, Spiegel- und Rauchzeichen-System die Nachrichtenverbindung mit Rom unterhielt.

An der Steilküste fällt der **Salto di Tiberio**, ein 297 m hoher Felsen, senkrecht ins Meer ab, wo, wie erwähnt, der Imperator seine Widersacher ins Meer hinunterstürzen ließ.

Der Rückweg erfolgt auf derselben Strecke bis zur Via Croce. Hier kann man links einbiegen zum Arco Naturale und der Grotte Matromania, um dann an den Faraglioni und der Punta Tragara vorbei nach Capri zurückzukehren (s. auch Rundgang 2). Dieser landschaftlich herrliche Umweg verlängert den Spaziergang um ca. 1 Stunde.

Rundgang 3: zu den Gärten des Augustus

Von der Piazza geht man südwärts zunächst über die Via Vittorio Emanuele, dann die Via Serena bis zur Straßengabelung, an der wir uns erst nach links wenden zur **Certosa**, einem **Kartäuser-Kloster** aus dem 14. Jahrhundert, in dem die Bibliothek und die Gemäldegalerie W. Diefenbachs untergebracht sind.

An der Straßengabelung rechts führt der Weg in ca. 10 min zu den Giardini d'Augusto, den **Gärten des Augustus**, die früher zur Villa Krupp (etwas oberhalb gelegen) gehörten. Die hübsch angelegten Blumenbeete, in denen Menschenalter und Jahreszeiten symbolisch dargestellt sind, wirken fast tropisch. Von der Terrasse aus, die ständig mit Reisegruppen aus aller Welt überfüllt ist, hat man einen umfassenden **Blick** über die Marina Piccola, die Sirenenfelsen und – **auf** der anderen Seite – **die Faraglioni**.

Das Kartäuser-Kloster aus dem 14. Jahrhundert

Hinter den Gärten des Augustus

Die **Via Krupp** ist wegen Baufälligkeit seit Jahren gesperrt. Alfred Krupp ließ den Zick-Zack-Weg in den Fels hauen, um eine Verbindung von seiner Villa zu dem Badestrand zu schaffen, denn früher war Marina Piccola nur per Boot erreichbar. Es führt heute noch die Via Marina Piccola herunter, jedoch lohnt der Weg kaum, wenn man nicht baden möchte. Die Via Krupp heißt auch Via Augusto, doch der Stiftername ist geläufiger. Sie führt **zur Marina Piccola**, dem **Hauptbadestrand** Capris. Er ist enttäuschend schlecht für seinen Ruf: Eng, klein und steinig, ähnlich wie die Strandbäder am Torre Saracena (Sarazenenturm) und bei den Sirenenfelsen, die sich mehr durch die landschaftliche Schönheit als durch die Qualität des Strandes auszeichnen.

Für den Rückweg nimmt man am besten den Bus oder ein Taxi.

Ein steinerner Wächter am Pfad zur Steilküste

Rundgang 4: zur Landzunge Punta del Cannone (20 min)

Wenn man sich von der Piazza aus direkt nach Süden wendet, kommt man auf die bunte Via Madre Serafina, mit ihren kleinen typischen Häusern und Läden, und weiter über die Via Castello. Hier zweigt ein Weg ab zum **Castiglione**, einer mittelalterlichen Burg, die auf Ruinen der ältesten griechischen Festung auf Capri gebaut sein soll. Während der Korsarenüberfälle hatten die Einwohner Capris im Kastell eine Kapelle eingerichtet, die dann 1808 von den Engländern pietätlos als Pulverkammer benutzt wurde. Die Überbleibsel des Castiglione sind heute nicht mehr zu besichtigen.

Nach etwa 10 min erreicht man die Aussichtsplattform **Punta del Cannone**. Von hier oben aus hat man einen sehr schönen Rundblick auf die Marina Piccola, die Giardini d'Augusto (Augustusgärten) und die Südküste. Vor allen Dingen bietet das Panorama in Richtung Südosten einen berühmten und viel fotografierten Blick über die Punta Tragara und die vorgelagerten Faraglioni. Diesen Spaziergang unternimmt man wegen der Lichtverhältnisse am günstigsten am Vormittag.

Anacapri

erreicht man am besten mit einem Bus. Den regelmäßigen Verkehr besorgen der schmalen Straßen wegen Kleinbusse. Über die gewundenen Straßen flitzen diese Fahrzeuge in halsbrecherischem Tempo, so dass der 45 Minuten währende Aufstieg zu Fuß über die Serpentinen schon des Verkehrs wegen durchaus kein Genuss ist und man von den sehr schönen Ausblicken über den Golf von Neapel nicht allzuviel hat. Man kommt auf diesem Weg an der **Chiesetta di S. Antonio** (Antonius-Kapelle) vorbei, die auf einer Balu-

Blick von der altrömischen Villa Jovis auf Anacapri

strade über dem Meer liegt. An dieser Stelle wird die Straße von der alten **Treppe Scala Fenicia** gekreuzt. Diese Treppe mit ihren 900 Stufen ist antiken Ursprungs, wurde von Axel Munthe in seinem berühmten Roman „Das Buch von San Michele" als die Treppe der Maria Portalettere bekannt und war damals die einzige Verbindung vom Ort Capri nach Anacapri. Sie führte direkt zum Kastell Barbarossa. Die phönizischen Treppen sind (vermutlich seit Axel Munthes Zeiten) gesperrt und verfallen immer mehr.

Wie in Capri mündet auch in Anacapri nahezu jeder Weg in die Piazza, die vollständig **Piazza della Vittoria** heißt. Es ist der Mittelpunkt des Ortes (ca. 5000 Einwohner), der sich an die Hänge des Monte Solaro schmiegt. Bis auf die Via Capodimonte, die zur Villa Axel Munthes führt, und deren Umgebung ist Anacapri beschaulicher als Capri. Die Gassen in Richtung Caprile strahlen ländliche Beschaulichkeit aus; im Viertel Boffe findet man „typische Motive" sowie kleine Läden, Werkstätten und gemütliche Restaurants. Anacapri ist wirklich anders als Capri; die Einwohner der beiden Orte sind in jahrhundertelangem traditionellen Streit und Konkurrenzkampf. Ging es zu Urgroßvaters Zeiten um Weidefläche und Anbaugebiete auf der kleinen Insel mit zu vielen Einwohnern, zu Großvaters Zeiten um die Mädchen und Frauen, besonders die der Pendler, die Arbeit auf dem Festland hatten, so streiten sich heute die Einwohner der beiden Orte um den Geldbeutel des Touristen. Einig allerdings sind sie sich, wenn es gegen das Festland oder die Regierung geht (im letzteren Fall allerdings sind sich alle Italiener einig).

Rundgang 5: zur Villa San Michele

Von der Piazza von Anacapri aus kann man in kurzer Zeit die Villa San Michele des 1946 verstorbenen schwedischen Arztes und Dichters Axel Munthe erreichen. Um die Jahrhundertwende baute Munthe dieses Haus an der Stelle einer

Die Villa San Michele

„Die Welt war schön, und ich war achtzehn"

„Ich sprang an Land, als das Sorrentiner Boot sein lateinisches Segel einholte. Jungens spielten in Scharen zwischen umgekippten Booten und badeten die blanken Bronzeleiber in der Brandung. Alte Fischer in roten phrygischen Mützen flickten vor den Schuppen ihre Netze. Jenseits der Landungsstelle stand ein halbes Dutzend gesattelter Esel, Blütenzweige im Zaumzeug. Bei ihnen schwatzten und sangen ebenso viele Mädchen, die silberne ´Spadella` (Haarpfeil) in den schwarzen Haaren und ein rotes Tuch um die Schultern. Das Eselchen, das mich hinauf nach Capri tragen sollte, hieß Rosina, und das Mädchen hieß Gioia. Ihre schwarzen Augen leuchteten in feuriger Jugend, ihre Lippen waren rot wie die Korallenschnur an ihrem Halse, und wenn sie lachte, blitzten die starken weißen Zähne wie Perlen. Sie sagte, sie sei erst fünfzehn - und ich sagte mir, dass ich jünger sei als je zuvor. Aber Rosina war alt, ´é antica´, sagte Gioia. So glitt ich aus dem Sattel und erklomm leicht den gewundenen Pfad zum Dorfe. Vor mir auf nackten Füßen tanzte Gioia, blumenumkränzt wie eine junge Bacchantin, hinter mir stolperte die alte Rosina in ihren zierlichen schwarzen Schuhen, tief in Gedanken, geneigten Hauptes und mit hängenden Ohren. Ich hatte zum Denken keine Zeit, mein Kopf war voll von staunendem Entzücken, mein Herz voll Lebensfreude, die Welt war schön, und ich war achtzehn."

Die ersten Sätze aus „Das Buch von San Michele" von Axel Munthe

kaiserlichen Römervilla. Bei den Arbeiten fand man eine ganze Reihe von Statuen, Geschirren, Mosaiken etc. Munthe richtete sein Haus mit diesen und anderen Sammlerstücken ein. Im Laufe der Jahre kam ein Schatz zusammen, der heute in der Villa und in dem zauberhaft angelegten Garten zu besichtigen ist. Von der Terrasse der Sphinx aus hat man einen herrlichen Blick. Axel Munthes Werk **„Das Buch von San Michele"** ist die beste Literatur für einen Capri-Besuch. Oberhalb seiner Villa kaufte der bemerkenswerte Schwede ein Berggrundstück auf, um es als Vogelschutzgebiet, besonders als Station für Zugvögel, einrichten zu lassen.

Auf dem Weg über die Via Capodimonte kommt man ebenfalls zur Villa San Michele, an der alten Einsiedelei Cetrella und dem **Castello di Barbarossa** vorbei, aus dem 11. Jahrhundert, benannt nach seinem Zerstörer Cheireddin Barbarossa. Dieser berüchtigte Korsar plagte die Küste Kampaniens Mitte des 16. Jahrhunderts.

Rundgang 6: zum Monte Solaro (Fahrt mit dem Sessellift, 15 min.)

Von der Piazza della Vittoria aus kann man sich in einem Sessellift auf den 589 m hohen Monte Solaro hinaufbringen lassen und spart damit den 1 1/2stündigen beschwerlichen Aufstieg (der Fußweg führt vom Castello di Barbarossa aus bergan). **Vom Monte Solaro, dem höchsten Punkt der Insel**, hat man einen **weiten Ausblick** über Capri und den Golf. Die Fahrt lohnt aber nur, wenn der Gipfel nicht, wie oft, von Wolken verschleiert ist; denn die Fernsicht von dort oben ist bei diesem Ausflug das Reizvolle.

Hier ist, wie bei allen attraktiven Punkten auf Capri, wieder der Besichtigungsstress zu erwähnen. Bevor die Fähren ankommen (und damit der Touristenstrom), wird der Lift nicht in Betrieb genommen; sind dann die Besucher da, werden die Sessel in einer ziemlich flotten Fließbandabfertigung „bestückt". Wartezeiten können aber trotzdem entstehen.

Rundgang 7: zu Fuß zur Blauen Grotte (2 Std.)

Von der Piazza della Vittoria geht man in Richtung Osten über die Via Pagliaro. Nach etwa 10 min erreicht man die alte Windmühle (Mulino a Vento). Von hier aus verfolgt man die leider recht lebhaft befahrene gute Straße und kommt bergab über zahlreiche Windungen durch Wein- und Obstgärten hinunter zur Blauen Grotte. Den Rückweg nimmt man am besten über die Straße am Torre Damecuta vorbei über einen Pfad zu den Ruinen der **Villa Damecuta**, einer kleinen, hübschen römischen Kaiservilla, die Tiberius als Nebenresidenz diente. Vermutlich wurde sie beim Ausbruch des Vesuvs, 79 n. Chr. zerstört.

Rundgang 8: zum Belvedere della Migliara (1 Stunde)

Von der Piazza della Vittoria geht man in südliche Richtung an den Hängen des Monte Solaro vorbei über einen im

Das Fußbodenmosaik in der Kirche San Michele

wesentlichen ebenen Spazierweg, die Via Migliara, in etwa 20 min zum Belvedere della Migliara. Von hier aus hat man einen schönen **Blick auf die Steil- und** auf die **Südküste**, besonders auf die Grotta Verde **und die Faraglioni** im Hintergrund.

Auf dem Wege zum Aussichtspunkt (292 m) kommt man in Anacapri an der Piazza San Nicola zur **Kirche San Michele**, in der sich das berühmte **Fußbodenmosaik „Das irdische Paradies“,** 1761 von Chiaiese gefertigt, befindet. Auch der Glockenturm kann bestiegen werden.

Rundgang 9: zum Südostzipfel der Insel, der Punta Carena (2 Std.)

Von der Piazza della Vittoria aus wendet man sich zum Ortsteil Caprile und geht dann über eine gut ausgebaute Fahrstraße über den Ort Materita zur **Torre della Guardia**, dem Standort eines alten Wachtturms aus der Sarazenenzeit, von wo man aus bereits einen schönen Rundblick hat. Hier besteht eine Querverbindung zum Belvedere della Migliara, so dass man diesen mit Rundgang 4 kombinieren kann.

Kurz nach Torre di Materita biegt rechts ein schmaler Fußweg ab, der **zum** äußersten **Südostzipfel** führt, **der Punta Carena**, mit dem dort gelegenen Leuchtturm.

Restaurants:

Alle Restaurants und Lokale auf Capri sind weit überteuert. Dass ein Capuccino 8 Euro kostet, ist normal.

„La Piazetta“

der Blick auf die Faraglioni, die Felsen im Meer, hat seinen (gehobenen) Preis. Via Marina Piccola 126, Tel.: 081/8377827

„Quisi"
Spitzenlokal im weitgerühmten **„Hotel Quisisana".**
Via Camerelle 2 (im Zentrum), Tel.: 081/8370788
„I Faraglioni"
für Gourmets, Vorbestellung ratsam.
Via Camerelle 75 (Ortsmitte), Tel.: 081/837020

Das berühmte Hotel „Quisisana"

ISCHIA

Ischia ist mit 46,3 qkm - und 45 000 Einwohnern - die größte der drei Inseln im Golf von Neapel, **viermal so groß wie Capri**. Ihre Thermalindustrie und ihre paradiesischen Naturschönheiten mit besonders üppigem Grün („isola verde" - grüne Insel) verdankt sie ihrem vulkanischen und daher besonders fruchtbaren Boden. Die beiden Inseln Ischia und Procida stoßen als Fortsetzung des Kap Miseno in das Tyrrhenische Meer vor und bilden die nördliche Begrenzung des Golfs von Neapel. Man sollte auch die kleine Insel Vivara, die zwischen diesen beiden liegt, aber für den Tourismus keinerlei Bedeutung hat, noch erwähnen.

Touristen-Information:
Azienda Autonoma di Cura Soggiorno e Turismo
80077 Ischia
Corso Colonna 108
Tel.: 081/5074211
Fax: 081/5074230

Geologie.

Die Inseln sind, wie das Gebiet um die Phlegräischen Felder, zu dem sie geologisch gehören, rein vulkanischen Ursprungs und haben dadurch ein ganz anderes Erscheinungsbild als Capri. Man nennt sie in diesem Zusammenhang auch oft **die Phlegräischen Inseln**, denn sie sind ebenso reich an vulkanischen Erscheinungen wie das Festland. Durch ihre Lage am Rand einer jungen geologischen Bruchzone, deren eine Auswirkung der Vulkanismus ist, werden die Inseln nicht selten von Erdbeben heimgesucht, die aber in den letzten Jahrzehnten harmlos verliefen. Das letzte schwere Beben, das auf der Insel erhebliche Schäden anrichtete, fand in den 80-er Jahren des 19. Jahrhunderts statt. Hauptsächlich sind für diese Inseln Erscheinungen des Spätvulkanismus charakteristisch wie Wasser- und Schwefeldampf sowie Kohlesäureausblasungen, mehr attraktiv und heilsam als angsteinflößend. Seismische Niveauveränderungen bewirkten in den letzten Jahrhunderten ein ständiges

Der Hafen von Sant'Angelo

„Atmen" - ein langsames Anheben und Absinken der Inseln. Die Insel Procida verdankt ihr Entstehen und Aussehen vier Vulkanen, deren Krater längst erloschen sind und teilweise vom Meer zerstört wurden. Dadurch erhielt die Insel ihren seltsam zerklüfteten Grundriss. Die kleine Insel Vivara ist der fünfte Vulkan; auch er ist längst erloschen, und die Insel ist ein einziger fruchtbarer Garten.

Die immer grüne Insel.

Auf Ischia umsäumt eine Reihe blühender Ortschaften die Küste, die **als typischen Bewuchs die dunkle Schirmpinie** hat. In der Mitte der Insel erhebt sich der **Monte Epomeo,** ein erst 1302 erloschener **787 m hoher Vulkan** mit typischem regelmäßigen Kegel. Einen alten vorgeschichtlichen Krater, der einen tiefen See bildete, öffnete man durch einen Stichkanal im 19. Jahrhundert und erhielt so den idealen **Hafen Ischia Porto.** Die ganze Insel ist reich an postvulkanischen Erscheinungen in Form von Thermen, Fumarolen und Solfataren. Die Ausnutzung dieser Erscheinungen zu balneologischen Zwecken war mit entscheidend für Ischias Ruf als **Heilbad.** Im letzten Jahrzehnt haben Kurbetrieb und Fremdenverkehr ständig zugenommen, und heute hat Ischia den Ruf, **einer der schönsten** und mondänsten **Kurorte Italiens** zu sein.

Was Ischia für den Nordeuropäer aber so besonders anziehend macht, ist das Immergrüne seiner Vegetation. Selbst in den heißen Sommermonaten, wenn monatelang kein Niederschlag gefallen ist und das Land im Süden überall verdorrt und braun ist, überrascht Ischia durch seine grüne, blühende, fast frühlingshaft wirkende Bewachsung. Das hat seinen Grund darin, dass der Boden auf Ischia seine Feuchtigkeit praktisch nicht von oben her, nämlich durch den Regen, sondern von unten her erhält. Der poröse vulkanische Boden, der überall von heißen Quellen durchsetzt ist, lässt Wasserdampf durchströmen und sorgt für die notwendige Feuchtigkeit. Darum trägt Ischia **das ganze Jahr hindurch,** im Gegensatz zur sonstigen Landschaft im Süden, immer **eine frühlingshaft wirkende Vegetation.**

Heilquellen und Unterhaltung

Ein anderer Grund, der Ischia so anziehend macht, ist, dass man auf der Insel alles findet, was der Erholungssuchende braucht; man kann hier Erholung und Zerstreuung ebenso finden, wie alle Sportmöglichkeiten und auch ernsthaft „kuren". Trotz des starken Fremdenverkehrs, der sich zu einem guten Teil auf den ruhigeren Kurbetrieb konzentriert, ist Ischia eine Stätte der Ruhe und Erholung geblieben, in der der Tourist praktisch alles findet, vom ärztlich geleiteten Kursanatorium über moderne Hotels und Ferienbungalows bis zum gut geleiteten Campingplatz in der Pineta von Ischia. Neben modernen Kuranlagen, Theateraufführungen und Night Clubs gibt es die Möglichkeit zu Ausflügen und Spaziergängen sowie zu jeder Form von Wassersport. Exkursio-

In den Poseidon-Gärten auf Ischia

nen mit dem Glasboden-Boot und Sporttauchen sind sowohl privat als auch über Veranstalter möglich.

Der Künstler findet genauso viel Inspiration wie der geologisch Interessierte; der Naturfreund, der Fotograf oder der Wanderer kann immer wieder Wunderbares, Schönes und Neues auf der Insel entdecken.

Ischia hat einen wohlorganisierten Kurbetrieb. Unter (auch deutschsprachiger) ärztlicher Aufsicht bietet man Mineral- und Thermalbäder, Fangopackungen, Wärmebehandlungen, Inhalationskuren und natürlich begleitende Kuranwendungen wie Massagen und Gymnastik. Sehr beliebt sind die Meereswarmbäder, die man an einigen Stellen in Buchten und in Strandnähe finden kann. Hier ergießen sich heiße Mineralquellen in das Meer oder entspringen auf dem Meeresboden.

Eine Kur auf Ischia

kann von der Kasse bezahlt werden. Erkundigen Sie sich rechtzeitig vor Reiseantritt. Unbedingt wichtig bzw. Voraussetzung für eine ordnungsgemäße und anerkannte Kur ist der Kurarzt in Ischia, der die Anwendungen verschreibt. Erst danach kann die Kur begonnen (und zu Hause abgerechnet) werden. Ein „wildes" Baden in den Thermen kann anstatt zu heilen eher gesundheitsgefährdend sein, weil einige der Heilquellen bei falscher Dosierung, d.h. Dauer des Bades, zu Herz- und Kreislaufbelastungen führen können!

Indikationen: Chronische rheumatische Erkrankungen, Periarthritis, Arthrose der Wirbelsäule und Gelenkerkrankungen, konstitutionelle und Stoffwechselerkrankungen, Drüsenstörungen und Schwächezustände, Krankheiten des peripheren Nervensystems und des neurovegetativen Systems, Ischias, Halbseitenlähmungen und Folgezustände nach spinaler Kinderlähmung, Allergien u.a., Frauenkrankheiten, Nachkur nach Operationen u.ä., chronische Katarrhe der oberen Luftwege, Hautkrankheiten, Spezialbehandlungen von Paradontose (Zahnfleischbluten) und Schönheitskuren mit Strahlendusche und Schlammmasken.

Geschichte

Die Inseln waren bereits in der Antike besiedelt: Die kleine Insel Vivara (der Name bedeutet verbrannte Erde), die Insel Procida, bei den Griechen Prochyta (die Abgetrennte) und Ischia, das von den Griechen Pithekoussai und von den Römern Aenaria genannt wurde. Auch viele andere Namen tauchten in der frühgeschichtlichen Zeit auf, so nannte Homer die Insel Arime. Erst im Mittelalter wurde der Name Ischia gebräuchlich. Über die Bedeutung dieser Namensgebung gibt es verschiedene Deutungen. Die einen neigen dazu, es von „Ischion" (Festung) abzuleiten. Vorherrschend aber ist die Deutung, ihren Namen auf einen Beinamen des Apoll, nämlich Ischi, zurückzuführen.

Nach Etruskern und Phöniziern kamen um ca. 800 v. Chr. die Griechen auf die Insel und siedelten in der Gegend des heutigen Lacco Ameno.

Der deutschstämmige Archäologe Giorgio Buchner stieß in den 50-er Jahren bei Grabungen am, im Norden der Insel gelegenen, Monte Vico auf eine Nekropole der griechischen Kolonialisten aus dem 8. Jahrhundert v. Chr., in deren Gräbern auch kleinere, kostbare Gefäße gefunden wurden. Teilweise waren sie mit Texten von Homer beschriftet, so auch der berühmte „Becher des Nestor", auf dem - griechisch in Hexametern - zu lesen ist: „Von Nestor ist der schöne Becher, aus dem es sich angenehm trinkt... wer aus ihm trinkt, den wird zugleich die Sehnsucht nach Aphrodite mit der schönen Krone überkommen."

Um 500 v. Chr. folgten die Bewohner aus Cumae und Syrakus sowie schließlich die Römer. Im Jahre 29 v. Chr. tauschte Kaiser Augustus die Insel Ischia gegen Capri von den Neapolitanern, in deren Besitz es längere Zeit blieb. Wie der Küstenstreifen wurde auch Ischia nacheinander – meist mit verheerenden Folgen – von Byzantinern, Langobarden, Franken, Sarazenen und Normannen heimgesucht. 1154 eroberte Friedrich I. (Barbarossa) die Insel und baute das Kastell auf dem kleinen vorgelagerten Felseneiland, auf Befestigungsresten noch aus der Zeit der Griechen.

Es folgten ihnen die Aragonier, und danach erhielt Karl von Anjou die Herrschaft über Ischia. Vom 15. Jahrhundert an wechselten sich die Herrscher der Häuser Anjou und Aragonien im ständigen Hin-und-Her als Herren der Insel ab, bis im 18. Jahrhundert die Bourbonen Ischia von Neapel übernahmen. Napoleon machte Joseph und seinen Schwager Murat für kurze Zeit zu seinen Statthaltern. 1861 fiel es ans Königreich Neapel.

Blick vom Castello Aragonese auf Ischia Ponte

Der Hafen von Ischia Ponte...

Der Ort Ischia

unterteilt sich in Ischia Porto und Ischia Ponte.

In Ischia Porto legen die Schiffe an. Der kreisrunde Hafen ist durch eine vulkanische Senkung entstanden und war ursprünglich ein malerischer Binnensee mit ca. 2 m Wassertiefe und einer kleinen Lavafelseninsel in der Mitte, auf der ein hübsches Jagdhaus stand. Bourbonenkönig Ferdinand II. ließ einen Durchstich zum Meer machen. 1853 wurde der neue, nun phantastisch geschützte und in seiner Art ziemlich einmalige Hafen eingeweiht; drei Jahre später wurde der Leuchtturm (Faro) am Ende der Mole errichtet.

Ischia Porto

gilt als **Geschäftszentrum** der Insel. Hier stehen die großen Hotels, die schicksten Boutiquen, die Restaurants, die Cafés und die Reisebüros. Hier bummelt „man", zeigt sich und geht abends aus. Besonders interessant in diesem Zusammenhang ist der rechte Hafenkai, unitalienisch **„Rive droite"** genannt. Fischgeruch und Luxusjachten, Night Clubs und Bars, Trattorien und Tavernen sind hier bunt durcheinandergewürfelt.

Von den historischen Bauten ist vor allem der **Königspalast** (Palazzo Reale) zu nennen, auf halber Höhe am Hang gelegen und seit 1876 Militärsanatorium. Am Hafen, in der Nähe des Touristenbüros, steht die **Kirche Santa Maria di Porto Salvo**. Die Grundsteinlegung erfolgte am Tage der Hafeneinweihung. Der Grundriss ist ein lateinisches Kreuz. Der große Baum vor der Kirche steht eigentlich mitten im Weg, doch hat die Platane ihre Existenzberechtigung, da sie zum Andenken an den französischen Dichter Alphonse de Lamartine gepflanzt wurde, der auf der Nachbarinsel Procida den Liebesroman „Graziella" zu Papier brachte.

...wo noch dem Fischfang nachgegangen wird.

Entweder über die Hauptstraße, Via Roma, oder mit einem kleinen Umweg durch den berühmten **Schirmpinienwald, Pineta,** gelangt man nach **Ischia Ponte**, das früher Celsa hieß. Es ist kleiner, enger, aber **hübscher als Porto.** Zahlreiche Künstler haben hier ihren Wohnsitz. An der gepflasterten Hauptstraße erhebt sich die größte Kirche, die **Bischofskirche Maria della Scala**, aus dem Jahre 1613, daneben die **Chiesa dello Spirito Santo**, die Kirche der Seefahrer Ischias. In der Nähe steht das Geburtshaus von Ischias Schutzpatron, San Giovanni Giuseppe della Croce.

Wenn man bei der alten Apotheke abbiegt und den Hügel hinaufsteigt, gelangt man durch typisch süditalienische Gässchen zum **Vorort San Michele** mit herrlicher Aussicht. Etwas weiter, auf halber Höhe links, erreicht man **Il Torre**, den Turm, der von Michelangelo ausgebaut wurde; einige Fresken- und Majolikareste sind noch erhalten. Darunter liegt der **Strand von Cartaromana**.

Bleibt man unten im Ort Ponte, so gelangt man zur Brücke, die zum Kastell führt. Das **Castello Aragonese** liegt auf einem Lavafelsen, 115 m hoch, entstanden durch eine Unterwassereruption. Schon die Griechen hatten die strategisch günstige Lage des Felsens erkannt und eine Festung auf der Lavainsel errichtet, berichtet Hieron aus Syrakus im Jahre 474 v. Chr. Die Römer folgten 326 v. Chr., danach die Pathenopäer, Vandalen, Goten, Sarazenen, Normannen, Barbarossas Staufer und das Haus Anjou. Schließlich eroberte Alfons V. von Aragonien die Insel und begann 1438 mit dem Ausbau des Kastells. Er verband den Felsen mit der Hauptinsel zunächst durch eine lange Holzbrücke (1441), die später auf 220 m Länge in Mauerwerk errichtet wurde. Auch beseitigte er den äußeren Weg, der um den Felsen

Das Castello Aragonese

zum Kastell hinaufführte, und schlug einen Zugang in das Gestein, eine Gewölbestraße von ca. 450 m Länge mit unzähligen Stufen, Bögen und Tunneln, die auch heute noch der einzige Aufgang ist. Man kann sich zwar den ca. viertelstündigen Aufstieg durch die Fahrt mit einem Lift ersparen, würde aber um ein Erlebnis ärmer sein; denn oberhalb der Festung hat man von einer Aussichtsterrasse aus einen grandiosen Panoramablick über den Golf.

Alfons investierte in die Festung, schließlich bot sie der gesamten Bevölkerung Ischias (damals ca. 10 000 Bewohner) Schutz vor Piratenüberfällen. Der Gesamtkomplex beherbergte schließlich Waffenlager, Werkstätten, 13 Kirchen und zwei Klöster!

Im 16. Jahrhundert wirkte die Dichterin Vittoria Colonna auf dem Kastell. Danach folgten die Bourbonen als Herren, bis es 1823 zum Zuchthaus erklärt wurde; ab 1851 saßen hier politische Häftlinge ein. Nachdem es um die Wende zum 20. Jahrhundert in Staatsbesitz gefallen war und zeitweise Militärwaisenhaus wurde, gelangte es 1913 in Privatbesitz.

Fresken von Giotto im Grabgewölbe der Kastell-Kathedrale

Der Rechtsanwalt Mattera kaufte den Felsen komplett mit allen Bauten für 43 000 Lire! Seitdem ist das Castello Aragonese in Familieneigentum.

Oben auf dem Felsen steht die **Cattedrale antica**, die im 14. Jahrhundert erbaut wurde, wovon noch die Fresken in der Krypta zeugen. Leider ist das Gewölbe eingestürzt, und die Erosion nagt sehr in salzhaltiger Höhenluft am Gestein. Zudem wurde die Kathedrale 1809 von den Engländern unter Beschuss genommen. Im 17. Jahrhundert wurde sie barockisiert.

In der Kathedrale fand 1509 die Traumhochzeit der Dichterin Vittoria Colonna mit Ferrante d'Avalos statt. D´Avalos, Marchese von Pescara, war der bedeutendste Heerführer der damaligen Zeit, während sie von großer Schönheit und zugleich die größte Dichterin Italiens und geistvollste Frauenpersönlichkeit der Hochrenaissance war. Politische Gründe hatten die Eltern zu dieser Verbindung motiviert, doch kam mit der Eheschließung die größte Liebesbeziehung der Epoche zustande. Das Pikante: Michelangelo hatte Vittoria Colonna mehr als nur verehrt.

Man geht um die Kathedrale herum und aufwärts am Lift vorbei zum Eingang des Klarissinnenklosters, das 1575 gegründet und durch einen Erlass Murats 1810 wieder aufgelöst wurde. Heute befindet sich im Hauptgebäude eine Pension. Auch eine kleine Galerie hat dort ihren Platz.

Neben dem **Kloster** erhebt sich die **Kirche der Unbefleckten Jungfrau**, Chiesa dell'Immocolata, aus dem 17. Jahrhundert. Das Innere des Barockbaus ziert eine schöne Kuppel und ein Gemälde vom Schutzpatron Ischias, San Giovanni Guiseppe della Croce.

In der Krypta der Kirche ist **der** merkwürdige und **schaurig-makabre „Friedhof" der Klarissinnen mit** den **Sitzgräbern** untergebracht. Die Nonnen bestatteten ihre Toten nicht, sondern setzten sie auf Bänke, die aus dem Fels herausgehauen waren. Dann kamen sie täglich hierher, sahen – über die Vergänglichkeit allen Fleisches meditierend – zu, wie sich die Körper langsam auflösten und die Reste durch ein Loch im Steinsitz in einen bereitgestellten Trog fielen. Immerhin wurden dann diese Überbleibsel bestattet.

Nach dem grausigen Bild wendet man sich gern erbaulicheren Zielen zu, etwa dem Kai am Hafenbecken in Ischia Porto, wo sich eine Taverne an die andere reiht und zum Dolcefarniente, dem süßen Nichtstun, einlädt, oder wir steigen noch höher den Felsen hinauf, kommen an der sechseckigen **Kapelle San Pietro a Pantaniello** aus dem 16. Jahrhundert vorbei und gehen auf das Gefängnis zu. In der Mitte des 19. Jahrhunderts schmachteten hier politische Gefangene, berühmte Namen aus Italiens Geschichte.

Gleich dahinter etwas Erfreulicheres: die Kaffee- und Wein-Terrasse mit einzigartiger Aussicht auf dem gesamten Golf von Neapel und Capri. Während sich heute die Gastwirte auf der Insel eine goldene Nase verdienen, muss in früherer Zeit die Armut sehr groß gewesen sein. So liest man etwa bei Wilhelm Friedrich Waiblinger, einem seinerzeit bekannten Schriftsteller, der 1830 mit 26 Jahren in Rom starb: „Wenn nun Ischia schon ein bedeutend Stück Land ist und seiner Heilbäder wegen häufig besucht wird, so findet man hier mehr Gesellschaft, Bequemlichkeit des Lebens, hübsche reinliche Wege, aber hat auch alles Lästige zu tragen... Die Bettelei ist echt neapolitanisch... man steigt kaum an Land, so wird man von Schiffsleuten, Soldaten, Bettlern, Eseltreibern und Ciceronen (Führern, d. Aut.) mit solcher Wucht überfallen, dass an das Loskommen nicht zu denken ist."

Forio by night

Während im selben Jahrhundert auf der Nachbarinsel Procida der französische Dichter Alphonse de Lamartine seinen Liebesroman „Graziella" verfasste, schrieb ungefähr zur selben Zeit der norwegische Dramatiker Henrik Ibsen auf Ischia an seinem „Peer Gynt" Heute gibt es **in Forìo** eine **internationale Künstlerkolonie**, sicherlich nicht von ungefähr - werden doch hier die bekannten Weine von den Hängen des Epomeo gekeltert, womit der unmittelbare Zugriff zum wirklichen Katalysator der Inspiration sichergestellt ist.

Restaurants:

„Ciccio"
Hausmannskost - aber: Blick auf die Festung Aragonese! Preiswert.
Via Mazzarella 32, Tel.: 081/991686

„Giardino Eden"
köstlicher Fisch im palmenbestandenen Garten in Strandnähe. Oberste Preiskategorie.
Via Nuova Cartaromana 68, Tel.: 081/993909

Rundfahrt auf der Insel

Ischia lernt man am besten auf einer Rundfahrt kennen, die man mit den öffentlichen Verkehrsmitteln oder auch einem Mietwagen machen kann. Wer genügend Zeit hat, kann sich auch den Genuss gönnen, die Fahrt in einzelne Ausflüge aufzuteilen oder mit einer Pferdedroschke zu fahren. Während des Sommers finden auch täglich Rundfahrten mit Bussen um die Insel statt, veranstaltet von den offiziellen Verkehrsbüros. Sie führen rund um die Insel und machen an verschiedenen Stellen Halt; sie dauern etwa drei Stunden. Auskünfte hierüber erteilen die amtlichen Verkehrsbüros in den einzelnen Orten, in Ischia Porto unmittelbar rechts neben der Dampferanlegestelle.

Eine Rundfahrt um die Insel im eigenen Fahrzeug wird in den meisten Fällen zunächst einmal von Ischia Porto aus in Richtung Süden, also im Uhrzeigersinn, führen. Man kann zu diesem Zweck über Ischia Ponte, dem Strandgebiet, mit der Besichtigung des schon beschriebenen Kastells beginnen und wendet sich dann weiter nach Süden.

Inmitten von Pinien und Weinbergen gelegen, befindet sich nach ca. 1 km eine Straßenkreuzung, auf der man, links abbiegend, nach wenigen 100 m einen Aussichtspunkt mit schönem Blick auf das Kastell und die Halbinsel Sorrent erreicht. Zur weiteren Rundfahrt wählt man die rechts abbiegende Straße, die an der Kapelle S. Antuono vorbei führt. Hier gibt es in erster Linie landwirtschaftlich genutztes Gebiet, vor allem mit **Weingärten** bestanden, in denen der berühmte Ischiawein wächst. Man erreicht die Hauptstraße

Punta Cornacchia
Mezzatorre
Punta di M. Vico
P. Caruso
la Guardiola
M. Vico
S. Restituta
Cigliano
Lacco
Ameno
Montevergine
Arbusto
Cavallaro
Gran
Sentinella
Scentone
la Rita
Fango
Maio
P. del
Soccoroso
Tirone
Forio
Monterone
Terme Castaldi
Pizzone
412 m
Cierco
M. Nuovo
503 m
Capo dell' Uomo
721 m
Torrione
S. Maria
del Monte
M. Epomeo
787 m
S. Antuono
Capiazo
Pietra dell'Aqua
720 m
Cava dell'Isola
Pietre rosse
S. Domenico
Pietre del
Cavallone
Kreuzberg
643 m
Pietra Bianca
Cuotto
Fontana
Pietra Nera
Noia
Citara Poseidon
Calimera
Ciglio
Punta
Imperatore
Pantano
La Pietra
Serrara
Fontana
Panza
Grotta
del Mavone
La Cima
195 m
Succhivo
Chianare
di Spadera
Pilaro
S. Angelo
Chiarito
Capo Negro
Torre S. Angelo
104 m
La Roia

Punta
La Scrofa
Perrone
Mortito
Bagnetielli
Castiglione
Punta
S. Pietro
Ischia
Porto
Villa Bagni
P. Molino
M. Rotaro
266 m
Fondo
d'Oglio
Montagnone
254 m
Ischia
Mandria
M. Moschiata
311 m
Cretaio
S. Antonio
Fondo Ferraro
Ischia
Ponte
Castello
Aragonese
M. Toppo
422 m
S. Anna
503 m
M. Trippodi
l'Arso
158 m
Scogli
S. Anna
Fiaiano
S. Antuono
S. Michele
Carta Romana
Maisto
P. della
Pisciazza
Costa Sparaina
Campagnano
Piedimonte
Mormile
P. del Lume
Molara
Terranera
Il Torone
377 m
Grotta
Tisichiello
Casabona
Terone
Piano Liguori
M. di Vezzi
394 m
Vateliero
La Valle
Chiummano
Barano
d'Ischia
M. Barano
264 m
S. Pancrazio
La Barka
Testaccio
M. Cotto
246 m
Punta
S. Pancrazio
P. della
Signorina
C. Grosso

An Macht nicht zu unterschätzen: la mamma

wieder bei den „Pilastri", Resten eines Aquädukts aus dem Jahre 1673, der die Quellen von Buzeto zur Stadt Ischia ableitete. In unmittelbarer Nähe, auf der Straße nach Barano, auf der man links abbiegt, kommt man an einem Eruptionsgebiet vorbei, das im 14. Jahrhundert entstanden ist.

Auf der Hauptstraße fährt man nach links und kommt über Casabona bald nach **Barano**. Der Ort gilt als besonders klimabegünstigt; ringsum gedeihen bekannte Weinsorten. Den Ortseingang bildet eine Oleanderallee.

Abstecher:

Von Barano aus sollte man nicht versäumen, an den herrlichen Strand von **Marina dei Maronti** zu fahren, berühmt wegen der heißen Quellen, die aus dem Sand hervortreten.

Der Meeresspiegel ist seit einigen Jahren gestiegen, so dass die heißen Quellen überspült sind. Nur noch bei Niedrigwasser ist der „dampfende Sand" noch das, was er einmal war. Die Attraktion reichte von Sandbädern bis zum profanen Kartoffelkochen als Demonstration einheimischer Führer.

Heute ist Marina dei Maronti ein **modernes Strandbad** geworden, mit den üblichen Einrichtungen vom Liegestuhl-Verleih bis zu den diversen Strandbuden und Restaurants. Da von hier aus **Bootsausflüge nach Sant'Angelo und Cava Scura** sehr beliebt sind, finden sich in Rufweite pendelnde „Bootstaxen", die zu den gewünschten Zielen tuckern.

Sehr hübsch sind auch **die Weinorte** der Umgebung, die man auf der Weiterfahrt in Richtung Serrara berührt. Die Orte **Piedimonte** im Norden bei **Casabona, Testaccio,** am Fuß des Monte Cotto gelegen und wegen seines Fernblicks berühmt, sind von Barano aus mit dem Wagen oder zu Fuß gut zu erreichen. Ein sehr attraktiver, 1 bis 1 1/2 Stunden dauernder **Spaziergang** führt von Barano aus an die Süd- und Ostküste, am Fuß des Monte Barano, des Monte di Vezzi und Il Torrone mit schönen Ausblicken vorbei nach **Campagnano**. Es liegt auf einem Felsvorsprung, von dem aus man einen sehr schönen Blick nach Ischia und Neapel hat. Man hat hier als seltene Zeugen einer vorgeschichtlicher Besiedlung Ischias Pfeilspitzen aus Obsidiangestein gefunden, die auf eine Besiedlung schon aus der Zeit des Paläolithicums schließen lassen. Von Campagnano aus kann man auch den Strand von S. Pancrazio besuchen und die Grotta di Mago, der Überlieferung nach ein ehemaliges Heiligtum des Sonnengottes, und die Grotta Verde, die grüne Grotte, so genannt nach dem grünlich reflektierenden Wasser. In Campagnano kann man seinen Spaziergang wieder zurück über S. Antuono nach den Pilastri fortsetzen, wo man die Hauptstraße und damit den Anschluss an die öffentlichen Verkehrsmittel erreicht, oder man geht direkt zurück nach Ischia Ponte. Der 2 km lange Weg von Campagnano nach Ischia Ponte geht durch dichten Pinienwald und ist landschaftlich sehr lohnend.

Wenn man auf der Rundfahrt nach **Barano** kommt, findet man als seinen Mittelpunkt den S. Rocco-Platz mit der S. Sebastiano-Kirche aus dem 17. Jahrhundert. Barano erstreckt sich über eine große Fläche und besteht aus verschiedenen einzelnen Orten, die zusammen etwa 6000 Einwohner haben. Auch in Barano gibt es die verschiedensten Heilquellen.

Baranos Ortsteil Buonopane (von Älteren Moropane genannt) ist für die sogenannte **„La`ndrezzata“**, einen **Kriegstanz**, bekannt, dessen Herkunft nicht erforscht werden konnte, aber offenbar den Kampf zweier Familiengeschlechter darstellt. Hier kämpfen zwei verschieden gekleidete Gruppen von je neun männlichen Tänzern mit Holzschwertern gegeneinander und geben bei diesem Tanz ein sehr eindrucksvolles Bild eines Kampfes. Diesem Kriegstanz schließt sich ein Umzug mit bunten Trachten an.

Von Barano aus geht die Hauptstraße, die rund um die Insel führt, zunächst mit vielen Kurven ins Gebirge am Südabfall des **Monte Epomeo** entlang, dessen Steilhänge hier praktisch ein riesiger vorgeschichtlicher Krater sind. Der kleine Ort Nitrodi liegt links von der Straße mit einer schon in der

Blick vom Monte Epomeo auf Lacco Ameno

Antike berühmten heilkräftigen Quelle, die Apoll gewidmet war und die besonders günstigen Einfluss auf die weibliche Schönheit haben soll. Gleich darauf erreicht man die gesegneten Weinfelder von Buonapane. Weiter bergan geht es in eine fast menschenleere Gegend. Hier gibt es auch einen Fußweg, der über den Ostkamm des Epomeo-Massivs in etwa 2 bis 2 1/2 Stunden an die Nordküste nach Casamicciola-Terme führt, oder, abzweigend über das Weindorf Fiaiano, mit schönem Rundblick über die Insel nach Ischia Porto. Diesen Weg kann man auch direkt von Piedimonte aus erreichen. Er ist von dort bis Fiaiano befahrbar.

Die Hauptstraße unserer Inselrundfahrt kommt nun wieder am Epomeo-Hang entlang in das Gebiet der Gemeinde von **Fontana**. Auch diese Gemeinde umfasst mehrere Dörfer. Fontana ist mit 452 m Höhe über dem Meeresspiegel der höchstgelegene Ort der Insel und als Aufenthalt während der heißen Jahreszeit seines gemäßigten Klimas wegen beliebt. Von Fontana-Pariocchia führt ein steiler, im Anfang noch befahrbarer Weg hinauf zum Gipfel des Epomeo; der Berg ist um die 787 m hoch (es gibt verschiedene Höhenangaben).

Vor dem Ortseingang biegt rechts eine Militärstraße ab, deren Sperrschild allgemein ignoriert wird. Die Straße führt bis zu einer Brücke, an der wiederum ein Sperrschild des Militärs steht. Hier sollte man den Pkw dann doch lieber abstellen und den Rest per pedes in Angriff nehmen (30 min). Der Weg von hier aus ist sehr holprig; er führt teilweise durch ein ausgewaschenes Bachbett, dann über blanke, aber verhältnismäßig ungefährliche Felsen. Man kann zwar ausrutschen und unsanft landen; die eigentliche Absturzgefahr besteht aber nur auf dem Rückweg, wenn man im Gipfelrestaurant zuviel vom guten Ischia-Wein konsumiert hat...

Der Fußweg auf den Epomeo von Fontana aus beginnt auf

Bei Cuotto zwischen Panza und Forio. Im Hintergrund die Insel Ventotene

dem Weg links neben der Haltestelle; dieser Weg wird auch von den Maultieren benutzt. Der Epomeo ist zu Fuß in ca. 1 Stunde zu erklimmen oder – ziemlich abenteuerlich und lustig – mit dem Maulesel. Der Aufstieg wird in jedem Fall nicht nur mit einem einmaligen Ausblick belohnt, sondern auch im Restaurant mit Kaninchenbraten und köstlichem Wein.

Etwas unterhalb des Gipfels steht eine **Kapelle**, **San Nicola**, aus dem Jahre 1495. Früher soll hier sogar ein Neptun-Tempel und eine römische Signalanlage gestanden haben.

Die Rundstrecke geht nun wieder durch das landschaftlich intensiv genutzte Gebiet zu der kleinen, zu Fontana gehörenden Gemeinde **Noia,** das ebenso wie das unmittelbar in der Nähe liegende Dorf **Calimera** griechischen Ursprungs ist. Man hat von hier aus nochmal einen Blick auf den Strand von Maronti.

Der nächste größere Ort ist nun **Serrara.** Von dort gibt es kleine Verbindungswege nach S. Angelo, der kleinen Halbinsel im Meer. Der Ort hat viel von seiner Ursprünglichkeit erhalten und ist ein typisches Weinbauerndorf. Hier sollten Sie unbedingt eine Pause einlegen und zur **Rotonda Belvedere** gehen, einem Aussichtspunkt, von dem aus man einen **herrlichen Blick** auf das Vorgebirge von S. Angelo und die hübschen Orte und Buchten der Küste hat. Nach Osten hin sieht man hinüber bis Capri und zur Halbinsel Sorrent. Serrara ist auch ein Ausgangspunkt für Wanderungen auf den Monte Epomeo, der übrigens früher auch Monte San Nicola genannt wurde, nach einer kleinen Einsiedelei am Gipfel des Berges.

Die Rundfahrtstraße um die Insel führt immer wieder bergauf und bergab durch winzige **Weinbauerndörfer,** die oft nur Einzelgehöfte sind. Eines davon erreichen wir zuerst: Es ist **Ciglio,** das einen berühmten Wein erzeugt. Man findet in dieser Gegend zahlreiche in den Tuffstein geschlagene Höhlen, die vermutlich als Weinkeller dienten. Der nächste Ort hat den etwas absonderlichen Namen **Panza** (von ital. pancia = Bauch). Der Sage nach sollen die Titanen versucht haben, von den höchsten Bergen aus den Olymp zu stürmen. Über den Epomeo versuchte es der Riese Tifeo. Zeus ließ sich das aber nicht bieten, schleuderte die Eindringlinge zurück und begrub sie unter den jeweiligen Bergen. Nach den durch diesen Gewaltakt verstreuten Körperteilen heißen hier einige der kleinen Orte der Umgebung: Testa (Kopf), Bocca (Mund) oder Ciglio (Augenlid).

Der Mittelpunkt von Panza ist die Piazza mit hübschen Bauwerken, vor allem der Kirche S. Leonardo mit ihrem monumentalen Barockportal. Von Panza aus hat man eine berühmt schöne Aussicht auf die Südwestküste der Insel. Von hier führt ein Fahrweg herunter nach Sant´Angelo und dem schon beschriebenen berühmten Strand Lido dei Maronti. Dieser von vulkanischen Erscheinungen durch-

Das Vorgebirge von Sant'Angelo

setzte Strand mit seinem heilkräftigen Sand und den vulkanischen Quellen im Meer wird gerne besucht.

Aus dem verträumten Dorf **Sant'Angelo** ist in den letzten Jahren ein **moderner Kurort** mit einem kleinen Touch Exklusivität geworden. Rigoros hat man den Ortskern zu einer einzigen Fußgängerzone gemacht und auch den Lieferverkehr oder Koffertransport zu den zahlreichen Hotels und Pensionen konsequent auf Elektrokarren oder Lastesel verbannt. In Sant'Angelo geht man zu Fuß. **Steile Gassen** und hübsche Stiegen **zwischen** den **pittoresken Häusern** laden ohnehin zum Bummeln ein. Kleine Läden, Boutiquen, Galerien, Cafés, Kneipen und Restaurants, meist kombiniert mit Blumenterrassen und Meerblick runden das Bild dieses netten Ortes ab. Für die Gesundheit sorgt das „Tropical", ein Kurzentrum in der Bucht von Sant'Angelo. Seine Becken inmitten von exotischen Pflanzen erinnern tatsächlich an einen Garten in den Tropen. Dem Ort Sant'Angelo ist eine wuchtige **Felskuppe** vorgelagert, **Punta S. Angelo**, ein durch eine schmale Landzunge verbundener Berg mit einem alten Kastell aus dem 16. Jahrhundert, das 1809 zerstört wurde. An den Stränden und Bootsliegeplätzen hier unten ist man an einem der reizvollsten und fotogensten Punkte der Insel.

Vor dieser schmalen Landzunge verläuft eine Promenade mit zahlreichen Cafés und Restaurants. Auch die Bootstaxen fahren hier von der Anlegestelle hinüber zum Strand von Maronti und der **Cava Scura**. In den Felsen gehauene Nischen mit Naturbecken, gefüllt mit heißem Thermenwasser, bieten einen Einblick in den Kurbetrieb zur Römerzeit.

Der Rückweg (nur per Boot möglich) erfolgt, indem man am Strand den diesen Küstenabschnitt abfahrenden Bootstaxen zuwinkt.

In den Poseidon-Gärten

Hinter Panza führt die Straße durch zahlreiche kleine Siedlungen und Pinienwälder über Battaglia nach **Cuotto.**

Bei Cuotto liegen die berühmten **Gärten des Poseidon** (Giardini Poseidone) in der Bucht von Citara. Es sind **großzügig angelegte Thermenanlagen**, umgeben von natürlich klimatisierten Gewächshausanlagen mit tropischer Vegetation. Schon im Altertum waren diese Quellen berühmt und der Aphrodite Kytherea geweiht. Auf diesen Ursprung geht der Name Lido Citara zurück. Vor etwa drei Jahrzehnten wurden die Thermalanlagen neu ausgebaut; sie sind wegen ihrer Heilwirkung bekannt. Besonders wirksam sind sie bei rheumatischen Erkrankungen. Kuren kann man hier nur unter ärztlicher Aufsicht durchführen. Die zahlreichen Thermen und Schwimmbäder sind beileibe nicht mit einem exotischen Freibad zu verwechseln.

Nun führt die Straße an der Ostküste entlang. Empfehlenswert ist es, bald hinter Cuotto nach links auf eine Nebenstraße abzubiegen, die am Strand entlang nach Forio (Blühende) führt und sich dort wieder mit der Hauptstraße vereint, vorbei an einem Gebiet, das noch deutlich vulkanische Spuren aufweist. Hier bekommt man Fumarolen, also Dampfausbrüche, und andere vulkanische Phänomene zu Gesicht. In Forio erreicht unser Rundweg wieder die Küste.

Forío

gehört zu den größten Orten der Insel und den Häfen, die von den Fahrgastschiffen angelaufen werden. Der Ort hat noch vieles von seiner Natürlichkeit erhalten – **berühmt ist der Weißwein**, der hier angebaut wird, der erfrischend schmeckt, es aber in sich hat. Der Ort ist Sitz einer großen **Künstlerkolonie**. Zahlreiche Bauwerke, Kapellen und Gassen sind sehenswert, vor allen Dingen die besonders ein-

Die Kirche Santa Maria del Soccorso in Forio

drucksvolle **Kirche Santa Maria del Soccorso,** die auf einem Vorsprung am Meer steht und die verschiedensten architektonischen Elemente - den gotischen Glockenturm, das Renaissance-Portal und barocke Einbauten - dennoch zu einer Harmonie vereinigt. Die hübsche Wallfahrtskirche hat im Inneren Erklärungs-Tafeln auch in deutscher Sprache. Von der alten Stadtmauer ist der „Torrione" übrig geblieben, der aus dem Jahr 1480 stammt; er dient heute als Museum, das im wesentlichen lokale Bezüge hat. Ferner befindet sich hier eine Sammlung des Malteserordens.

Restaurants:

„Jl Melograno"
in **Forío** (10 km von der Stadt Ischia entfernt),
Top-Lokal mit viel Fisch (Knurrhahn, Adlerfisch) und Meeresfrüchten, aber etwa auch mit köstlichem Schokoladeneis mit Waldfrüchten. Gute Weine.
Via Mazzella 110 - Cava dell´Isola, Tel.: 081/998450

„Da Peppina"
ebenfalls in **Forío**, wo es das berühmte Kaninchen à la Ischia gibt. Gehobene Kategorie.
Via Bocca 23, Tel.: 081/998312

Die Strandpromenade von Forio

Auch die Umgebung von Forio ist reizvoll. Hinter dem Ort führt die Straße zunächst am Meer entlang, dann ins Landesinnere, mit Stichwegen zu Strandbädern und kleinen Badeorten. Wenn man links abbiegt, kann man über einen reizvollen Nebenweg zum **Badeort La Scavica** fahren, weiter am Monte Caruso vorbei zu dem **Aussichtspunkt La Guardiola,** von dem aus sich ein wundervoller Fernblick auf den nordöstlichen Teil der Bucht von Neapel und den Ponza-Inseln bietet. In der Nähe liegt auch der zauberhafte **exotische Garten „Giardino Essotico".**

Kurz vor Monte Vico, einem Vorort von Lacco Ameno, biegt scharf links eine Stichstraße nach **Montana** ab. An dieser Küste entstand ein exklusives **Hotel, das „Mezzatorre", in einem Kastell** aus dem 16. Jahrhundert untergebracht. Montana ist vermutlich griechischen Ursprungs und wurde schon im 8. Jahrhundert v.Chr. besiedelt. Hier wurde die Stadt Pithakoussai gegründet, die für ihre Töpferwaren, die in alle Mittelmeerländer ausgeführt wurden, berühmt war.

Links von der Straße liegt nun der **Monte Vico**, auf dessen pinienbestandenem Gipfel ein Observatorium steht, und bald darauf ist

Lacco Ameno

erreicht. Es gehört zu den wichtigsten Orten Ischias, die sich an der Nordküste, dem Festland zugewandten Teil, konzentrieren. Er hat einen beliebten und guten Jachthafen, dessen Einfahrt durch das Wahrzeichen der Stadt beherrscht wird - einen vulkanischen **Gesteinsturm,** wegen seiner charakteristischen Gestalt **Il Fungo (der Pilz)** genannt. Als Wahrzeichen gilt er nach der Legende, nachdem einst ein junges Liebespaar, deren Eltern gegen seine Heirat war, versucht hatte, über das Meer zu fliehen, in den Fluten jedoch ertrank, worauf an dieser Stelle der gewaltige Felspilz aus der See heraus "wuchs".

Der Pilz (Fungo) in Lacco Ameno

Lacco Ameno ist schon seit dem Altertum wegen seiner heilkräftigen Quellen bekannt und beliebt. Die Thermen dort sind von hoher Radioaktivität.

Zahlreiche Funde, besonders die Ausgrabungen am Monte Vico, zeugen von der glanzvollen Vergangenheit in der Antike. Auch die Basilika von S. Restituta mit ihrer Sammlung frühchristlicher Dokumente ist nicht nur für den Archäologen interessant. Daneben aber ist Lacco Ameno nicht minder reizvoll durch seine eleganten Hotels und die modernen Strandbadeanlagen, die sich hier und etwas außerhalb, am Strand von S. Montano konzentrieren. Ein intensiver Kurbetrieb in den hervorragenden Heilbadeanlagen bildet den dritten Anziehungspunkt dieses landschaftlich außerordentlich schönen Ortes. In Panella, das zu Lacco Ameno gehört, war auch das erste Hotel der Insel entstanden, in dem einst Monarchen und andere illustre Gäste wohnten.

Lacco Ameno wird ebenfalls von den Motorschiffen vom Festland aus angefahren. Im Weingebiet, an den Hängen des Marecocco und in der Umgebung der Thermen von Fango im Süden der Stadt, gibt es berühmte Weinlagen, deren „Anwendung" den Besuch der Insel nicht weniger reizvoll macht als seine Heilbäder.

Verlässt man den Ort, der sich weit am Meer entlang hinzieht, muss man an der Steilküste eine in den Felsen gesprengte Straße entlang fahren, von der viele Stichstraßen in die gebirgige Hinterlandschaft mit zahlreichen hübschen und typischen Gebirgsnestern ausgehen, und kommt kurz vor Casamicciola Terme an der ins Meer hinausgebauten Plattform des Hubschrauberlandeplatzes für die Insel Ischia vorbei.

Auch **Casamicciola** gehört zu den bevorzugten Badeorten der Insel. Diesen Umstand verdankt der Ort sowohl den heilkräftigen zahlreichen **Thermalquellen** als auch dem **sehr schönen Strand,** an dem man bis in den späten Herbst hinein baden kann. Darüber hinaus ist die Stadt mit ihren zahlreichen, am Berghang klebenden weißen Häusern eine **wunderschöne Kulisse.** Ihren gewaltigen Aufschwung verdankt sie dem Tourismus. Schon früher hatte die Insel prominente Gäste. So siedelte sich hier Ibsen an, dessen Villa noch heute zu sehen ist und in der er seinen Peer Gynt vollendete. In der Villa Cavota war Garibaldi zu Gast.

Blick vom Epomeo-Berg auf Casamicciola

Die hier heimische **Keramikkunst** hat ihren Ursprung in der antiken Amphorentöpferei, die jene Behälter herstellte, in denen der berühmte Ischiawein schon ins alte Rom gebracht wurde. Diese Kunst hat sich bis heute erhalten und verfeinert und bringt wertvolle künstlerische Keramiken hervor.

Im Jahre **1883,** am Abend des 28. Juli, wurde Casamicciola von einem gewaltigen **Erdbeben** getroffen. Innerhalb von 16 Sekunden stürzten 1200 Häuser ein. Es gab über 2000 Tote und 800 Verletzte.

Restaurant:

„Il Focolare di Loretta e Riccardo d´Ambra" in Casamicciola Terme

Hier dominieren die Fleischgerichte (Fisch nur auf Bestellung) aus sehr guter Küche, deshalb gehobene Preiskategorie. Der beste Rotwein kommt aus der Toskana.
Via Cretaio 68, Tel.: 081/980604

Von Casamicciola Terme bietet sich ein schöner **Ausflug zum Monte Rotaro** an. Der alte Krater ist dicht mit Olivenbäumen und Kiefern bestanden, und es gibt herrliche Spazierwege.

Nimmt man weiterfahrend die gut ausgebaute, aber schmale Straße in Richtung Fiaiano, an den Hängen des Monte Toppo und des Monte Trippodi entlang, so bieten sich neben reizvoller Strecke auch wunderschöne Ausblicke auf Ischia Porto. **Durch Weingärten und Wälder** kommt man **nach Fiaiano**, und über eine steile, enge Straße erreicht man wieder den oberen Stadtrand von Ischia Porto.

Im Hafen von Casamicciola

Die Küstenstraße von Casamicciola Terme führt weiter in östlicher Richtung aus dem Ort hinaus, am Fuß des Monte Tabor vorbei, zu dessen aussichtsreichem Gipfel eine Straße durch dichten Pinienwald verläuft. Man kommt nach

Castiglioni, einem Ort, der durch **moderne Badestrandanlagen** berühmt ist. Es gibt aber hier noch ein interessantes Relikt aus der Frühzeit, die **Pietra del Voia.** Hier steht ein einsamer Stein auf einem Hügel gegenüber der Stadt. Auf diesem Stein, der einen natürlichen Altar bildet, verehrten in der Frühzeit die Inselbewohner den Sonnengott mit Tieropfern.

Wir fahren weiter über die Küstenstraße und erreichen bei der Spiaggia degli Inglesi (nach den ersten Badegästen der Insel „Badestrand der Engländer" genannt) wieder das Gebiet von Ischia Porto.

Was auf Ischia auf den Tisch kommt

Ischiawein war schon im Altertum berühmt und wird heute noch genauso sorgfältig und in den vielfältigsten Lagen angebaut, so dass man fast alle Geschmacksrichtungen vom leichten trockenen Weißwein bis zum schweren Dessertwein, eine Malvasia-Art, findet.

Berühmte Weinsorten sind neben dem „Epomeo", der „Calitto", der „Sorriso", der „Vino di Paglia" und der „Acinato". Praktisch ist in jedem Ort eine Spezialität zu finden.

Natürlich bietet auch das Meer dem Besucher eine Menge an Gerichten. **Unzählige Fischgerichte** werden vor allem in den Häfen und Küstenorten angeboten. Das waldreiche Innenland bringt aber auch besondere Mahlzeiten auf den Tisch, so das Coniglio alla cacciatore, ein sehr schmackhaft zubereitetes **Wildkaninchen**. Vom Gartenbau profitiert die Pizza di Scarole und die zahlreichen Gerichte mit Melanzanen (Auberginen), von denen besonders typisch Ruoto di Mulignane ist.

Fast jeder Ort auf Ischia hat seinen speziellen Wein

Dass vor der Küche der anpassungsfähige Geschäftsgeist der Ischianer nicht Halt macht, ist klar. Man findet häufig auf der Insel Schilder mit „Deutscher Kaffee mit Kuchen", Gaststätten mit Namen wie „Braustübl", Hinweise auf deutsche Küche, deutsches Bier und dergleichen.

Die St. Georgsprozession in Testaccio

Die wichtigsten Feste auf der Insel in der Reisezeit:

Ostern:
Große Karfreitagsprozession in Ponte (besonders sehenswert auf Procida).
16.-18. Mai: Fest der Hl. Madonna di Restituta mit Jahrmarkt, Prozession auf Booten.
24. Juni: Patronatsfest in Buonopane, die berühmte „Nderezzata", Festbeleuchtung des Kastells und des St. Anna-Felsens in Ponte und Fiaiano.
Letzter Sonntag im August: Fest des Hl. Giovanni della Croce, Bootsprozession von Ponte nach Porto.
12. September: Wallfahrt zur Kirche S. Maria del Monte Michaeli-Tag, Patronatsfest in Serrara-Fontana und auf Procida.

Touristen-Information:

Azienda Autonoma di Cura Soggiorno e Turismo (A.A.C.S.T.)
80700 Ischia, Corso Vittorio Colonna 116
Tel.: 991464 und 983066

Uffico Informazioni Ischia, Tel.: 991146

Tour 8

Touristen-Information:
Azienda Autonoma di Cura Soggiorno e Turismo
Stazione Marittima
Tel.: 081/8101968

Die Inseln Procida und Vivara

Auf der Überfahrt vom Festland, von Neapel und Pozzuoli, nach Ischia kommt man unweigerlich an der nur knapp 4 qkm kleinen Insel Procida vorbei - aber hinter der „Frontlinie" des Fremdenverkehrs. Die Schiffe legen hier an, und man sollte wirklich aussteigen und Procida einen Besuch abstatten. Die Insel ist völlig zu unrecht kaum beachtet. Sie ist gottlob touristisch nicht vermarktet - die (10 000) Einwohner wollen es auch nicht - und kann durchaus als Geheimtipp gelten. Zwar auch vulkanischen Ursprungs wie Ischia verfügt sie jedoch nicht über heiße Quellen, so dass der Thermaltourismus entfällt.

Bereits der Hafen bietet eine Fülle von Fotomotiven. Die bunten, unregelmäßig gewürfelten Häuser mit ihren seltsamen, für Procida typischen Außentreppen und die Kirchen wie San Michele (mit einer Deckenbemalung von Luca Giordano von 1699) bieten ein völlig anderes Bild, als wir es von Kampanien oder von Capri her kennen.

Die kleinen Lokale direkt am Hafen laden zu Käse und Wein ein, einfach, billig, gut und noch ursprünglich!

Zwar kann man auf Procida auch schon Micro-Taxis und Pferdedroschken zur Sightseeing-Tour mieten; ein Spaziergang vermittelt jedoch den intensiveren Eindruck.

Der Weg hoch zum **Kastell**, dem **Palazzo Baronale** aus dem 13. Jahrhundert, gewährt vom 90 m hoch gelegenen Hügel Terra Murata einen phantastischen Ausblick. Die steile Straße führt durch ein Gewirr von Treppen, Toren, Höfen und Terrassen zur Feste, die noch bis in die 90-er Jahre als Gefängnis für ziemlich „schwere Jungs" diente. Von dort

Blick hinüber zu den Inseln Procida und Vivara

Der scheue und schmeichelnde Duft des Ginsters

In ihrem 1957 erschienenen Roman „Arturos Insel" schwärmt die römische Schriftstellerin Elsa Morante von Procida: "Besonders in der Nähe der einstigen Krater sprießen Tausende von Blumen wild empor, wie ich sie ähnlich niemals auf dem Festland wiedersah. Im Frühling bedecken sich die Hügel mit Ginster: du erkennst seinen scheuen und schmeichelnden Duft, sobald du dich unseren Häfen näherst, wenn du im Monat Juni vom Meere herüberkommst. Die Hügel hinan zu den Feldern führen auf meiner Insel einsame Wege, dahinter erstrecken sich Obstgärten und Weinberge, die kaiserlichen Gärten gleichen. Auf meiner Insel gibt es verschiedenartigen Strand mit hellem und weißem Sand und andere kleine Ufer mit Kieseln und Muscheln bedeckt und zwischen großen Felsenklippen verborgen. Dort ist an ruhigen Tagen das Meer sanft und benetzt das Gestade wie Tau." Und: „in unserem Hafen legen fast niemals jene eleganten Sport- oder Segelboote an, welche die anderen Häfen des Archipels so zahlreich bevölkern; du wirst hier nur kleine Nachen und schwere Lastkähne finden."

oben zeigt sich Procida in seiner Schönheit: Die 14 km lange Küste ist eine Aneinanderreihung von Buchten, Stränden, Landzungen, unberührter Natur und winzigen Fischersiedlungen. Bezaubernd sind die vielen Zitronen- und Orangengärten sowie die hellen Häuser, vor allem im Fischerdorf Corricella, der hübschesten Ecke der Insel.

Vom Anlegehafen aus kann man in einer halben Stunde quer über die Insel zum **Strand Chiaia** gelangen, mit dem Micro-Taxi die Insel längs durchfahren nach **Chiaiolella** im Südwesten, einem kleinen Naturhafen mit Fischerbooten und fast völlig unberührter Idylle, der alten Kirche S. Margharita Vecchia und den Ruinen des Benediktiner-Klosters auf steilem Fels über dem Meer.

Da die **Preise auf Procida niedriger** sind **als auf den anderen Inseln**, kommen die meisten Besucher aus Neapel, die sich dann vorzugsweise in Chiaiolella niederlassen.

Um die wilde, ursprüngliche Schönheit Procidas ganz bewundern zu können, ist eine Inselumrundung mit dem Boot empfehlenswert und lohnend.

Auch auf Procida pflegt man die überlieferten Traditionen, die sich meist als Seemannsbräuche in religiösem Gewand um das Meer, seine Gefahren und die dafür zuständigen Schutzheiligen drehen. Eine große Rolle bei den Festivitäten spielt das Warten der Fischerfrauen auf die Rückkehr ihrer Männer, treffend geschildert in Lamartines Roman „Graziella". Die Fischerfrauen nutzten ihr langes Alleinsein mit Handarbeiten; es entstanden dadurch ihre reichbestickten tunikaartigen Trachten, die bei Prozessionen, speziell der Karfreitags-Prozession, getragen werden.

Für diejenigen, die Procida mehr als einen Tagesausflug geben, existieren gute, allerdings einfache Unterkunftsmöglichkeiten in Procida-Ort und Chiaiolella.

Restaurants: auf die Insel Vivara.

„Hotel Ristorante Crescenzo"
Marina Chiaiolella, Einfach und gut, mit schönem Blick. Tel.: 081/8967255.

„La Medusa"
Fischlokal, Marina Grande (Hafen), Tel.: 081/8967481.

Campingplatz:
Punta Serra, am Kap gleichen Namens.

Fähren:
Autofähre nach Neapel, Molo Beverello, Pozzuoli und Ischia. Tragflügelboot nach Neapel und Ischia.

Auf Procida

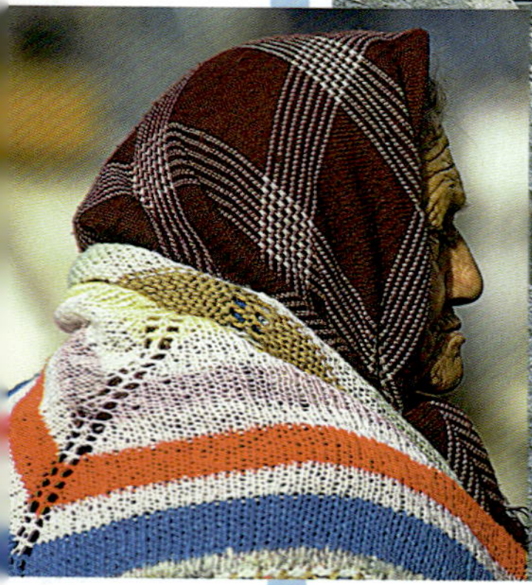

Gegenüber von Chiaiolella liegt, mit einer Brücke verbunden, die

Insel Vivara

Sie steht als Vogel- und Pflanzenparadies **unter Naturschutz**. Auf der „grünen Insel" leben auch Unmengen von wilden Kaninchen, die die Speisekarten Procidas als „Kaninchensalami" bereichern.

Die Kirche Santa Maria delle Grazie auf der Terra Murata von Procida

Die Küstenstrecken

Neapel – Sorrent – Amalfi – Ravello – Salerno – Paestum – Velia

Gesamtstrecke Neapel – Salerno 115 km, mit Ausflügen bis Paestum insgesamt ca. 170 km.

Blick von der Terrasse des Grand Hotels „Excelsior Vittoria" auf den Golf von Sorrent

Landschaftlich und politisch gesehen gehört dieses Gebiet nicht mehr zu Neapel.

Der Golf von Salerno, der durch die Monti Lattari vom Golf von Neapel getrennt wird, ist aber eine wertvolle Ergänzung eines Neapel-Besuchs und bietet im Küstenabschnitt bis Salerno eine ungewöhnlich reizvolle Landschaft und beim erweiterten Ausflug bis Paestum und Velia eine interessante archäologische Delikatesse, nämlich die griechischen Tempel von Paestum und die ausgegrabene griechische Hafenstadt Velia.

Von Neapel nach Sorrent

Wie kommt man nach Sorrent, Salerno, Paestum und Velia?

Am schnellsten kann man Salerno und die beiden letztgenannten Orte über die Autobahn von Neapel aus erreichen. Diese Strecke (ca. 100 km) sollte man aber erst bei der Rückfahrt nach Neapel benutzen, denn man wäre um ein unvergessliches Erlebnis ärmer, ließe man die zauberhafte Küstenstraße aus. Sie gehört mit zu den schönsten Italiens, aber auch zu den kurvenreichsten.

Am besten macht man diese Reise im eigenen Wagen oder Mietwagen, den man – mit oder ohne Fahrer – bei zahlreichen Autoverleihern bekommen kann. In der Hauptsaison befahren Autobusse der verschiedenen Touristik-Büros von Neapel aus diese Strecke.

Sie können aber auch von Neapel, Capri und Ischia aus Sorrent mit dem Schiff oder dem Tragflächenboot erreichen. Ebenso gibt es Ausflugsdampfer, die von Neapel und Capri aus an der Küste entlang Sorrent, Amalfi und Salerno anfahren. Die Schiffe gehen von Neapel aus zweimal am Tag und fahren in dem kleinen Hafen Molo Beverello, beim Kastell Nuovo, ab, wo auch der Linienverkehr nach Capri ablegt. Die schnelleren Tragflächenboote starten am Touristenhafen, Porto Mergellina an der Via Caracciolo; sie verkehren nur bis Sorrent.

Von Sorrent aus fährt die **Autobuslinie „Sita“** über Positano und Amalfi nach Salerno. Zahlreiche Haltestellen unterwegs ermöglichen das Aussteigen (fragen Sie, wann der nächste Bus kommt, denn Fahrpläne müssen nicht sehr viel bedeuten); in Positano ist ein offizieller Aufenthalt.

Eine weitere Möglichkeit, bequem nach Sorrent zu kommen, bietet die **Privatbahn Ferrovia Circumvesuviana.** Sie fährt in Neapel vom Corso Garibaldi ab, der in der Nähe des Hauptbahnhofs liegt. Diese Bahn, eine Art S-Bahn, ist sehr preiswert, aber nicht sehr schnell, da sie nicht nur in den zahlreichen Ortschaften, sondern auch „an jeder Milchkanne“ hält.

Wie lange braucht man für diesen Ausflug?

Die Tour ist kaum an einem Tag zu schaffen. Am besten fährt man am ersten Tag bis Salerno, dann ist genügend Zeit, sich alles gründlich anzusehen. Am nächsten Tag besucht man Paestum und eventuell Velia und fährt dann über die Autobahn (Auffahrt Battipáglia) zurück nach Neapel.

Unterschätzen Sie die Entfernungen und die Kilometerleistung nicht - auf der Küstenstraße kommt man nur sehr langsam voran. Rechnen Sie mit einem Stundendurchschnitt von ca. 30 km!

Kilometerangaben hinter den Orten geben die ungefähre Entfernung von Neapel an.

Am Meer entlang nach Süden

Von Neapel aus nehmen Sie lieber zunächst die Autobahn in Richtung Pompeji und verlassen Sie sie erst in Castellammare di Stabia (30 km). Die nicht sehr empfehlenswerte Ausfallstraße an der Küste entlang bis hierher durchquert das Gewimmel der Orte Portici, Ercolano, Torre del Greco und Torre Annunziata, bis sie in Castellammare mit dem Ende der Autobahn zusammentrifft.

Die Küstenstraße zu Füßen des Vesuvs nannte man die **„Goldene Meile“**. In der Barockzeit galt es als ausgespro chen schick, ausgerechnet hier zu wohnen – nach hinten den Blick auf den Vulkan, nach vorne auf das Meer. Besonders die landschaftliche Schönheit von Portici hatte es Karl von Bourbon angetan, als er seine Residenz 1734 dort errichten ließ und einen Bauboom des nachziehenden Adels auslöste.

Wer an der Küste entlang fährt, kommt hinter Portici nach

Ercolano

Der Ort teilt seine Attraktion mit Resina: das antike Herkulaneum. Die Fahrstrecke führt direkt am Eingang der Ausgrabungen vorbei. Auf diesem Streckenabschnitt werden die Bausünden der 60-er und 70-er Jahre deutlich. Die Küste ist hier schlichtweg zubetoniert.

Torre del Greco

(100 000 Einwohner) zählt nicht unbedingt zu den schönsten Städten des Golfes – allerdings kann man dafür auch ohne Touristenrummel auf Entdeckungsreise gehen. Dabei trifft man auf das **Korallenmuseum**. Torre del Greco ist eine Hochburg der Schmuckverarbeitung für weiße und rote Korallen! Die Basilika San Croce beherrscht den Platz im Zentrum und fällt durch ihre besonders düstere Fassade auf. Da die Stadt immer wieder von Vulkanausbrüchen zerstört wurde, sind die meisten Bauten, so auch die Basilika, erst in der Mitte des 18. Jahrhunderts entstanden. Etwas älter ist der Palazzo municipale, den Alfons von Aragonien 1699 errichten ließ.

Restaurant:

„Casa Rossa 1888"

Der traumhafte Blick über den Golf bis Capri sowie Schinken und Mozarella im Feigenblatt gegart wollen (nicht zu üppig) bezahlt sein. 60 Plätze draußen, 200 drinnen.
Via Mortelle 128, Tel.: 081/883154

Der Innenhof der Villa Oplonti

Fresken in der antiken Villa Imperiale

Torre Annunziata

(60 000 Einwohner) lebt von der Herstellung von Nudeln und pharmazeutischer Produkte. Es ist ein – nicht allzu erfolgreicher – Thermal-Kurort. Allerdings lohnt hier ein Besuch der antiken **Villa Imperiale di Oplonti**, die erst von 1964 an ausgegraben wurde. Erste Funde, 3 km von Pompeji entfernt, hatten kein großes Interesse geweckt. Erst als man feststellte, dass es sich in Oplonti um eine Art Prominentenviertel gehandelt haben muss, bewilligte man weitere Mittel zur Forschung. Die Funde förderten Enormes zutage. Eine Villa in prachtvoller Ausstattung mit zahlreichen, großzügigen Räumen sowie filigranen Wandmalereien und Mosaiken zeugen von einem hohen Lebensstandard und Reichtum des Besitzers. Er hätte ein betuchter Ölhändler sein können, der in einer Urkunde als in Oplonti wohnhaft erwähnt wird; wahrscheinlicher ist es, dass keine geringere als Poppea, die Gattin Neros, hier wohnte (sie starb allerdings vor dem Vesuvausbruch 79 n. Chr.). In weiteren Grabungen fand man neben einigen Skeletten von Menschen, die bei der Katastrophe ums Leben kamen, auch eine größere Menge Goldmünzen und -schmuck, die den Reichtum der Anwohner belegen.

Die Küstenstraße führt weiter in landschaftlich schönere Gebiete, zunächst nach

Castellammare di Stabia

(70 000 Einwohner). Die Stadt liegt beeindruckend am Golf von Neapel, zu Füßen der Monti Lattari. Die vesuvianische Ebene endet hier, und man bekommt den ersten Eindruck von der bizarren Schönheit der gebirgigen Halbinsel von Sorrent. Castellammare ist an der Stelle des antiken Stabiae errichtet worden. Es gilt als bedeutender Luft- und Heilkurort und hat immerhin 28 verschiedene Thermalquellen vorzuweisen.

Touristen Information:
Azienda Autonoma di Cura Soggiorno e Turismo
80053 Castellammare di Stabbia
Piazza Matteotti 34
Tel.: 081/8711334
Fax: 081/8711334

Auf der ebenfalls beim Vulkanausbruch 79 n. Chr. wie Pompeji und Herculaneum verschütteten Römersiedlung Stabiae wurde die Stadt im 13. Jahrhundert um das Bourbonenkastell gegründet. Das antike Stabiae war recht alt: Funde weisen auf das 8. vorchristliche Jahrhundert hin. Die Ausgrabungsarbeiten, die erst nach dem Krieg systematisch angegangen wurden, förderten mehrere **römische Luxusvillen** zutage: die **Villa Ariana und** die **Villa Romana**. Die Häuser zeigen wunderschön erhaltene Mosaike und Peristyle. Die Funde aus dem Grabungsgebiet sind im Antiquarium Stabiano in der Via Marco Mario 2 in Castellammare zu besichtigen.

Weiter sehenswert sind die **Villa Quisisana** aus der Anjou-Zeit, oberhalb der Stadt gelegen (seit dem 19. Jahrhundert Kurhotel - mit exquisitem Restaurant, und die **Kathedrale**, 1587 erbaut, allerdings in späteren Jahren verändert. Interessant ist auch die **alte Thermenanlage** mit 17 verschiedenen Thermalquellen und die 1784 von König Ferdinand IV. gegründete historische Schiffswerft Navalmeccanica.

Von der Station Piazza Circumvesuviana fährt eine **Seilbahn** (in 8 Minuten) **auf den** 1110 m hohen **Monte Faito**. Man kann auch mit dem Wagen über eine gebührenpflichtige, gut ausgebaute Serpentinenstrecke hinauffahren (12 km). Lohnend ist der Ausflug auf den Berggipfel, wenn klares Wetter eine weite Sicht über den gesamten Golf von Neapel und Salerno zuläßt.

Die Straße 269 führt vom Monte Faito nach Vico Equense hinab, wo sie mit der Küstenstraße zusammentrifft.

Der Golf von Neapel vom Monte Faito aus gesehen

Abendstimmung in Vico Equense

Vico Equense

(16 000 Einwohner) ist ein kleiner, beliebter Badeort. Erwähnenswert ist das **Kastell** aus der Anjou-Zeit und die **Kirche Chiesa dell'Annunziata** (14. Jahrhundert).

Restaurant: im Stadtteil Seiano „Mustafa" Tel.: 081/8028602 unten am Meer (Marina di Equa). Nach einem Piraten benannt, hat das Lokal mit Schiffslaternen und Fangnetzen unter der Decke den Charakter eines unter Einheimischen beliebten Gasthauses am Hafen im Stil seiner Fischer. In jeder Hinsicht reell.

Ein **Feinkostgeschäft** besonderer Güte - weltweit gerühmt! - ist **„Gabriele"**, wo u.a. man den Zitronenlikör Limoncello (Mitbringsel?!) und erstklassiges Eis erhält.

Touristen-Information:
80069 Vico Equense
Via San Ciro 16
Tel.: 081/8798826
Fax: 081/8799351

An der Küstenstraße durchquert man den nächsten Ort **Meta**, ebenfalls Strandbad mit zahlreichen Ferienunterkünften. In Meta geht eine Straße links ab in die Berge, eine Abkürzung auf die andere Seite der Halbinsel. Sie kommt bei San Pietro, 8 km vor Positano, wieder an die Küste.

Wir bleiben jedoch auf der Hauptstrecke, die durch Orangen- und Zitronenhaine am Meer entlang über Sant'Agnello nach Sorrent (49 km) führt.

Der Reiz Italiens: Natur und Kultur (hier in Vico Equense, Stadtteil Saino)

Im Golf von Sorrent

Touristen-Information:
Azienda Autonoma di Cura Soggiorno e Turismo
80067 Sorrento
Via L. de Maio 35
Tel.: 081/8074033
Fax: 081/8773397

Sorrent

Sorrento, (16 000 Einwohner) liegt an einer abfallenden Steilküste aus weichem vulkanischen Gestein. Das vielbesungene Städtchen mit dem wundervollen Panorama ist der Geburtsort des Dichters Torquato Tasso (1544-95). Seine herrliche Lage und seine Schönheit machen ihn zu einem gern besuchten Aufenthaltsort. Hier weilten insbesondere die Großen der Geisteswelt: Goethe, Lord Byron, Dumas, Maxim Gorki, Walter Scott, Ibsen, Stendhal, Nietzsche, von Platen, Richard Wagner und Verdi.

„Ein unbeschreiblicher Zauber"

Otto Julius Bierbaum 1902: „Wir leben hier wirklich wie die Phäaken. Sind wir nicht auf unserer Terrasse, so sind wir unten am Strand. Sorrent und seine Umgebung liegt hoch über dem Meere auf einem steilen Felsen, der voll von Grotten ist und fast durchweg direkt aus dem Meer aufsteigt... Die Brandung ist leicht und nicht zu vergleichen mit der in deutschen Seebädern."

Gerhart Hauptmann 1883: „Sorrento ist wohl einer der lieblichsten Aufenthaltsorte, die ich kenne. Ein unbeschreiblicher Zauber liegt schon darin, dass man sich hoch auf schroff abfallender Felsenmauer befindet."

Johann Jakob Wilhelm Heinse 1782: „Sorrent liegt, von Bergen eingeschlossen, in einem kleinen Tal, das die Form wie ein Hufeisen hat. Es ist das bezauberndste Plätzchen des weiten Paradieses der Gegend, wohinein das Meer noch eine besondre kleine Bucht macht. Dessen Ufer sind hohe senkrechte Felsen, so dass es wie auf einer Bühne sich zeigt."

Fanny Lewald 1846: „Die Nacht war wunderschön. Aus allen Gärten stieg der volle Duft der Orangenblüten empor, rundumher auf der Brüstung des Daches blühten in Töpfen die dunkelroten Nelken. Das Meer war glatt und silberhell."

Wilhelm Waiblinger 1828: „Hier im ewigen Schatten der Zitrone, / Freund, umatmen mich Lüfte rein und milde, / Wie die Götter sie trinken!"

Sorrent ist bekannt als Heimat von künstlerischen Tischlerarbeiten und Intarsien; ein typisches Produkt der Stadt sind die Kastagnetten, zu denen die dort sehr beliebte Tarantella getanzt wird.

Sorrent, im neapolitanischen Dialekt „Surriento" genannt, will seinen Namen vom griechischen „sireon" = Sirenen ableiten, die im Golf beheimatet gewesen sein sollen. Dem ausgeglichenen Klima verdankt der Ort seine Beliebtheit seit der Römerzeit. Die geschützte Lage, der fruchtbare Vulkanboden, reizte zu allen Zeiten die Völker, die es kennenlernten, es sogleich in Besitz zu nehmen - die Langobarden, die Byzantiner, die Sarazenen und die Türken.

Der Keuzgang des Franziskanerkonvents San Francesco

Sehenswertes

Die Hauptsehenswürdigkeit ist der **Dom** mit romanischer Fassade und einem Marmorportal (15. Jahrhundert); er steht an der Hauptstraße, dem Corso Italia. Nicht weit von der **Stazione Circumvesuviana** entfernt liegt die **Piazza Tasso** mit dem Standbild des wortgewaltigen Renaissance-Dichters (1544-95), dessen bewegtes Leben Gegenstand des Dramas wurde, das Goethe 1789 vollendete.

Von diesem Platz aus führt die Straße Via Correale zum **Museum Correale di Terranova**, das in einer **Barockvilla mit einem herrlichen Orangengarten** untergebracht ist. Neben Ausstellungen über den Dichter Torquato Tasso sieht man in den Sälen der Villa Ausgrabungsfunde der Umgebung, Porzellan und Möbel aus dem 17. Jahrhundert, mittelalterliche Reliefplatten aus Kirchen, die einen Querschnitt der beeinflussenden Kulturen aus Römerzeit, Christentum und Orient darstellen.

Der Sedile Dominova

Besonders reizvoll ist der städtische Park, der **Klostergarten der Villa Comunale**. Neben der Villa befindet sich der **Franziskanerkonvent San Francesco** mit einem gotischen Kreuzgang aus dem 13. und einem sehenswerten hölzernen Portal aus dem 16. Jahrhundert. Wer die für das ausgehende Mittelalter typische Architektur des Golfs betrachten möchte, besuche den **Sedile Dominova**, einen Palast, in dem einst der adlige Stadtrat zu seinen Sitzungen zusammenkam.

Bestechend schön sind einige **Hotels**, vor allem das in einem ehemaligen Kloster mit üppiger Gartenanlage und traumhaftem Panorama gelegene **„La Badia"**, das in pompejanischem Stil errichtete **„Bellevue Syrene"** mit dem großartigen Blick von seiner Terrasse sowie das prächtige Intérieur mit Stuck und Fresken aus dem 19. Jahrhundert im **„Grand Hotel Excelsior Vittoria"**.

Sorrent wird immer gern in Beziehung zu **Goethes Mignon-Lied** gebracht, obwohl der Dichter den Ort nie besucht hat:

„Kennst Du das Land, wo die Zitronen blühn,
Im dunkeln Laub die Gold-Orangen glühn,
Ein sanfter Wind vom blauen Himmel weht,
Die Myrte still und hoch der Lorbeer steht,
Du kennst es wohl?
Dahin! Dahin
Möchte ich mit dir, oh mein Geliebter, ziehn!"

Restaurants:

„Caruso"

das dem größten Tenor Italiens gewidmete Lokal ist der Gourmet-Tempel des ganzen Landstrichs.
Via Sant´Antonino 12 (in der Stadtmitte) Tel.: 8073156.

„O Parrucchiano"
Groß-Restaurant, aber mit Tradition und mit Pavillons im Zitrushain, höhere Preisklasse.
Corso Italia 71-73, Tel.: 8781321.

Rechts ab von der Piazza Tasso führt die Via de Maio zur Piazza Antonio und von dort steil hinunter zum kleinen Hafen, der Marina Piccola. Hier legen die Schiffe aus Neapel und Capri an.

Das altrenommierte „Grand Hotel Excelsior Vittoria" - mit dem blütenfrohen Eingang (unten rechts)

Fische als Wasserspeier passen zum alten Küstenstädtchen

Tour 10

Von Sorrent nach Salerno

Weil die benachbarte Gegend des Golfs von Neapel, der sich nach Südosten hinziehende **Golf von Salerno** auch nur in Superlativen beschrieben werden kann, machen wir noch einen kleinen Schlenker um die Spitze der beide Golfe verbindenden sorrentinischen Halbinsel. Wer Ruhe in Olivenhainen und den betörenden Duft der Macchia mit Traumblicken auf die Landschaft genießen will, fahre in Richtung Massa Lubrense oder - 390 m hoch gelegen - nach

Sant´Agata sui Due Golfi

Für Gourmets ist es das Mekka ganz Süditaliens, und Michelin vergab zwei Sterne an das

Restaurant:
„Locanda Don Alfonso" - klein, aber piekfein.
P. S. Agata 11. Tel.: 8780026.

Besonders lohnend ist auch die Sicht von der äußersten Spitze der Landzunge, der Punta della Campanella, auf das nur 6 km entfernte Capri. Hier sollen dereinst der Sage nach die Sirenen ansässig gewesen sein, die - halb Weib, halb Tier - mit ihren Gesängen den vorbeifahrenden Seeleuten den Kopf verdrehten, so dass sie die Orientierung verloren und ihre Schiffe an den Klippen der Gestaden zerschellten.

Freilich, einen **nicht zu überbietenden Blick hat man vom** höchsten Berg der sorrentinischen Landzunge, dem **Monte Faito** (1131 m); er reicht über beide Golfe sowie über die Inseln Capri, Ischia und Procida.

Unsere Streckenführung bleibt an der Küste, auf der „Panoramastraße"; der nächste Ort (ca. 54 km nach Neapel) ist

Die Insel Capri von der Punta della Campanella aus

Massa Lubrense

ein „Badeort“ mit herrlichem Ausblick. Im alten Ortszentrum Annunziata gibt es einen verfallenen mittelalterlichen Turm und eine verlassene Kirche mit Konvent, romantisch gelegen, inmitten der üppigen Natur und mit zahlreichen Belvederi, also schönen Aussichtspunkten. Bei klarem Wetter scheint hier Capri greifbar nahe zu sein.

Restaurant: Ristorante - Pizzeria „La Torre“

einfach, aber mit schmackhaften Speisen und besonders preiswert.
Veduta panoramica dell isola di Capri.
Piazza Annunziata, 7. Tel.: 8089566.

An der Amalfitana, der Küstenstraße

Man fährt nun an den immer häufiger werdenden Orangen- und Zitronenhainen vorbei. Übrigens sind die „Pagoden", die fernöstlich wirkend in den Plantagen stehen, lediglich gestapelte Abdeckungen, die in kälterer Jahreszeit den Zitrusbäumen Schutz gewähren. Die Straße führt nach Termini, von wo man zu Fuß in ca. 45 min die Südspitze der Halbinsel von Sorrent erreichen kann. An der **Punta della Campanella** hat man vom Leuchtturm aus einen **überwältigenden Blick auf Capri.**

Die Hauptstraße windet sich nun in das Gebirge hinein. Die Serpentinen, die von ihr gelegentlich rechts abzweigen, schlängeln sich zu einsam gelegenen Fischerorten hinunter. Solange man noch Schilder der Haltestellen für die Autobuslinie „Sita" entdeckt, kann man getrost die Abfahrt wagen. Die malerischen Orte bieten viel Fotogenes, manchmal auch ein typisches Fischrestaurant mit Köstlichkeiten.

Jetzt beginnt die atemberaubendste Straßenführung der „schönsten Straße Italiens", wie sie gern genannt wird. In den Felsen hineingehauen – in zahllosen Kurven, bergauf und

Blick auf Positano

Positano: Pfarrkirche Santa Maria Assunta

bergab, über Brücken und durch Tunnel, nach jeder Biegung ein neuer Ausblick - ist sie ein Erlebnis besonderer Art: Die **Aussicht auf die amalfitanische Küste**, die bizarren Felsvorsprünge, die üppige Vegetation, die berühmten Felsen der Sirenen („Galli"), denen Odysseus trickreich widerstand.

Zu diesen kleinen felsigen Inseln kann man entweder per Bootsausflug von Sorrent aus oder mit privaten Booten der Hotels zum Baden und Schnorcheln fahren. Rechnen Sie auf dieser Strecke mit einem Schnitt von höchstens 25 km/h; mehr will man aber auch gar nicht schaffen, so sehr hält die bezaubernde Landschaft den Betrachter gefangen.

Positano - Sitz ehemaliger Sklaven?

Der Überlieferung nach soll die Siedlung von Einwohnern Paestums gegründet worden sein, die vor Sarazenen flüchteten, daher die Namensentwicklung von Pestano zu Pesitano. Eine andere Version der Namensherkunft berichtet von einem Schiff mit einem Marienbild an Bord, das für Neapel bestimmt war. In der Höhe des späteren Ortes habe Maria aus dem Bildnis „Posa!" gerufen - „Setz mich hin!". Man habe das Heiligenbild ans Ufer gebracht und die Stelle an Land „Positano" genannt. Die dritte und vermutlich wahrscheinlichste Erklärung für den Ortsnamen und die Gründung entspringt dem Umstand, dass hier freigelassene Sklaven (posidii) zur Zeit von Kaiser Claudius Besitzungen hatten.

Die senkrecht zum Meer abfallenden Felsen sind noch nicht zu steil, um den Ort

Touristen-Information:
Azienda Autonoma di Cura Soggiorno e Turismo
84017 Positano
Via del Saracino 4,
Tel.: 089/875067
Fax: 089/875760

Positano

(3500 Einwohner) nicht tragen zu können, dessen afrikanisch-kubischen Häuser **amphitheaterähnlich am Berg** kleben. Hier erkennt man die Hand der arabischen Baumeister, die sie erbauten. Positano war - vor allem zu Beginn des 20. Jahrhunderts - ein beliebter Aufenthaltsort für Kulturschaffende, heute ist es ein beliebtes Fotomotiv. „Ich habe das Empfinden, dass die Welt in Positano senkrecht steht", schrieb der amerikanische Schriftsteller John Steinbeck Anfang der 50-er Jahre, „Treppen führen bis ans Meer, die manchmal so steil wie Leitern sind. Wenn man einen Freund besuchen will, dann läuft man nicht, sondern man klettert oder rollt."

Von den 60-er Jahren an etablierte sich der Ort zu einem **Modezentrum** Italiens, wobei sich die verwendeten Stoffe durch Mittelmeer-Kolorit, sprich: kräftige Farben, auszeichnen. Und man stellt fest, dass sich die schwarz gekleidete "mamma" von ehedem in eine „bella donna" verwandelt hat.

Am größten Platz des spätmittelalterlichen Ortes, der Piazza Flavio Gioia, steht die schöne **Pfarrkirche Santa Maria Assunta** mit ihrer grünlichen Majolika-Kuppel, nicht weit entfernt vom alten Fischerhafen, der Marina Grande. Vom ursprünglich romanischen Stil des Gotteshauses zeugt eines der bekanntesten Kunstwerke Süditaliens, die byzantinische Bildtafel „Mutter mit Kind" und die rechteckigen Mosaike.

Eine Umgehungsstraße läuft oberhalb des Ortes entlang, benutzen Sie aber lieber die Ortsdurchfahrt (Einbahnstraße)

Der Zauber der Costiera Amalfitana

Farblich dem Meer angepasst

auch dann, wenn Sie nicht in Positano anhalten wollen, um einen Eindruck vom Städtchen zu gewinnen. Der äußerst reizvolle Ort liegt als Mittelpunkt in der Bucht.

Positano teilte mit anderen Küstenorten das Schicksal von Eroberungen, Überfällen von Sarazenen und Verheerungen. Man entdeckt am gesamten Küstenstreifen auf vorgelagerten Felsen halbverfallene **Wachttürme aus der Sarazenenzeit** (16. Jahrhundert). Die zahlreichen Buchten waren aber auch ideale Schlupfwinkel für Piraten. Heute dienen sie mehr den Sonnenanbetern, die den zwei schönen, langen, aber leider übervölkerten Stränden Positanos entfliehen wollen.

Restaurants:

„Donna Rosa"
für Fisch-Fans (Meeresfrüchtesalat, Fischsuppe, Kartoffeln mit Tintenfisch - totani con patate), mittlere Preisklasse, im höher gelegenen und ruhigen Ortsteil Montepertuso.
Via Montepertuso 97-99. Tel.: 811806.

„Chez Black"
ebenfalls köstliche Fischgerichte; bestellen Sie einen Tisch auf der eleganten Terrasse (Blick aufs Meer!). Mittlere Kategorie.
Via Brigantino 19. Tel.: 875036.

„´O Capurale"
hier essen auch die Fischer, am liebsten die im Ofen überbackenen schmalen Röhrennudeln (bucatini). Preiswert!
Via Regina Giovanna 12. Tel.: 811188.

Die Fahrt geht weiter an der Küste entlang; immer wieder wird man anhalten, um die Schönheit zu genießen, die wirklich über jede Beschreibung erhaben ist. Um tiefe Einbuchtungen herum, manchmal auch über gewagte Viadukte, führt uns die Straße nach

Vettica Maggiore und Praiano

Restaurant in Praiano:
„Open Gate" (auch Hotel) an der Straße, aber Blick aufs Meer, guter Risotto - ein Super-Supper, nicht teuer.
Costiera Amalfitana
Tel.: 089/874148 und 874210. Im Winter Tel.: 089/875662

Einige Serpentinen weiter – vergessen Sie das landesübliche Hupen vor unübersichtlichen Felsvorsprüngen nicht! – überbrückt die Straße das wunderschöne Tal **Vallone di Furore**. Stoppen Sie hier, wenn es irgendmöglich ist, und werfen Sie einen Blick hinunter in das „Tal der Wut", in das das Meer vergeblich einzudringen sucht. Winzige Bauernkaten kleben am Fels, Fischerhütten haben kaum Platz, die Häuschen sind mit einer gewundenen Treppenstraße untereinander verbunden.

Das „Tal der Wut"

Einige Tunnel weiter erwartet uns die nächste Sehenswürdigkeit: **Die Grotta di Smeraldo** (Smaragdgrotte). Sie wurde erst 1932 entdeckt. Ein Parkplatz, der unvermeidliche Souvenirladen und ein kleines Restaurant weisen auf die Grotte hin. Mit einem Lift oder endlosen Stufen gelangt man hinunter, steigt dort in kleine Ruderboote, um in die Grotte hineinzukommen. Die Brechung des Sonnenlichts im Meer erzeugt hier die smaragdgrüne Färbung des Wassers. Die Höhle war einst trocken, aber infolge des Bradiseismos konnte das Meerwasser sie überfluten. Die Stalagmiten-Bildung wurde dadurch gehemmt, lediglich einige konnten Säulen von über 10 m Höhe beim Zusammenwachsen mit den Stalaktiten bilden. In der Nähe trifft man auf die **Conca dei Marini** („Meeresmuschel"), die eine malerische Bucht mit dem Ausläufer **Kap Conca** darstellt. Auf seiner Felsspitze erhebt sich der **Torre di Conca**, im 16. Jahrhundert als Wachtturm und Schutzposten gegen Seeräuber und Sarazenen erbaut. Früher barg die geschützte Bucht die Flotte Amalfis. Viele architektonisch aus dem Rahmen fallende Bauten bilden einen Kontrast zu dem sonst üblichen Baustil Kampaniens.

Bald darauf erreichen wir (ca. 90 km nach Neapel)

Amalfi: Il Borgo arroccato

Amalfi

Dieses mit etwa 7000 Einwohnern doch eher kleine Städtchen ist wegen seiner außergewöhnlichen Schönheit dennoch weltberühmt. Die weißen oder in Pastellfarben getünchten Häuser ziehen sich in verschachtelter Bauweise wie architektonische Kaskaden steil den felsigen Berg hinauf. Nicht selten sind sie von engen Treppengassen voneinander getrennt sowie von Weingärten und Zitronenhainen umgeben.

Der Ort wurde im 4. Jahrhundert n. Chr. von Soldaten Kaiser Konstantins gegründet, die dort gestrandet waren. Sie kamen aus dem Hafenstädtchen Melphe an der Adria; der Name Amalfi soll sich daraus abgeleitet haben (a Melphe = von Melphe). Im 8. Jahrhundert befreite sich Amalfi von der neapolitanischen Vorherrschaft, nachdem es sich erfolgreich gegen Anstürme der Langobarden und Sarazenen gewehrt hatte. Zunächst waren seine selbst gewählten Herzöge (Dogen) noch abhängig von Byzanz; sie konnten sich später aber eigenständig machen. Im 10. Jahrhundert

Touristen-Information:

Azienda Autonoma di Cura Soggiorno e Turismo
84011 Amalfi
Corso delle Repubbliche Marinare 19
Tel.: 089/871107
Fax: 089/872619

Der Domturm in Amalfi

begann der Aufstieg Amalfis als erster freier Seerepublik Italiens zu einer Handels- und Seemacht, die Pisa und Genua nicht nachstand. Ihr Einfluss im 11. Jahrhundert reichte bis in den Orient; Warenhäuser, Märkte und Stützpunkte waren an der gesamten Küste zu finden.

Nach mehreren Anstürmen der Normannen geschwächt, konnte der Rivale Pisa 1135 und 1137 den reichen Ort erobern und plündern. Amalfi verlor zunehmend an Bedeutung unter wechselnder Herrschaft (Normannen, Anjou, Arragonien), obwohl sein Seerecht, Tabulae Amalfitanae (13. Jahrhundert), das erste seiner Art im Mittelmeer, bis ins 16. Jahrhundert hinein Gültigkeit besaß. Flavio Gioia soll

Der Innenhof des Paradies-Klosters (Chiostro del Paradiso)

„Sei mir dreimal gegrüßt"

Hans Christian Andersen 1835: „Am Strande, hoch an der Seite des Gebirges, hängt die Stadt mit ihren weißen Häusern mit den flachen morgenländischen Dächern, höher hinauf steigen die Weingärten, eine einsame Pinie erhebt ihren grünen Schirm in die blaue Luft, wo auf dem Gebirgsrücken das alte Kastell mit seiner Ringmauer der Wolke zum Lager dient."

Theodor Däubler 1919: „Amalfi liegt in einer Weihnachtswunderkrippe."

August von Platen 1827: „Sei mir, werde gegrüßt dreimal mir, schönes Amalfi..."

1302 in Amalfi den Schiffskompass (bei dem sich die Windrose dreht) erfunden haben; zumindest hat er ihn als erster benutzt.

Ein besonders starkes Seebeben zerstörte 1343 Stadt und Hafen. Von da an vermochte Amalfi seine Größe und Bedeutung nicht wieder zu erreichen; heute ist es einer der bekanntesten Fremdenverkehrsorte Italiens.

Die **Hauptsehenswürdigkeit Amalfis** bildet der **Dom Sant'Andrea**, links an der Piazza Flavio Gioia gelegen. 62 Stufen führen als Freitreppe zur Kathedrale hoch. Der Grundbau aus dem 9. Jahrhundert wurde 987 um drei Schiffe erweitert. Um 1200 kamen Basilika und Krypta in arabisch-normannischem Stil hinzu. Die Fassade wirkt mit ihren Mosaiken, Flechtbogengalerie und dem Paradieskreuzgang recht orientalisch, da man sich bemühte, 1875-94 nach einem Einsturz (1861) ihr ursprüngliches Aussehen aus dem 13. Jahrhundert wiederherzustellen. Eine 1066 in Konstantinopel gegossene Bronzetür zeigt auf 24 Feldern Symbole und Dar-

Hotels in Amalfi

stellungen aus dem Neuen Testament. Das Innere der Kathedrale (im 18. Jahrhundert barockisiert) wird durch drei Schiffe gebildet, der ursprünglichen römischen Grundform nachempfunden. Das Mittelschiff wird von Säulen aus Paestum (mit barocker Verzierung) gehalten. An den Seiten – ebenfalls barockisiert – Lesepulte (Amben) aus dem 13. Jahrhundert, reichlich mit Mosaiken geschmückt. Die Sakristei birgt die überlebensgroße Statue des Hl. Andreas (Bruder des Petrus). St. Andreas ist auch als Bronzestatue am Altar und als Brunnen-Standbild auf dem Domplatz verewigt.

Von der Piazza Gioia mit dem Standbild des Kompass-Erfinders führt rechts die Corsa Roma zum Rathaus, in dem sich das **Stadtmuseum Museo Civico** befindet. Es birgt neben Stadtgeschichtlichem die bereits erwähnten Tabulae Amalfitanae. Das Arsenal der Republik – nur teilweise erhalten – wirkt wie eine unterirdische Kathedrale; in ihm bauten die Amalfitaner ihre berühmten Galeeren mit teilweise über 100 Rudern.

Reizvoller als das Männeken Piss in Brüssel

Erwähnenswert ist unbedingt das ehemalige **Kapuzinerkloster St. Anna** (gestiftet 1212) mit einem beachtenswerten Kreuzgang, der die Verschmelzung von byzantinischer und arabischer Kultur verdeutlicht. Die Terrasse bietet einen wunderschönen Blick auf das Panorama Amalfis und seiner Küste. Das Kloster ist heute zum Hotel Capuccini Convento umgebaut; man erreicht es mit dem Aufzug vom westlichen Stadtrand aus.

Eine besondere Attraktion der Stadt ist das alljährliche Fest des Stadtpatrons St. Andreas. Die über 2 m große Statue des Schutzheiligen der Seeleute wird dabei von weißgekleideten Mitgliedern einer Bruderschaft zum Meer getragen. Dort übernehmen die Fischer das silberne Standbild und bringen es in die Stadt zurück. Die letzte Strecke, nämlich die 62 Stufen zum Dom hinauf, legen sie im Laufschritt zurück. Die Prozession, die als fröhlichste der Welt bezeichnet wird, ist mit Feuerwerk, Tanz und Gesang begleitet.

Alle vier Jahre findet die Regatta der Antiken Republik statt. Ein Umzug durch die Stadt in historischen Trachten und eine Regatta der Galeeren in ihrer alten Form unter Beteiligung von Pisa, Genua und Venedig läßt die Glanzzeit Amalfis wiederaufleben.

Restaurants:

„Da Gemma"
eine Trattoria für höhere Ansprüche, wo man - auch draußen sitzend - z.B. gefüllte Sardellen und warmen Tintenfischsalat zu sich nehmen kann. Auch erhält man hier alle guten kampanischen Weine.
Via Frau´ Gerardo Sasso 9 (in der Nähe des Doms). Tel.: 871345.

„Caravella"
ist für seine guten Fischgerichte bekannt und dennoch nicht zu teuer. Via M. Camera 12. Tel.: 871029.

„Lemon Garden"
hier, im Schatten von Zitronenbäumen, gibt es alles, was eine Zitrone hergibt: Neapolitanischer Likör (limoncello), Limonade, Sirup und - Zitronensoße zum gebratenen Huhn. Sehr zu empfehlen!
Im Valle dei Mulini (am Ende des Mühlentals, wo einst die Papiermühlen standen). Via Salita Chiarito.

Noch ein Tipp: Am Domplatz erhält man in der **„Konfiserie Pansa"** Mokkatrüffel und Mandeltörtchen sowie kandierte Zitronen- und Orangenscheiben - köstliche Relikte aus der Zeit des arabischen Einflusses.

An der Amalfitana - heute Obsttag?

Das bezaubernde Atrani

Man verlässt Amalfi über den Corso Roma auf der Küstenstraße und erreicht

Atrani,

eine Art Vorort von Amalfi, das man sich nicht entgehen lassen sollte, da es **unter allen Dörfern Italiens ein Kleinod** ist! Zur Blütezeit Amalfis als mächtiger Seerepublik im 10. und 11. Jahrhundert wurden in der Kirche Atranis San Salvatore de Bireto (aus dem 10. Jahrhundert mit schönen Bronzegusstüren aus Konstantinopel) die Dogen gekrönt und bestattet. Genauso wie die Kirche Santa Maria Maddalena hat das Gotteshaus eine fremdartig wirkende glasierte Kuppel. Die Adelsfamilien Amalfis hatten in Atrani ihre Wohnsitze. Noch bis zum 16. Jahrhundert bildete es mit Amalfi eine Einheit. Abseits vom Haupttouristenstrom gelegen, verschlägt einem die romantische Lieblichkeit dieses Ortes den Atem. Wie viele Besucher wohl schon gedacht haben mögen, hier ihren Zweitwohnsitz haben zu wollen! Gönnen Sie sich hier, wenn es denn eine sehr gut gefüllte Börse erlaubt, eine fabelhafte Mahlzeit im

Restaurant:

„´A Paranza"

Selten sieht man eine derart reiche Speisekarte (allein zwölf Antipasti). Fisch gibt es in jeder Form - vom Anglerfisch mit Rohrnudeln über roten Furchenkrebs bis zur Garnele aus der Reuse mit Rucola. Und die Weine! Die meisten sind kampanische Tropfen erster Güte. Zum Schluss ein Limoncello. Wer fährt?
Via Dragone 1-2 (gleich hinter der Piazza).
Tel.: 089/871840
Im übrigen: Gut und preiswert isst man am Hafen von Atrani, z.B. große Pizzen im
„Le Arcate"
in einer Felsgrotte direkt am Wasser.

In der Altstadt Atranis, wo man sich schnell verläuft

Von Amalfi kommend biegt man nach Atrani nach links und fährt eine Straße hinauf nach

Ravello,

ein unbedingt **lohnender Abstecher** (hin und zurück 12 km)! Der Weg führt in zahlreichen Kehren **durch Weingärten und Zitronenhaine** bergan zu dem Ort (2400 Einwohner), der traumhaft über der Küste gelegen ist.

Im 12. bis 13. Jahrhundert hatte diese, von den Normannen im 9. Jahrhundert gegründete, Stadt ihre Glanzzeit. Damals zählte die Gemeinde immerhin 36 000 Einwohner, das Vielfache von heute also. Im Ort gibt es noch einige alte Paläste und Villen aus dieser Zeit. Der bekannteste ist der **Palazzo Rufolo** (12. Jahrhundert) im sizilianisch anmutenden arabisch-normannischen Stil. Die reichste Familie Ravellos

Touristen-Information:

Azienda Autonoma di Cura Soggiorno e Turismo
84010 Revello
Piazza Duomo 10
Tel.: 089/857096
Fax: 089/857977

Blick von der Villa Rufolo in Ravello

Ravello ist die Offenbarung Süditaliens

erbaute diesen Palast und hielt sogar eine Art Hofstaat. Ursprünglich hatte der Komplex 400 Zimmer! Man betritt die Anlage durch den Turm (rechts vom Domplatz). In dem im maurischen Stil gehaltenen Innenhof hängen mehrere Automaten, die gegen einen Obulus auch eine umfangreiche deutschsprachige Tonbanderklärung geben. Außer dem alten Gebäude besticht die Terrasse mit ihrer gepflegten Gartenanlage. Von hier aus hat man einen phantastischen Blick auf die Berge und die tief unten liegende Küste. Im Sommer veranstaltet man im Garten Wagner-Konzerte zur Erinnerung daran, dass sich der Komponist bei einem Aufenthalt in dem Palazzo Rufalo zu Klingsors Zaubergarten („Parzifal") inspirieren ließ. Eintragung im Gästebuch des Hotels Palumbo vom 26. Mai 1888: „Klingsors Zaubergarten ist gefunden!"

„Ravello ragt empor zu Gott"

Giovanni Boccaccio, italienischer Dichter (1313-1375): „Hier liegt in der Nähe von Salerno eine Uferstrecke, die von den Einwohnern die Küste von Amalfi genannt wird und voll kleiner Städte, Gärten, Quellen und Menschen ist, welche durch sehr bedeutenden Handel sich große Reichtümer erwerben. Von den erwähnten Städten heißt eine Ravello, in der, obgleich auch heutzutage noch reiche Leute dort wohnen, vor Zeiten einmal ein Mann, namens Landolfo Ruffolo, lebte, der bei weitem der reichste war."

Theodor Däubler 1919: „Hoch erhoben liegt Ravello über Klüften, / Seine Sehnsucht zittert um den liebsten Stern. / Ach, Amalfi ist der Berg bis zu den Hüften, / Doch Ravello ragt empor zu Gott dem Herrn."

Die Fassade und das Innere des Doms von Ravello

Im Mittelpunkt der Stadt hinter einer Aussichtsterrasse und dem Domplatz erhebt sich der alte **Dom** aus dem 11. Jahrhundert. Am Eingang befinden sich Bronzetüren von Barisano aus Triani (11. Jahrhundert) mit figürlichen Darstellungen aus der Bibel in einem eigenartigen Gemisch von romanischer Auffassung der Figuren und byzantinisch-orientalischen Umrahmungen. Das Mittelschiff wird von antiken Säulen aus Paestum getragen. Im Inneren des Schiffs gibt es gegenüberliegend zwei interessante Kanzeln: Rechts die von Nicolo Rufalo gestiftete aus dem 13. Jahrhundert auf gedrehten Säulen, die von Löwen gehalten werden; gegenüber eine einfachere, ältere, die auf der Vorderseite ein rührend naives Mosaik trägt, auf dem ein klauenbewehrter Wal mit Löwenrachen und -mähne auf der einen Seite den armen Jonas verspeist und auf der anderen Seite ihn dann wieder ausspeit. Links neben dem Hauptaltar gelangt man in die **Kapelle des Hl. Pathaleon**, des Stadtpatrons von Ravello. Die Kapelle wurde 1643 erbaut, leider später umgestaltet. Man verwahrt hier ein Standbild und eine Ampulle mit dem Blut des Heiligen. St. Pathaleon (wurde 290 enthauptet); an jedem Jahrestag, dem 27. Juli, soll sich sein Blut verflüssigen.

Hinter dem Dom steht die uralte **Kirche San Gionanni del Toro**, 1069 geweiht, im 18. Jahrhundert umgebaut. Im Inneren sind antike Säulen und eine schöne Kanzel aus dem 12. Jahrhundert sehenswert.

Vom Dom aus kommt man nach Süden durch einen Bogengang zur Kirche **San Antonio**, mit schönem romanischen Kreuzgang und gotischem Atrium, zum Kloster S. Chiara und dann zum **Palazzo Cimbrone** mit herrlichem Park, in dem der Belvedere Cimbrone mit einzigartiger Aussicht liegt. Die Anlage stammt zwar erst aus den Anfängen des 20. Jahrhunderts, wurde aber im mittelalterlichen Stil mit einem sonderbaren Mix antiker Elemente, Büsten und Statuen erbaut. Eine lange Allee führt an zahlreichen Standbildern (meist Duplikate von pompejanischen Originalen) zum Belvedere, von dem man aus den Golf von Salerno überschauen kann. Die Gärten der Villa Cimbrone verleiten auch bei heißem Wetter zu einem ausgedehnten Spaziergang unter den großen Zypressen.

Restaurants:

„Confalone"

Absolute Spitzenklasse in einem Herrenhaus (heute „Hotel Il Palumbo") aus dem 12. Jahrhundert mit orientalischer Atmosphäre, einem bezaubernden Rosengarten und weiß-blau gekachelten Innenhöfen, hoch über dem Golf von Sorrent. Einzigartig! In den schönen Hotelzimmern kann man 1001 Nacht verbringen.
Via Toto 28. Tel.: 857244.

„Palazzo della Marra"

für den, der in mittelalterlichem Flair bei Candle light - und zu mittleren Preise - speisen möchte. Via della Marra 7-9. Tel.: 858302

Von Ravello fahren wir die gleiche Straße wieder hinunter zur Küstenstraße und kommen nach

Minori

Touristen-Information:
Azienda Autonoma di Cura Soggiorno e Turismo
84010 Minori
Corso Regina 73
Tel.: 089/877452
Fax: 089/853672

(3000 Einwohner), das bereits zur Römerzeit ein beliebter Badeort war. Davon zeugen die Überreste einer römischen Villa (1. Jahrhundert n. Chr.), die mit einem säulenumstandenen Atrium, Thermen, einem Nymphäum (Brunnenhaus), Mosaiken und einigen Standbildern teilweise erhalten geblieben ist. Zur Blütezeit Amalfis verfügte Minori über bedeutende Werften. Neben wichtigen Orangen- und Zitronenplantagen spielt der Fremdenverkehr dank des schönen Badestrandes heute eine große Rolle.

Kurz darauf erreichen wir

Maiori

(6000 Einwohner). Der Ort teilte sein historisches Schicksal mit Amalfi. Zum Schutz gegen die Sarazenen-Angriffe erbaute Maiori zahlreiche Wehrtürme, wie z.B. den Normannenturm aus dem 16. Jahrhundert. Sehenswert ist die **Kirche Santa Maria a Mare** (11. Jahrhundert), später barockisiert. Sie birgt in der Sakristei viele Kunstwerke und

Kirchengerät neben einem Lokalmuseum. Oberhalb des Ortes ließ die Adelsfamilie Piccolomini Mitte des 15. Jahrhunderts das Kastell San Nicola, inzwischen eine Ruine, erbauen, um die Bevölkerung vor Seeräubern zu schützen.

In der Nähe Maioris gibt es **zwei Grotten**: Die Grotta Pannone, mit moosbewachsenen Wänden, in der das Sonnenlicht das Meerwasser unerwartete Farben annehmen läßt, und die Grotte „Mariae Verkündigung", in der Reste der Kirche „Vergini del Soccorso" („Maria-hilf"), die Pilgerstätten „Maria delle Gracie" mit Taufbecken, Fresken und Kreuzigungsszene sowie die „Sta. Maria dell'Avvocata" zu bewundern sind. Die Grotten sind über einen steilen Grat bzw. mit dem Boot erreichbar.

Die engen Serpentinen, die sich bei Nieselregen in gefährliche Rutschbahnen verwandeln können, krümmen sich weiter an der bizarren Steilküste entlang, über das Capo d'Orso bis hin zu den kleinen Ortschaften

Erchie und Cetara

In der Nähe findet man Überreste einer alten Benediktinerabtei (11. Jahrhundert), die in den Felsen hineingebaut wurde. 4 km nach dem Kap erreichen wir Cetara, ein uraltes Seeräubernest und Fischerdorf. Der Name soll sich von cetaria = Thunfischgründe ableiten. Cetara gehörte früher zur Republik Amalfi, deren östlichster Stützpunkt es war. Später, nach der Eroberung durch die Sarazenen, wurde es Ausgangspunkt für räuberische Überfälle. Im Mittelalter nahmen es die Türken ein und zerstörten die blühende Siedlung. Der Ort hat eine **Kirche**, **St. Petrus**, aus dem 11. Jahrhundert, geweiht dem Schutzpatron des Fischerdorfes. Alljährlich findet Ende Juni eine – wie hier üblich – fröhliche Prozession statt, bei der das Standbild des bedeutenden Heiligen unter Gesang und Tanz durch den mit Lampions geschmückten Ort zum Meer getragen wird.

Die nächste Siedlung an der Küstenstraße ist

Vietri sul Mare

(12 000 Einwohner).

Das Städtchen hat sich mit seiner **Keramik- und Majolikafabrikation** einen Namen gemacht. Von nützlichen Gebrauchsgegenständen über wertvolles Kunstgewerbe bis hin zu wüstestem Kitsch bieten die Läden für jeden Geschmack etwas. Es ist schwer, hier einem Kauf zu widerstehen!

Abstecher

In Vietri biegt links die Landstraße 18 nach **Cava de' Tirreni** ab, einem Bergdorf, von wo man nach ca. 4 km die **Benediktiner-Abtei** „Abbazia della Cava" erreicht. 992 von Cluniazensern gegründet, im 18. Jahrhundert erweitert, ist sie heute – immer noch von Mönchen bewohnt – ein Nationaldenkmal. Die Vorhalle enthält das Grabmal der Gattin Rogers II., im Atrium stehen einige antike Sarkophage

Der Jachthafen Salernos

(Langobardenfriedhof), und es gibt einen mittelalterlichen Kreuzgang. Im Archiv des Klosters wird das Langobardengesetzbuch und die **Vulgata-Bibel** aus dem Jahre 700, also der seit Ende des Mittelalters in der katholischen Kirche benutzten und vom Konzil in Trient 1546 für authentisch erklärten lateinischen Bibelübersetzung, aufbewahrt. Die amalfitanische Küstenstraße endet kurz hinter Vietri sul Mare; und wir erreichen (115 km nach Neapel)

Salerno

Touristen-Information:
Ente Proviciale per il Turismo (EPT)
84125 Salerno
Via Velia 15
Tel.: 089/230411
Fax: 089/251844

(155 000 Einwohner), die Hauptstadt der gleichnamigen Provinz. Aus einer Etrusker-Siedlung bildete sich im 2. Jahrhundert v. Chr. eine römische Siedlung, Salernum. Im 9. Jahrhundert wurde Salerno Hauptstadt eines der langobardischen Fürstentümer, das unter Robert Guiscard schließlich an die Normannen fiel. Die Sarazenen, die fast zwei Jahrhunderte lang immer wieder versuchten, die Stadt einzunehmen, wurden unter seiner Herrschaft endgültig geschlagen. Salerno erlebte in den folgenden Jahrhunderten (10.-13.) eine Glanzzeit. Man nannte es sogar eine „urbs graeca" (lat. griechische Stadt) wegen seiner geistigen Blüte, die die griechische Kultur lebendig hielt.

Besonderen Ruf erlangte die Stadt durch seine **Ärzte-Schule „Civitas Hippocratica"**, die bereits in Gesetzbüchern **aus dem Jahre 846** als „alt" bezeichnet wird. Die

„Freund, liebster Freund, Sie wissen, dass ich immer unschlüssig war, wo ich für immer wohnen wollte. Jetzt hab ichs, nicht Rom, nicht Neapel, alles das göttlich, aber nicht immer, aber der Strich von Cava bis zum Meerbusen von Salern immer, immer!" Z. Werner, 1810.

Schule soll angeblich von einem Juden, einem Griechen, einem Araber und einem Lateiner gegründet worden sein. Diese in ihrer Art älteste westeuropäische Einrichtung lehrte nicht nur Heilkunde, sondern auch Philosophie, Theologie und Recht. Sie war über Jahrhunderte hinweg weltweit berühmt; im 11. Jahrhundert, auf ihrem Höhepunkt, dozierten sogar weibliche Professoren in der ursprünglich benediktinischen Institution. Die Universität sammelte Erfahrungswerte der westlichen und orientalischen Medizin; Absolventen der Schule wurden in aller Welt als Ärzte anerkannt. Erst unter Napoleon (Murat) wurde sie 1812 aufgelöst, nachdem sie im Laufe der Zeit an Bedeutung verloren hatte.

Salerno fiel schließlich an das Königreich Neapel und teilte mit ihm die Geschicke der nachfolgenden Jahre. Im 2. Weltkrieg (am 8. September 1943) gingen die Amerikaner in der Bucht an Land, nachdem sie den Ort heftig unter Beschuss genommen hatten. Die stark zerstörte Stadt wurde wieder aufgebaut und bildet heute in ihrem Stadtbild einen reizvollen Kontrast zwischen modernen Anlagen und erhalten gebliebenen Teilen der Altstadt.

Hier steht an der Via Mercanti die **Kirche Crocifisso** aus dem 9. Jahrhundert. Die Kirchenschiffe werden von antiken **Säulen aus Paestum** getragen. Von der Via Mercanti geht die Via del Duomo ab, die zum **Dom San Matteo** führt. Dieser wurde im 9. Jahrhundert begonnen und unter Robert Guiscard 1076-85 umgebaut.

Papst Gregor VII., Gegenspieler Heinrichs IV. (Gang nach Canossa), weihte ihn kurz vor seinem Tod (1085). Gregor fand in der Kapelle rechts vom Altar seine letzte Ruhestätte. Außer ihm sind im Dom die Gattin Karls III. von Anjou und ein Erzbischof begraben. In der Krypta von 1077 bewahrte man die Gebeine des Evangelisten Matthäus auf, der 954 nach Salerno überführt wurde. Im Obergeschoss der Vorhalle mit zahlreichen Sarkophagen befindet sich der Lehrsaal, in dem

Eine alte, ausdrucksvolle Steinskulptur im Innenhof des Doms von Salerno

Salerno: Dom San Matteo

Thomas von Aquin unterrichtete. Im Inneren des mit Fresken und Mosaiken geschmückten Doms sind antike Reliefs und Altarsäulen aus Paestum zu sehen. Die neben dem Chor stehenden Kanzeln stammen aus dem 12. Jahrhundert. Ein Seitenausgang führt zum **Dom-Museum**, in dem der Kirchenschatz, Gemälde und die größte Elfenbeinarbeit aus dem 12. Jahrhundert ausgestellt sind.

Von der Altstadt aus kommt man zur Via Roma mit dem Gebäude der Provinzialregierung, in dem sich auch das **Museum** befindet. Hier sind antike Funde untergebracht. Hervorzuheben ist der überlebensgroße **Bronzekopf des**

Apoll aus dem 1. Jahrhundert v. Chr. Angeschlossen ist eine **Galerie**, in der beachtliche Arbeiten, darunter ein Polyptychon (klappbares Flügelgemälde) von Andrea da Salerno, zu sehen sind.

Salerno wird überragt von einem **Kastell** aus der Römerzeit, das, von Langobarden ausgebaut, die Residenz Robert Guiscards war. In seinen Räumen nahm er Papst Gregor VII. auf, der auf der Flucht vor Heinrich IV. und dem von dem Kaiser eingesetzten Gegenpapst war.

Der klassische Portallöwe am Dom

Restaurants:

„La Botte piccola"
Nur 24 (unterschiedliche) Stühle gibt es im „kleinen Fass", so der Name, wo (warmes) Brot (mit eingebackenen Oliven und Kräutern), Nudeln und Süßspeisen aus eigener Produktion stammen. Trotz stolzer Preise ist das Lokal meistens voll.
Traversa E. da Corbilia 7. Tel.: 089/254101.

„Antica Pizzeria del Vicolo della Neve"
Die preiswerte „alte Pizzeria der Schneegasse", so die Übersetzung, gibt sich sehr rustikal - mit Deckenbalken aus Holz, von den Peperoni- und Knoblauchbündel wie Seelen des Lokals baumeln, und Bodenfliesen aus Terracotta. Besonders geschmackvoll sind die Antipasti in den kupfernen Tiegeln. Immer gut besucht.
Vicolo della Neve 24. Tel.: 089/225705

Tipp: Zum Einkauf von Brot und Gebäck sowie Wein, Likör (auch Limoncello aus Amalfi) und Wein empfiehlt sich das

„Alimento Manzoni"
Corso Garibaldi 244 und Via de Granita 11.

Unsere Hauptstrecke endet in Salerno. Wir verlassen die Stadt in Richtung Autobahn, um entweder nach Neapel zurückzukehren oder aber in südlicher Richtung Paestum zu besuchen.

Farbtupfer dürfen nicht fehlen - auch nicht in der Kirche vor dem Steingrab

Inferiore
Alfaterna
Cava de' Tirreni
Baronissi
S. Cipriano Picentino
Curticelle
Capitignano
Mercato
Picentini
Acerno
Quaglietta
Salerno
SALERNO
Montecorvino Rovella
Campagna
Trinità
Cetara
Vietri sul Mare
Pontecagnano
Éboli
Campagna
C. d'Orso
dei Marini
Belizzi
Battipáglia
E45
Serre
Golfo
di Salerno
Spineta Nuova
Sele
Persano
Altavilla Silentina
Calore
Matinella
Laura
Roccadásp
Capáccio
Paestum
Felitto
Agrópoli
P. Tresino
Oligastro Cilento
Prignano Cilento
S. Maria di Castellabate
Órria
Rutino
Gioi
P. Licosa
Í. Licosa
Castellabate
Sessa Cilento
Ogliastro Marina
Ceraso
Póllica
Acciaroli
Tour 11
Pioppi
Vélia
Ascea
Marina di Ascea
Pisciotta
Marina di Pisciotta
Palinur
C. Palinuro

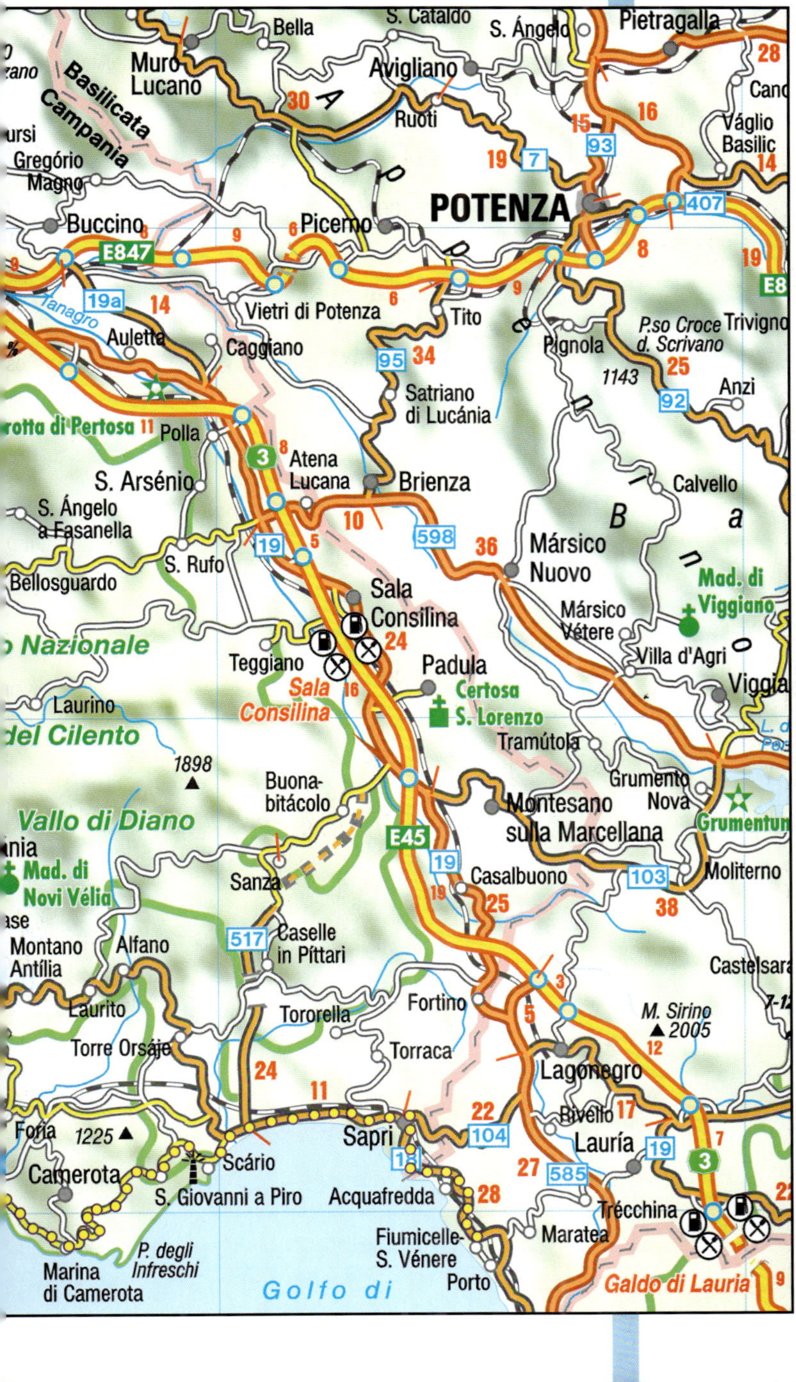
Basilicata
Campania
Muro Lucano
Bella
S. Cataldo
S. Ángelo
Pietragalla
Avigliano
Ruoti
Gregório Magno
Buccino
Picerno
POTENZA
Vágliο Basilic
Vietri di Potenza
Tito
Tanagro
Auletta
Caggiano
Pignola
P.so Croce d. Scrivano
Trivigno
Anzi
Satriano di Lucánia
1143
Grotta di Pertosa
Polla
S. Arsénio
Atena Lucana
Brienza
Calvello
S. Ángelo a Fasanella
S. Rufo
Bellosguardo
Sala Consilina
Mársico Nuovo
Mad. di Viggiano
Mársico Vétere
Villa d'Agri
Nazionale
Teggiano
Padula
Certosa S. Lorenzo
Laurino
del Cilento
Sala Consilina
Tramútola
1898
Buona-bitácolo
Montesano sulla Marcellana
Grumento Nova
Grumentum
Vallo di Diano
Mad. di Novi Vélia
Sanza
Casalbuono
Moliterno
Montano Antília
Alfano
Caselle in Píttari
Castelsaraceno
Laurito
Tororella
Fortino
M. Sirino 2005
Torre Orsáje
Torraca
Lagonegro
Rivello
Lauría
Foria
1225
Sapri
Scário
Camerota
S. Giovanni a Piro
Acquafredda
Trécchina
Maratea
Fiumicelle-S. Vénere
Marina di Camerota
P. degli Infreschi
Golfo di
Porto
Galdo di Lauria
E847
E45
E8

IN DEN SÜDEN KAMPANIENS

Tour 11

Von Salerno nach Paestum

Nimmt man die Autobahn, so bleibt man darauf bis zur Abfahrt Battipaglia, von dort aus benutzt man die Landstraße bis Paestum. Ebenso gut kann man von Salerno aus auf der großzügig ausgebauten Küstenstraße Paestum erreichen (Salerno – Paestum ca. 37 km).

In der Ebene zwischen Salerno und Paestum weiden große **Herden von Wasserbüffeln**. Diese exotisch wirkenden Tiere **liefern die Milch für den** berühmten **Mozzarella**, den weichen weißen Käse, in gebackener Form ein beliebter Bestandteil der kampanischen Speisekarte.

Auf dem Weg nach Paestum könnte man in der Höhe von Battipaglia einen kurzen Abstecher zur **Grotta di Pertosa** bei Eboli machen, die neben Funden aus dem Neolithikum und den Resten von Pfahlbauten sehenswerte Stalaktiten aufweist. Eboli selbst hat einen geradezu sprichwörtlichen Charakter, da der bekannte italienische Schriftsteller Carlo Levi in seinem 1945 erschienenen Buch (dt. 1982) „Christus kam nur bis Eboli" („Cristo si è fermato a Eboli") die Armut der Menschen dieser Region beschrieb und die Leute eines verlassenen Dorfes sagen läßt: „Wir sind keine Menschen, keine Christen, wir sind Tiere; denn Christus kam nur bis Eboli, aber nicht weiter, nicht zu uns."

Der Poseidon-Tempel

Paestum

Geschichte

Paestum (**ital. Pesto**) war schon zu vorgeschichtlicher Zeit bewohnt; man hat dort bei Grabungen Fundstücke geborgen, die bis zur frühen Steinzeit zurückreichen. Es ist überliefert, dass es die Griechen – Achäer – waren, die im 7. Jahrhundert v. Chr. eine Stadt gründeten, die sie Poseidonia (Poseidon geweiht) nannten. Die Flussmündungen und die reiche, fruchtbare Umgebung begünstigten das Wachstum des Ortes; bald hatte die Stadt große Bedeutung und wurde zur einflussreichen, wohlhabenden Handelsstation.

Um 400 v. Chr. eroberten die Lucaner das Land und tauften die Stadt in Paistom um. In der wechselnden Geschichte der Folgezeit wurde der Hellenismus immer weiter zurückgedrängt, trotz mehrfacher Aufstände und stetig aufflackernden Widerstandes. 273 v. Chr. wurde die Stadt römische Kolonie und hieß nun Paestum. Als treuester Vasall Roms erlebte sie unter den hellenophilen Römern eine neue Blütezeit und Reichtum.

Das Absinken der Küste ließ das Land ringsum bald versumpfen, was das Aufkommen von Malaria begünstigte, wodurch der Ort zunehmend entvölkert wurde. Büsche und Sträucher überwucherten schnell die Trümmer der verlassenen Stadt, und man vergaß sie. Im 18. Jahrhundert wurde sie bei dem auflebenden archäologischen Interesse neu entdeckt.

Hier standen schließlich mitten in der Einöde **drei der herrlichsten Bauwerke, die die Antike hinterlassen hat: Die Basilika sowie die Tempel von Poseidon und Ceres**. Die herkömmlichen Bezeichnungen entstammen den ersten Forschungen des 18. Jahrhunderts. Inzwischen haben neuere Erkenntnisse andere Zweckbestimmungen entdeckt.

Touristen-Information:
Azienda Autonoma di Cura Soggiorno e Turismo
84063 Paestum
Via Magna Grecia 151
Tel.: 0828/811016
Fax: 0828/722322

Die Ausgrabungen

Karl IV. von Bourbon, König von Neapel, ließ in der Mitte des 18. Jahrhunderts eine Straße im Süden der Region anlegen, wobei die Ebene saniert und die Wildnis gelichtet werden musste. Dabei stieß man auf die drei Tempel von Paestum. Durch die sensationellen Funde am Fuße des Vesuvs hellhörig geworden, wandte sich die Wissenschaft nun auch diesen Bauten zu, so dass sie - in Gestrüpp, Urwald und Sumpf verborgen - bald freigelegt wurden.

Die Basilika hielt man zunächst für ein profanes Bauwerk, etwa eine Markt- und Gerichtshalle, weil der Giebel fehlte und die neun Säulen an der Frontseite eine ungerade Zahl aufweisen. Außerdem war die Cella im Inneren zweischiffig, also doppelt angelegt, und die Form der Säulen ungewöhnlich. Man datierte daher diesen Bau zunächst in die Dekadenzzeit der hellenistischen Baukunst, als die jüngste der drei Bauten.

Paestum in Dichteraugen: Leuchtende Säulen, wie dunkles Gold.

Gerhart Hauptmann 1883: „Ich lehnte mich einen Augenblick an eine der Säulen, um zu träumen. Welch ein Farbenkontrast und welch beseeligendes Farbenspiel es war, wie durch die braunen leuchtenden Säulen das hellblaue farbengesättigte Meer lachte und darüber die fernen Küstengebirge sich erhoben, kann ich wohl nicht beschreiben. In das heitere Gottesland wurde man da mit eins versetzt."

Victor Hehn 1876: „Die Travertinblöcke, aus der blaugrünen Sumpfebene aufsteigend, leuchten warm wie dunkles Gold, im Gegensatz zu dem tieferen Rotbraun der netzförmigen Ziegelbauten aus der Kaiserzeit, der offenen Wölbungen, die einst Tempelhallen oder Badehallen usw. waren und nun, von Schlingpflanzen umwuchert, halb vom eigenen Schutte und der darüber sprießenden Dornvegetation verdeckt sind."

Heute ist man sich darüber im Klaren, dass gerade diese seltene Säulenform, die zur Mitte hin gleichsam wie ein kraftstrotzender Muskel anschwillt, in die früheste Zeit der griechischen Architektur datiert und dieser Tempel der älteste ist, da er aus dem **6. Jahrhundert v. Chr.** stammt. Man bezeichnet die Bauform als achäisch (nach den Achäern, den Gründern der Stadt).

Vermutlich ist der Tempel der Hera geweiht gewesen, die zu der Zeit besondere Verehrung genoss. In der Doppelcella wurde in dem einen Schiff die Statue angebetet, wobei die Bevölkerung nur bei offiziellen Gottesdiensten Zugang hatte. In ihren Abmessungen - mit 25 m Frontbreite (9 Säulen) und 50 m Längsseite (18 Säulen) auf einem zweistufigen Unterbau - ist die Basilika ein gewaltiges Bauwerk. Im Osten des Tempels gibt es die Reste eines kleinen Altars, der wie bei allen griechischen Tempeln immer im Freien vor den Bauten stand.

Der **Poseidon- oder Neptun-Tempel** übertrifft die Basilika an Größe: Er misst 20 mal 60 m, ebenfalls auf zweistufigem Unterbau. Seine Errichtung geht auf die Zeit um 450 v. Chr. zurück. Das Peristyl besteht aus 36 kannelierten Säulen, die alle noch stehen. Neben dem Theseion in Athen und dem Concordia-Tempel in Agrigent (auf Sizilien) ist er der besterhaltene Tempel der Antike. Die neuere Forschung schloss aus einer Reihe von Votivgrabungen und sonstigen Funden,

dass er der Hera Agriva, der Göttin der Fruchtbarkeit, geweiht war.

Diese Harmonie in Form und Abmessung ist bei den Tempeln der Antike selten wieder erreicht worden, so dass er zu den eindruckvollsten Bauten überhaupt zählt. Die Cella wird durch Pfeiler und Säulen in drei Schiffe geteilt. Das Gebälk ist vollkommen erhalten. Obgleich dieser Tempel älter ist als das Parthenon, zeigt er doch die gleiche meisterhafte Technik, deren Erfindung man immer dem Architekten des Athener Parthenons, Iktinos von Milet, zuschrieb. Diese Technik besteht darin, dass alle horizontalen Linien eine sehr geringe Konvexität aufweisen. Dadurch vermeidet man den Eindruck, dass die machtvollen Säulen nach oben hin auseinanderstreben.

Aus dem gleichen Grund neigen sich bei den übrigen Tempeln die Ecksäulen ein wenig einwärts. Beim Poseidon-Tempel verzichtete man auf diesen Effekt, vielmehr erreichte man das gleiche durch etwas schräge Kannelierung der Ecksäulen. Weil aber die Front- und Seitensäulen von verschiedenem Durchmesser sind, hat man die Ecksäulen leicht elliptisch gehalten, damit das Auge des Beschauers, ganz gleich, woher es auf diese Bauten trifft, immer nur das Gleichmaß des Kunstwerks empfindet. Mit Fug und Recht kann man sagen, dass die alten Baumeister mit ihrem Baustoff, dem rauen Stein, so subtil umgingen wie der Schleifer mit dem

Im Ceres-Tempel

Edelstein. Die Tempel, die hier fern vom Marmor Griechenlands entstanden, wurden notgedrungen aus dem gelben Kalkstein des nahen Apennin hergestellt, der durch seinen Eisengehalt rötlich oxidiert. Sie waren mit Stuck belegt und farbig bemalt, und das Dach war mit Terracotta-Ziegeln gedeckt. Wenn man sich nun das Ganze, umgeben von der üppigen Vegetation, von dunklen Oleander- und Lorbeerbüschen sowie majestätischen Zypressen, vorstellt, dann war das sicher ein Anblick, der auch dem ärgsten Barbaren die Ehrfurcht vor solcher Kunst einflößte. Vieles vom Innen- und Außenschmuck, die Metopenplatten und die Simse, die Innensäulen und der Figurenschmuck der Giebel, wurde abtransportiert und hat den Weg in die Kalkbrennöfen der späteren Bewohner gefunden. Allein in den Domen von Salerno und Amalfi sind fast 100 Säulen aus Paestum verwendet worden.

Der **Ceres-Tempel** ist benannt nach einigen Tonstatuen der Göttin, die in der Nähe gefunden wurden. Die Lage des Tempels auf einem kleinen Hügel – dem höchsten Punkt der Stadt – und neue einwandfreie Funde lassen den Schluss zu, dass es sich hier um einen Tempel handelt, der Athena-Minerva zugeeignet war; „Athenaion" statt Ceres-Tempel wäre wohl der richtigere Name.

Der dorische Tempel aus dem 6. Jahrhundert v. Chr. hat auf einer Breite von 15 m auf zweistufigem Unterbau sechs Säulen und wirkt durch den überhöhten Giebel in ganz eigentümlicher Bauweise fast zerbrechlich. Das Peristyl ist 31 m lang und hat je 18 Säulen in der Länge. Das Innere ist einfach gehalten. Der ungewöhnlich tiefe Vorbau war von zierlichen Säulen umgeben. Man hat vor nicht langer Zeit zwei Kapitelle gefunden – nach Eindrücken an den Basen

Die frühchristliche Basilika in Paestum

unzweifelhaft dahin gehörend –, die an die ionischen Kapitelle in Kleinasien erinnern und die ältesten Kapitelle in Italien überhaupt sind.

Weitere Teile der noch nicht vollständig ausgegrabenen Stadt liegen zu beiden Seiten der **Via Sacra**, der Heiligen Straße, mit antikem, römischen Pflaster, über die die Prozessionen führten.

Um das **Forum** herum standen einige Läden, die Curie (Rathaus), ein Gymnasium (Sportstätte), natürlich die Thermen und der sogenannte italische Friedenstempel. Etwas nördlich davon liegen die Reste des Amphitheaters, die beim Bau der Landstraße 18 in zwei Teile zerschnitten wurden, wodurch man Paestum überhaupt erst entdeckte.

Gegenüber vom Museum befindet sich der Bezirk **Sacello Sotterraneo** (unterirdisches Heiligtum), der 1954 ausgegraben wurde und der aus dem 6. Jahrhundert v. Chr. stammt. Der kleine Bau ist in die Erde versenkt und hat ein Ziegeldach. Er diente entweder einem Fruchtbarkeitskult oder war dem Stadtgott Sybaris geweiht. Die Funde aus dem Inneren sind im Museum untergebracht.

Das Museum (Antiquarium)

Man sollte den Besuch des Museums an den Anfang einer Besichtigung des Tempelbezirks stellen, da es nicht nur eine gute Einführung in die griechische Welt bietet, sondern weil es auch nur vormittags geöffnet ist. Übersichtlich angeordnet und hervorragend ausgestattet, bietet es unbedingt Sehenswertes.

In der Vorhalle stehen die **Metopen** (Bildtafeln, Fresken) aus dem Thesauros- und Hera-Tempel **sowie** vermutlich eine der bedeutendsten **Skulpturengruppe** der griechischen Klassik (6. Jahrhundert v. Chr.).

Der Hauptsaal birgt die Fundstücke des Tempelbezirks: Waffen, Vasen, Skulpturen, Statuen, Amphoren und - sensationeller Fund - seltene **griechische Grabmalereien**. Genauso einmalig ist die einzig erhalten gebliebene Wandmalerei aus der griechischen Klassik – das **„Grab des Tauchers“** (5. Jahrhundert v. Chr.).

Bemalte Kalksteinplatten aus Gräbern, oben die Sarkophagplatte vom „Grab des Tauchers“

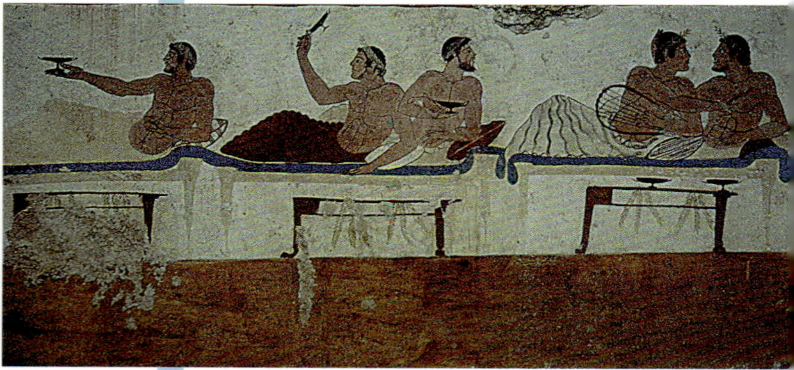

Rekonstruktionen von Gräbern und Tempelteilen verdeutlichen die Welt Paestums zu seiner Blütezeit. Interessant ist auch die Dokumentation der Grabungen.

Nördlich von Paestum am Fluss Sele fand man nach langem Suchen erst 1934 die von Plinius erwähnten Tempel und Gebäude, die Argonautenführer Jason an der Mündung des Flusses errichtet haben soll. Leider sind nur noch die **Grundmauern des Tempels der Hera Agriva** (Fruchtbarkeitsgöttin) aus dem Jahre 510 v. Chr. **und des Thesauros** zu sehen. Die fast vollständig erhaltenen Wandfresken sind in dem oben erwähnten Museum untergebracht.

Eine geradezu wundervolle, lyrische Eloge auf Paestum schrieb die Italien-Kennerin Ingeborg Meyer-Sickendiek im Reiseblatt der „Frankfurter Allgemeinen Zeitung" 1975. Wir geben zwei Absätze wieder:

„Aus der Lage Paestums in der von fruchtbarem Ackerland umgebenen Flußniederung mit den Hintergrundhügeln des Cilento läßt sich heute noch auf eine religiöse Mitsprache der Landschaft schließen. Wolken, Luft und Hain haben an diesem Weiheort des Poseidon eine mediale Bezogenheit zu den Göttern. Hört man aufmerksam hin, setzt sich aus der fernen Tuba des Meeres und der Saitenmusik der Grillen ein heterophoner Wechselgesang zusammen. In seiner altgriechischen Strenge bleibt er von eindringenden Tagesgeräuschen unberührt.

Dazu die honiggoldene Farbe der travertinähnlichen Kalksteinquader, an denen einzelne Zypressen, Asphodelenstauden und Oleander, vor allem aber die schon von Vergil besungenen Rosenstöcke, ihre Leuchtkraft verdoppeln. Es scheint, als ob die Trümmer sie dazu ermächtigt hätten, als unzerstörbares Schmuckelement fortzubestehen, um auf diese Weise an die ursprüngliche Polychromie der Tempelgiebel zu erinnern. Dazwischen grasende Büffel, deren gemessene Ruhe den Kanon des Zeitlosen vollendet."

Es sollte nicht unerwähnt bleiben, dass mit dem Namen Paestum nicht nur das Ausgrabungsgebiet mit einer fast 5 km langen Stadtmauer (schöner Spaziergang) verbunden ist, sondern auch der heutige Ort (2900 Einwohner) mit gepflegtem, flachem Badestrand und guten Hotels.

Nach der Legende war es die benachbarte Gegend von **Agròpoli,** in der der Apostel Paulus erstmalig italienischen Boden betrat. Der auf einem Kap hochgelegene Ort verdankt seine Gründung in der Spätantike Kaiser Justinian. Die von ihm errichtete **Burg**, deren Ruine reizvoll über dem Städtchen thront, war wegen seiner vorteilhaften strategischen Position jahrhundertelang Ziel militärischer Begehrlichkeit.

Restaurants:

„La Pergola"
Obwohl zur mittleren Preisklasse zählend, ist es das führende Lokal am Ort. Capaccio Scalo. Via Nazionale. Tel.: 0828/723377.

„Tenuta Seliano"
in **Capaccio,** 10 km östlich von Paestum (im Cilento).
Die Küche der Farm eines Adelsgeschlechts ist auf Fleisch von Büffeln spezialisiert, die dort gezüchtet werden. Es gibt 150 Plätze, davon 100 draußen. Das Haus (mit Garten und Pool) hat auch 13 Gästezimmer. Obere Kategorie (keine Kreditkarten).
Via Seliano - Borgonuovo. Tel.: 0828/723634 und 724544.

„Porta di Mare"
in **Castellabate**: 25 km südlich von Paestum, 12 km südlich von Agròpoli, gerühmt für seine mit Sardellen und Oliven gefüllten Tintenfische, preiswert. Via Forzati 4. Tel.: 0974/967048.

„La Taverna del Pescatore"
in **Santa Maria di Castellabate,** 66 km südlich von Salerno. Besonders preisgünstige, auf Fisch spezialisierte Osteria mit gutem Weinkeller und -bar. Schon ´mal Schwertfischeier probiert? Und Kalmare mit Kartoffeln? Das Lokal hat nur abends geöffnet.
Via Lamia. Tel. 0974/960227.

Nur einen Steinwurf von Agropoli entfernt liegt der hübsche Badeort Castellabate

Nationalpark Cilento – Velia

Im Hinterland des Küstenabschnitts zwischen Agròpoli – also bei Paestum – und Palinuro erstreckt sich der **Cilento, eine Landschaft**, die sich mit ihren lieblichen Hügeln von der felsigen Küstenformation der Halbinsel von Sorrent abhebt.

Die nach Osten hin ansteigende Ebene ist mit kleinen Dörfern durchsetzt. Nordöstlich von ihr schließt sich der

Nationalpark des Cilento

(Parco nazionale del Cilento e Vallo di Diano) an, der 1999 in die Unesco-Liste des Weltkulturerbes aufgenommen wurde. Noch weiter landeinwärts stößt man auf Berge von beachtlicher Höhe, so den Montecentaurino mit 1433 m, den Monte Cervati mit 1898 m und den Monte Mòtola mit 1700 m Höhe.

Wo heute die Hügelketten des Cilento von der Autobahn Salerno – Reggio Calabria durchschnitten werden, führte in der Antike und noch im Mittelalter der Hauptverkehrsweg in das südliche, tyrrhenische Italien. Zuvor hatten die Römer einen dort gelegenen, aus dem Pleistozän stammenden 40 km langen See per Kanalisation trockengelegt, was das Gebiet in eine besonders fruchtbare Fläche verwandelte. Lukanien war damals ihr Name, der auch heute noch anzutreffen ist: Vallo della Lucània heißt ihr Hauptort, Atena Lucana ein anderer.

Die Region zählt zu den ältesten besiedelten Gebieten Italiens, wo sich schon zwischen dem 5. und 2. Jahrtausend v. Chr., also in der Jungsteinzeit, Menschen niedergelassen hatten. Den Beleg bilden Funde von Begräbnisstätten, steinernen Werkzeugen und Tierknochen. Siedlungsspuren fanden sich auch in zahlreichen **Grotten**, die **bereits um 4500 v. Chr. bewohnt** waren. Unter ihnen sind die **von Pertosa** besonders sehenswert (Zufahrt von der Autostrada 3, Abfahrten Petina oder Polla – Grotta di Pertosa).

Achtung: Nur Gruppenführungen!

Um einen künstlich angelegten See als Mittelpunkt herum verteilen sich hier auf einer Länge von 2000 m Kammern, die teilweise hoch aufragende Kuppeln darstellen und wo Lichtspiegelungen, besondere Geräusche und großartige Versteinerungen Auge und Ohr faszinieren (Besichtigung nur mit Führer).

Ein Labyrinth von gar 5000 m Länge bieten die **Grotten von Castelcività** in der Nähe des Ortes **Controne** (Autostrada-Ausfahrt Campagna), wo ebenfalls Steinzeit-Menschen siedelten.

Heute ist die einst landwirtschaftlich intensiv genutzte Schwemmlandebene des Cilento einer eher kargen Karstlandschaft gewichen, deren vorherrschende Macchia in der Frühjahrsblüte allerdings traumhafte Anblicke bietet. Neben Hartlaubgewächsen, Ginster und Sukkulenten findet man aber auch **Olivenhaine** und zur See hin Wälder von Agaven und Opuntien.

Byzantinische Anklänge weist das Kuppeldach der Kirche von Santa Maria di Castellabate auf

In der Nähe der Küstenstadt **Ascea,** erreichbar über die Landstraße 18 (Paestum – Sapri), liegt

Velia,

eine alte, ausgegrabene griechische Hafenstadt.

Geschichte.

Um 535 v. Chr. von geflohenen Griechen gegründet, war der Ort (griechisch Eléa) auf Seehandel konzentriert, da das Hinterland mit seinen schroffen Bergen die Siedlung schwer zugänglich machte. Der hellenistische Geist beherrschte die Stadt, und sie wurde berühmt durch ihre **Philosophenschule Eléatica** (Parmenides, Zenon). Auch als Eléa während der Punischen Kriege auf der Seite Roms stand und ihm weiterhin die Treue hielt, blieb sie im Herzen letztlich doch griechisch. Brutus, der Mörder Cäsars, hatte hier seine Villa, in der er mit Cicero diskutierte. Velia wurde zu einem feudalen Kurort, bis schließlich seine Blüte und sein Reichtum dahinschwanden.

Zunehmende Versandung der Hafenanlagen und Überschwemmungen, die zur Versumpfung der Umgebung führten, sowie das Erdbeben von 62 n. Chr. ließen der Stadt keine Chance. Sarazenen-Überfälle im 8. und 9. Jahrhundert zerstörten Velia schließlich ganz.

Die Ausgrabungen.

Begonnen wurde mit den Grabungsarbeiten 1927, seit 1962 allerdings erst systematisch und in bedeutetem Umfang.

Die antike Stadt bestand aus drei Teilen: Dem nördlichen Hafengebiet mit der Porta Marina Nord, dem Zugang zum ehemaligen Flusshafen, der in der alten Mündung des Palistro lag, der Akropolis, die auf einem Hügel gelegen, damals von drei Seiten meerumspült war, und den südlichen Stadtteilen, dem bedeutendsten Viertel mit dem Wohngebiet.

Auf der **Akropolis** stehen ein theaterähnlicher Rundbau, ein Tempel - vermutlich der Athenae geweiht - aus dem Jahre 480 v. Chr. und eine Kapelle, die im 11. Jahrhundert auf den ehemaligen Zugang zur Akropolis gebaut wurde. In ihrem Inneren gibt es Sammlungen von in Velia gefundenen Inschriften und Standbilder.

Vom Flusshafen her führt eine Straße zur Akropolis und zur **Porta Rosa**, einem **Rundbogentor**, das in eine Schlucht hineingebaut wurde. Das Tor gehört zu den gewaltigsten Monumenten profaner griechischer Baukunst. Das genial konstruierte Tor diente nicht nur als Schutz- und Verteidigungswerk, sondern auch als Viadukt. Von der Porta Rosa aus führt eine breite Straße hinab, typisch gepflastert, an einem großen Abwasser-Kanal vorbei zur **Agorà**, einer Art **Forum, mit Säulenresten**. Man erreicht dann die eigentliche Stadt (insulae) mit breiten gepflasterten Straßen und zahlreichen Gebäuderesten. Im Süden war die Stadt wieder von der Stadtmauer begrenzt, die in eine Hafenmole überging. An deren Ende steht ein runder Turm, der vermutlich als Leuchtturm diente.

Ruinen der alten griechischen Hafenstadt Velia

Von Velia nach Sapri

Auf der Weiterfahrt nach Süden hin zum vierten Golf Kampaniens, dem **Golfo di Policastro,** (nach den Golfs von Gaeta, von Neapel und von Salerno) passiert man den auf einem steil aufragenden Kap gelegenen Ort **Pisciotta** und kommt nach

Palinuro

Benannt ist es nach Palinuros, dem Steuermann von Äneas, der ermüdet ins Meer stürzte und ertrank – eine tragische Geschichte, die von Vergil besungen wurde. Von der im 6. Jahrhundert v. Chr. gegründeten Siedlung sind noch Reste der Hafenanlage im Süden des Ortes und der Akropolis auf einer Erhebung an der Ostseite Palinuras zu sehen. Ein **Antikenmuseum** (das Antiquario in der Nähe der Kirche) birgt griechische Amphoren und Vasen sowie weitere Funde aus Gräbern des 6. und 5. Jahrhunderts v. Chr.

Ein **mittelalterlicher Leuchtturm** ziert auf der Spitze des Kaps die felsige, von alten Olivenbäumen bestandene Halbinsel, die von Höhlen, kleineren Stränden und Grotten reizvoll unterbrochen wird. Hier lohnen sich Ausflüge zum 2 km

Palinuro: Grotta di Calafetente

Eine der kleinen Buchten bei Palinuro

entfernten Leuchtturm, zum Arco Naturale am Vorgebirge oder per Boot zur **Grotta Azzurra** und der **Grotta delle Ossa**, die mit ihren Lichtspiegelungen und bizarren Gesteinsformationen kaum weniger attraktiv als die berühmte Blaue Grotte auf Capri, dafür aber preiswerter und weniger überlaufen sind.

Restaurants:

„Da Carmelo".
Nicht zu teuer, aber gut. Stilvolle FeWos im Hause.
Im Stadtviertel Isca delle Donne. Tel.: 0974/931138

„Osteria della Vecchia Stazione" in **Pisciotta**, 12 km nördlich von Palinuro. Hier bekommt man, fürs normale Portemonnaie, herrlich zubereitete (und frische!) Sardellen (alici).
Marina Pisciotta, Vecchia Stazione. Tel.: 0974/973187

Begrenzt wird der Cilento im Süden am Kap von dem Ort

Marina di Camerota,

(2300 Einwohner), wo viele Grotten und die **atemberaubende Steilküste im Süden** mit den Buchten Baia degli Infreschi, Cala Bianca und Cala Monte di Luna den Besucher verzaubern.

Restaurant:

„La Cantina del Marchese"
deftige, einheimische Hausmannskost zu zivilen Preisen.
Via del Marchese 15. Tel.: 0974/932570.

Im nördlichen Teil des Golfs von Policastro erreicht man nun den südlichsten Ort der Region Kampaniens

Sapri

an die Region Kalabrien angrenzend. Als griechisches Skidros gegründet, legten die Römer hier um 100 n. Chr. einen Hafen an, von dem noch Reste erkennbar sind. Östlich davon steht am Lungomare, der Uferpromenade, das Denkmal zur Erinnerung an den 1857 missglückten und tödlich beendeten Aufstand gegen die Herrschaft der Bourbonen, die „Expedition der Dreihundert", ein Meilenstein für die spätere Begründung des italienischen Nationalstaates.

Wer das touristische Gewusel im Golf von Neapel leid war, kann aufatmen. Das wenig frequentierte Gebiet hat hier seinen ursprünglichen Reiz noch erhalten. Wer die Ruhe sucht, findet sie etwa auf einer Wanderung zwischen mediterraner Blütenpracht und Kastanienwäldern mit Blick auf steile Felsen und blaue Buchten, auf Wachttürme des Mittelalters und Barken der Fischer.

Ein **Abstecher** ins westliche Hinterland nahe dem Ort Padula führt uns jetzt – am äußersten Rand des Cilento – zu einer sehr sehenswerten **Kartause**, der Certosa di **San Lorenzo**, auch Certosa di Padula genannt. Sie ist dem hl. Lorenzo gewidmet, der 258 n. Chr. unter Kaiser Valerian auf einem glühenden Rost zu Tode gefoltert wurde. Diesem Rost ist der gitterförmig angelegte Grundriss des Kartäuserklosters nachempfunden. Die Gründung geht auf den Edelmann Tommaso di Sanseverino im Jahre 1306 zurück. In einem halben Jahrtausend, vom 14. bis zum 19. Jahrhundert, wurden hier **320 Räume mit 51 Treppen** gebaut sowie 41 Brunnen und 13 Höfe angelegt, so dass eine der größten zusammenhängenden Klosteranlagen Italiens entstand. Wie nach zahlreichen Umbauten üblich, überwiegen die Barockelemente. Zwischen den Säulen des Untergeschosses an der Prachtfassade stehen die Statuen der vier Heiligen Bruno, Laurentius, Petrus und Paulus. Im Museo Archeologico di Lucània Occidentale sind Fundstücke aus den teilweise reich ausgestatteten Nekropolen von Sala Consilina, die bis ins 10. Jahrhundert v. Chr. zurückreichen, und in der Umgebung antike Gräberfelder zu sehen.

Nach 1860 wurden die Kartausen, die auf Kosten der armen Bevölkerung ein Paktieren mit den Feudalherren vorgezogen hatten, enteignet, so dass sie in Staatsbesitz übergingen. In den zwei Weltkriegen mußte die Certosa di San Lorenzo als Lager für Kriegsgefangene herhalten, im Ersten Weltkrieg für österreichische und im Zweiten für alliierte Soldaten.

Restaurant:

„A Cantina i Mustazzo"

Die gar nicht teuere Trattoria mit 130 Plätzen im Freien bietet Ausgefallenes wie gefüllten wilden Lattich oder mit Tagliatelle gefüllte Auberginen, aber als „Absacker" auch Acqua della Battaglia **(Wasser der Schlacht** – ein Tresterschnaps für harte Nehmer) oder Feigenkaktuslikör.
Piazza Plebescito 27. Tel.: 0973/39206.

IN DEN NORDEN KAMPANIENS

Tour 14

Nach Caserta, Capua und Santa Maria Capua Vetere sowie Benevent und Avellino

Die landschaftlichen Schönheiten und kunsthistorischen Sehenswürdigkeiten Kampaniens konzentrieren sich nicht nur auf seine Küstenregionen, sondern sind auch im Hinterland anzutreffen. Es wäre deshalb ein Fehler, die Provinz praktisch nur mit der Beschreibung des Golfs von Neapel abzuhandeln, auch wenn das Hinterland Kampaniens gewöhnlich in die kassische Italienreise nicht eingebunden wird.

Sie fahren von Neapel aus in Richtung Flugplatz (Ausfahrt Via Foria) über die Autobahn durch die fruchtbaren Felder von Kampanien und erreichen nach etwa 25 km

Caserta

Die Hauptsehenswürdigkeit der Stadt (62 000 Einwohner) ist das überaus prächtige **Bourbonenschloss**, das in der zweiten Hälfte des 18. Jahrhunderts auf Geheiß Karls III. durch den berühmten Baumeister Vanvitelli errichtet wurde (1771 vollendet). Der neoklassizistische, heute etwas heruntergekommene Bau hat 1200 Räume - mit 1790 Fenstern -, die sich um vier Höfe herum gruppieren. Fresken, Gemälde sowie Gold- und Stuckarbeiten zieren die Säle in unglaublicher Pracht. Die meisten Zimmer sind nicht zugänglich. Der Theatersaal hat fünf Ränge, die von Alabastersäulen getra-

Touristen-Information:
Ente Provinciale per il Turismo (EPT)
81100 Caserta
Palazzo Reale
Tel.: 0823/322233
Fax: 0823/326300

Parco della Reggia in Caserta

Fóndola
Tréglia
Líberi
Lautoni
Villa
Marciano Freddo
Ruviano
Amorosi
Formícola
Savignano
Sasso
Curti
Giano Vetusto
Pozzillo
Prea
Castèl di Sasso
Villa Santa Croce
San Giovanni e Páolo
Alvignanello
Pontelatone
Funari
Strangolagalli
Mte.Caruso 592
502
Mte.Maiulo
Castèl Campagnano
Pastorano
Camigliano
Leporano
Caiazzo
Vitulázio
Piana di Monte Verna
Cesarano
Melizzano
Cápua
Bellona
Fagianeria
Limátola
Squille
Triflisco
F. Volturno
Biancano
Torone
Ave Gratia Plena
Dugenta
Pianelli
Largisi
Casale
Balzi
F. Isclero
Gróttole
L'Annunziata
Torricella
San Iório
Sant'Ángelo in Fórmis
Vaccheria
Castèlmorrone
Cantinella
Faggiano
602 Mte.Tifata
Capitone
San Pietro
Cápua
Oasi d. Bosco d. S.Silvestro
CASERTA VECCHIA
Sommana
San Prisco
Sala
Mezzano
Pozzovétere
Giardino Inglese
Valle di Maddaloni
Foresta
Santa Maria Cápua Vétere
Casa-giove
CASOLLA
Cásola
CASERTA
Bagnoli
Sant'Ágata de' Goti
Casapulla
580 Mte. Longano
Durazzano
San Tàmmaro
Curti
GARZANO
S. Clemente
Castello
Macerata Campánia
Recale
San Nicola la Strada
Mulini
Mte.Sáucolo 768
Carditello
Pórtico di Caserta
MADDALONI
Ponte Sant'António
Capodrise
Cervino
Fórchia
Rosciano
Montedecoro
Santa Maria a Vico
San Marco Evangel.
Annecchino
MARCIANISE
MESSERCOLA
San Marco
Ponti Rossi
Caserta S.
Talánico
Casaluce
Frignano
Teverola
Suéssola
Castello
Pólvica
Mte.Fellino 668
PASCAROLA
Cancello
Carinaro
Asse di Supporto
GAUDELLO
Tre Ponti
AVERSA
Casapuzzano
Cesa
Orta di Atella
CAIVANO
Camposano
Lusciano
Tre Ponti
FRATTAMAGGIORE
CARDITO
ACERRA
SANT'ÁNTIMO
Asse Mediano
MARIGLIANO
Brusciano
S.Vitaliano
Casandrino
Grumo Nevano
AFRAGÓLA
Marigliano
MELITO di Nápoli
ARZANO
CASALNUOVO di Nápoli
POMIGLIANO d'Arco
Calvizzano
CASORIA
Taverna-nova
Vesúvio
Pomigliano d'Arco
Palazzuolo
Aliperti
MUGNANO di Nápoli
SOMMA Vesuviana
MARANO di Nápoli
Romani
CHIAIANO
CASAVATORE
Volla
Caravita
Mad.d. Arco
QUARTO
MARIANELLA
CAPODIMONTE
Capodichino
Doganella
POGGIOREALE
Rione Trieste
Bosco
GUANTAI
Scudillo
Cércola
Tróccia
S.ANASTÁSIA
Camáldoli
PIANURA
Arenella
Z.Ospedal.
Póllena
Camáldoli
Ponticelli
OTTAVIANO
SOCCAVO
Nápoli
Massa d.Somma
Mte.Somma 1132
Fuorigrotta
Vómero
Castell Sant'Elmo
BARRA
S.Giórgio a Cr.
S.Sebastiano al Vesúvio
Santa Maria la Scala
Parco Naz. del Vesúvio
1281
Agnano Terme
SANTA LUCIA
SAN GIOVANNI A TEDUCCIO
SAN GIÓRGIO a Cremano
Castell dell'Ovo
PÓRTICI
Ercolano
Croce del Cármine
POSILLIPO
Vesúvio
Terzigno
Bagnoli
Coróglio
Capo di Posillipo
NÁPOLI
ERCOLANO
Torre d. Greco
Bóccia al Mauro
Marechiaro
Ísola di Nísida
la Gaiola
TORRE DEL GRECO
Boscotrecase
Trecase
Torre Ann. N.
Leopardi
Torre Ann.

Pietrelcina
Santo Stéfano
San Pietro Paupisi
Torrecuso
Masseria Ponte
Masseria Olivola
Santa Maria di Loreto
Sant'Arcángelo Trimonte
Mte.Péntime 1168
Vitulano
Paduli
Mte.Alto Rotondi 1305
1390
Camposáuro
Úlile
Foglianise
Benevento Nord
Benevento Centro
F. Calore
Cautano
Cacciano
260
Castelpoto
Ápice
Ápice Nuovo
Tocco Cáudio
Cámpoli del M.Taburno
BENEVENTO
Benevento Sud
San Vito
San Donato
Mte.d.Paperi 1323
Masseria de Caro
337
Mte.Calvo
Apollosa
Maccabei
Perrillo
Pástene
Monterone
San Giórgio del Sánnio
Castello del Lago
1394
Mte.Taburno
Mte.Máuro 656
S.Nicola Manfredi
Calvi
Motta
Ginestra
Cirignano
San Giovanni
San Léucio del Sánnio
S.Ángelo a Cupolo
Bucciano
Bonea
Confini
S.M.a Toro
San Giorgio del Sánnio
Venticano
Montesárchio
Ripabianca
Beltíglio
S.Pietro Irp.
S.Martino Sannita
Varoni
Zolli
Bagnara
Monterocchetta
San Nazzaro
S.Ángelo a Cancelli
Pietradefusi
Tufara
Ceppaloni
Chianche
Cucciano
Squillani
Chianchetelle
Montefusco
Campanino
San Giovanni
San Croce
Cassano
Arpaise
Barba
Petruro Irpino
Torrioni
Santa Paolina
Torre le Nocelle
Paolisi
Rotondi
Trescine
Tioro
Pasquarelli
Suozzi
Cervinara
Valle
San Martino Valle Caudina
Ferrari
Ioffredo
Terranova
Tufo
Montemiletto
Pannarano
Roccabascerana
Altavilla Irpina
Monteperto
949 Cima Recuorvo
F. Sabato
Prátola Serra
Prata di Principato Ultra
San Fele
Pietrastornina
Mte.Ciesco Alto 1357
Sant'Ángelo a Scala
Grottella
Serra
Arianiello
Grotta di San Michele
Mti.d'Avella 1598
Monte frédane
Montefalcione
Rocca-raínola
Avella
Mte.Vallatrone 1511
Capríglia Irpina
Marzano
San Felice
Arcella
Avellino Est
Cándida
Sirgnano
Summonte
Tufino
Quadrelle
Rifugio d'Alpinolo
Mte.Vergine 1493
PICARELLI
Parolise
Baiano
S.Pietro
Mugnano del Cardinale
Santuario di Monte Vergine
Ospedaletto d'Alpinolo
Manocalzati
San Potito Ultra
Salza Irpina
Casamarciano
Visciano
Mte.Arciano 733
Mercogliano
Valle
Atripalda
Sorbo Sérpico
Camáldoli
Tour 14
Avellino
AVELLINO
Cesinali
Santo Stéfano del Sole
Marzano di Nola
Pago del Vallo di Lauro
Mte.Pizzone 1109
Monteforte Irpino
Bellizzi Irpino
Aiello del Sábato
San Michele di Serino
Sopravia
Pernosano
Taurano
872 Mte.Esca
Santa Lucia di Serino
Domicella
Cásola
Migliano
Láuro
Pignano
Petruro
Contrada
Serino
Ferrari
San Sóssio
Carbonara di Nola
Beato
Bosagro
Moschiano
Canale
Sala
San Biágio
Quíndici
Forino
Castello
Celzi
Madonna della Neve
Banzano
S.Andrea Apóst.
S.Agata Irpina
Ribóttoli
Castello Fiume
Piano di Trebucchi
Pzo.d'Alvano 1133
Mte.Faitaldo 1072
775 Mte.Rómola
Borgo
S.Eustáchio
Solofra
Montoro Inferiore
Pretura
Torchiati
Mte.Faggeto 1301
Angioina
Episcopío
S.Pietro
Montoro Inf.
Aterrana
Solofra
SARNO
Bracigliano
Casale
Piano
Misciano
Montoro Superiore
Castello di Ogliara
Sarno
San Nazário
Figlioli
Piazza di Pándola
Pzo.S.Michele 1567
Mte.Mai 1607
Striano
Siano
Ciorani
Campomanfoli
Mercato S.Severino
Pándola
Villa
S. Michele di Basso
S.Valentino Tório
Fraina
Castèl San Giórgio
Torello
Aiello
Fisciano
Carpineto
Capo Calvánico
Nocera Pagani
Lavorate
Casatori
Lanzara
Calvánico
S.Marzano sul Sarno
Castèl S.Giorgio
Acquarola
Mercato S.Severino
Lancusi
Fisciano
Mte.il Lieggio 1086
San Máuro
S.Potito
Spiano
Penta
Caiano
Giffoni
San Pietro
Roccapiemonte
Materdómini
Capreccano
Sieti
SCAFATI
PAGANI
Nocera Inferiore
Piedimonte
Nocera
Baronissi
Mte.Monna 1196
Sei Casali

Die Chiesa Santa Maria Assunta in Caserta Vecchia

gen werden, die aus dem Macellum (Marktplatz) in Pozzuoli stammen. Die Größe, aber auch die Innenausstattung übertreffen teilweise die des Schlosses von Versailles und die des Escorial bei Madrid, was auch der Bauauftrag war. **Sehenswert** sind auch die Schlosskapelle und **die Krippe,** die wegen ihrer vielen und schönen Figuren berühmt ist. Statuen, Brunnen und künstliche Ruinen schließlich schmücken den nach englischem Vorbild angelegten **Schlosspark** mit seinen herrlichen Alleen und Spazierwegen. Der Garten ist eine der schönsten Anlagen seiner Art in Italien.

Nordöstlich von der modernen Stadt liegt auf der Höhe des Monte Tifata **Caserta Vecchia, die Altstadt**. Um einen romanischen **Dom** mit schlankem Kampanile (13. Jahrhundert) stehen alte Paläste und Häuser in mittelalterlicher Bauweise. Die teilweise verfallenen alten Befestigungsanlagen runden diesen Eindruck ab.

Restaurant:

„Le Colonne"

ein Mittagslokal im Jugendstil, das abends nur auf Vorbestellung öffnet. Feinste Speisen zu gehobenen Preisen - von Büffelschmorbraten bis Blaufischterrine, und dann Zitronencreme in Krokant! Nazionale Appia 7-13. Tel.: 0823/467494

7 km westlich von Caserta liegt

Santa Maria Capua Vetere

Geschichte

Als den „schönsten Landstrich der Welt" bezeichnete immerhin Cicero die Region um Capua, wobei er wohl in erster Linie an die enormen Bodenschätze und die ausgeprägte Fruchtbarkeit des Landes gedacht haben mochte. Grabfunde haben belegt, dass die weite Ebene schon im 9. Jahrhundert v. Chr. – von den Oskern - besiedelt war. Den Oskern folgten die Etrusker, deren Herkunft (wahrscheinlich aus Kleinasien) bis heute nicht geklärt ist. Diese machten das Gebiet im 6. Jahrhundert v. Chr. zum Mittelpunkt ihrer Kolonisierung im heutigen Kampanien. Auch ließen sich dann hier Griechen und Samniten nieder, wobei letzere 424 v. Chr. den Landstrich militärisch einnahmen. Doch hatte bald Rom das Sagen, und von 338 v. Chr. war Capua römische Kolonie. Ihre Bewohner standen den neuen Herren aus dem Norden ablehnend gegenüber, doch konnten sie sich mit einem Aufstand 314 v. Chr. nicht durchsetzen. Immerhin hatte Rom die Bedeutung der Region bald erkannt, was auch durch ihre direkte Anbindung mit dem Bau der Via Appia zwei Jahre später zum Ausdruck kam. Doch blieb die Aversion bestehen: Im 2. Punischen Krieg ergriff nach dem Sieg Hannibals in der Schlacht von Cannae 216 v. Chr. die

Das Amphitheater von Santa Maria Capua Vetere

In den Gängen des antiken Theaters

Bevölkerung die Partei für die Karthager und stellte den Truppen Winterquartiere zur Verfügung. Als jedoch Rom 211 v. Chr. Capua zurückeroberte, nahm es grausam Rache: Alle führenden Persönlichkeiten wurden öffentlich hingerichtet, die Einwohner wurden vertrieben und die Stadtmauern wurden eingerissen. In eine erneute ernste Krise stürzte Capua Rom, als von ihr 74 v. Chr. der Sklavenaufstand unter dem Anführer Spartakus ausging., der aber auch niedergeschlagen werden konnte.

Ein halbes Jahrtausend später, 456 n. Chr., nahm Vandalenführer Geiserich die Stadt ein. Ihre Plünderung hatte sie wohl aber bald verschmerzt, sprach doch der spätantike Historiker Prokop von einem blühenden Gemeinwesen. Doch kam 841 das Ende, als die Sarazenen bei einem einzigen Überfall Capua dem Erdboden gleichmachten. Ihre Neugründung durch die Langobarden 856 erfolgte an anderer Stelle, am nicht weit entfernten Fluss Volturno. Dabei wurde das alte Capua Stein für Stein ausgebeutet, so dass im Verlauf weniger Jahrzehnte die neue Stadt errichtet war. Vom alten Ort war nicht mehr als eine unbedeutende Siedlung übriggeblieben (in der Nähe der Kathedrale), die man im 14. Jahrhundert Villa Sanctae Mariae Maioris, später Santa Maria Capua Vétere nannte. Der Witz der Geschichte aber wollte es, dass das alte Capua heute eher eine lärmende große Stadt mit moderner Urbanität geworden ist, während das neue Capua mehr historische Züge aufweist und gemessen an der antiken Schwester einen ländlicheren Charakter hat.

Sehenswürdigkeiten.

Das **Amphitheater** aus augustäischer Zeit ist mit 167 m Länge und 137 m Breite **nach dem Kolosseum in Rom das größte auf italienischem Boden.** Fünf Ränge, übereinandergestaffelt, ergaben eine Höhe von 46 m; hier fanden 50 000 Zuschauer Platz – fast so viele Menschen, wie die Stadt damals Einwohner hatte! Der Steinbau, Nachfolger eines Amphitheaters aus Holz, wurde zur Zeit von Kaiser Hadrian (117-138 n. Chr.) errichtet. Zahlreiche Statuen schmückten einst die Arena, deren wertvollste im Nationalmuseum in Neapel zu sehen sind. Die Räume für die Gladiatoren und die Käfige der wilden Tiere sowie die unterirdischen Gänge und Schächte für Kulissen und Transport sind in noch gutem Zustand.

Achtung:
Die Eintrittskarte für die Besichtigung des Amphitheaters berechtigt auch zum Besuch des Mithräums!

Der **Mithras-Tempel** an der Via Mordi gehört zu den ältesten erhaltenen Tempeln dieser Art. Seine Entdeckung und Ausgrabung 1924 war eine Sensation, zumal er fast vollständig erhalten war. Die Darstellung der Einführung in die Mysterien des östlich (von Persien) beeinflussten Mithras-Kults ist von einmaligem kulturhistorischem Wert.

Die Burg Rocca dei Rettori

Restaurant:
„Ninfeo"
in **Santa Maria Capua Vetere**.
Hier kommen gern Fischplatten vom Grill, Büffelmozarella und Pastiera (Mürbeteigkuchen mit Ricotta-Obst-Füllung) auf den Tisch. Alles hat seinen Preis!
Via Cappabianca.
Tel.: 0823/846700

Man fährt nun zurück nach Caserta und weiter am Fuß des Gebirges entlang über Maddaloni, Montesàrchio und ist nach 50 km in

Touristen-Information:
Ente Provinciale per il Turismo (EPT)
82100 Benevento
Via N. Sala 31
Tel.: 0824/319911
Fax: 0824/312309

Benevent

Geschichte

Die Stadt ist ein wichtiger Knotenpunkt an der Via Appia, deren Bedeutung in antiker und neuerer Zeit die vielen entscheidenden Schlachten beweisen, die hier geschlagen wurden. Auf der Fahrt von Caserta aus kommt man vor dem Eintritt in das Tal Caudina durch den Engpass von Arpaia, den die Forschung für den Ort hält, wo die Samniter das römische Heer (321 v. Chr.) schlugen und die Gefangenen durch das Kaudinische Joch den Weg in die Sklaverei antraten. Im Jahr 275 v. Chr. war Benevento der Schauplatz des teuer erkauften Sieges des Pyrrhus über die Punier. 571 n. Chr. wurde es Hauptstadt des langobardischen Herzogtums Benevent, das bis 1038 bestand. Im Jahr 1266 besiegte hier Karl von Anjou mit Unterstützung des Papstes König Manfred von Hohenstaufen, der in dieser Schlacht getötet wurde. Hiermit wurde die Herrschaft der Hohenstaufen über Sizilien und Neapel beendet.

1944 war hier wieder der Schauplatz schwerer Kämpfe. Von der alten Kathedrale, die im 7. Jahrhundert gegründet und im 12. Jahrhundert neu errichtet wurde, blieben nur noch die Fassade und der Kampanile von 1279 stehen. Die berühmte Bronzetür, das Chorgestühl und der schöne Osterleuchter aus dem 13. Jahrhundert gingen bei der Zerstörung verloren.

Sehenswertes:

An der Kathedrale vorbei kommt man zum **Arco Sacramento**, einer Ruine aus der Römerzeit, und dann rechts ab zu dem römischen **Theater** aus dem 1. Jahrhundert. Man hat dieses Theater restaurieren können, und es ist damit ein lehrreiches Beispiel von der Baukunst der römischen Antike. Ein interessantes Denkmal ist ferner der Ponte Leproso, eine Brücke, die über den Fluss Sabato führt.

Aus dem Isistempel des Domitian stammt der **ägyptische Obelisk** gegenüber dem Rathaus. Unweit davon gelangt man über die Via Arco Traiano zum **Trajansbogen**, einem Triumphbogen aus dem Jahre 114 n. Chr., mit Reliefdarstellungen aus dem Leben des römischen Kaisers. Er ist eines der prächtigsten Denkmäler der spätrömischen Zeit. An der Piazza Matteotti steht die **Kirche S. Sofia** im byzantinischen Stil mit einem arabischen Kreuzgang (12. Jahrhundert).

Restaurant:

„Vecchie Carrozze"
gute, einheimische Kost, mittlere bis einfache Preiskategorie
Piano Capelli. Tel.: 082/4778115

Die Rückfahrt tritt man am besten über die Autobahn nach Neapel an. Wenn noch etwas Zeit ist, kann man die Landstraße nach Avellino benutzen, um auch dieser Stadt einen kurzen Besuch abzustatten.

Das römische Theater in Benevent - von außen und innen.

Touristen-Information

Ente Provinciale per il Turismo (EPT)
83100 Avellino
Via Due Principati 5
Tel.: 0825/74695
Fax: 0825/747577

Avellino

Der Ort ist die Hauptstadt der gleichnamigen Provinz. Ihm schließt sich nach Osten bis zu Apulien hin die Irpinia an, **die grüne Berglandschaft Irpinien**. Das Gebiet ist reich an mittelalterlichen Burgen sowie Buchen- und Kastanienwäldern – ideal für ruhige Ferien und **zum Wandern bestens geeignet**. Als besonders hübsche Orte sind Mercogliano, Ospedaletto d´Alinolo und Summonte zu nennen, aber auch Bagnoli Irpino, Caposele, Monteforte, Montefusco, Montella, Nusco, Sant´Angelo dei Lombardi und Volturata

Die Stadt Avellino war das Epizentrum des Erdbebens von 1980, bei dem 3000 Personen ums Leben kamen, Tausende verletzt und beinahe eine halbe Million Menschen obdachlos wurden. Die immensen Schäden – rd. 15 Milliarden US-Dollar – konnten in erstaunlich kurzer Zeit wieder behoben werden. So wurde das fast ganz eingestürzte, aus dem 11. Jahrhundert stammende Langobarden-Kastell Sant´Angelo dei Lombardi wieder errichtet, ebenso der in derselben Zeit erbaute Dom.

Ein Blick auf Avellino

Sehenswertes:

In Avellino finden sich ein interessantes Museum, das **Museo Irpino**, Reste eines mittelalterlichen Schlosses und neben der Barockkirche weitere hübsche Gebäude aus der gleichen Zeit. Kurz vor Avellino biegt eine kleine Straße (Richtung Mercogliano) ab, die zur berühmten **Wallfahrtskirche Montevergine** führt. Sie liegt **in 1263 m Höhe** und ist das Ziel volkstümlicher Wallfahrten. Von hier hat man einen bezaubernden Ausblick über die Umgebung.

Restaurant:

„Antica Trattoria Martella"
In dieser Gaststätte der höheren Preisklasse fühlt sich der Freund von Kutteln, Lamminnereien und Schweineleber richtig wohl - nach traditioneller Küche mit ausgesuchten Zutaten.
Via Chiesa Conservatorio 10 (Zentrum). Tel.: 0825/31117.

Von Avellino sind es über die Autobahn zurück nach Neapel noch 55 km.

Ciao!*)

*) Das Wort kommt vom lateinischen sclavus tuus= Dein Diener!

Anreise

Auskünfte über die Anreisemöglichkeiten geben die Vertretungen der deutschen Automobilclubs, der Alitalia, der Lufthansa, der Meridiana,
Frankfurt am Main
Tel.: 069/9200450,
die Vertretung der italienischen Staatsbahn,
München, Tel.: 089/593643,
die Auskunftsstellen der Deutschen Bahn AG.
Die italienische Staatsbahn gewährt übrigens Tarifermäßigungen für Gruppenreisende, Personen über 60 und unter 26 Jahre, Studenten, Behinderte und Familiengruppen.

Die Anreise

Mit dem Auto.

Von der deutschen Grenze sind es rund 1000 km bis Neapel. Die Hauptstadt Kampaniens ist sowohl über die Schweiz – Mailand, Bologna –, als auch über Österreich – Brenner, Bozen, Verona, Bologna – auf durchgehender Autobahn zu erreichen. Für die Autobahn in Italien und für die Brenner-Autobahn in Österreich wird eine Autobahngebühr erhoben.

Mit der Eisenbahn.

Italien hat ein gut ausgebautes und schnelles Eisenbahnnetz. Von Deutschland verkehren durchgehende Fern-Züge über München, Innsbruck, Brenner oder über Karlsruhe, Basel, Mailand nach Rom.

Die Reisezeit dieser Züge nach Rom beträgt ab Hamburg ca. 17 Std., ab München ca. 10 1/2 Std., ab Zürich ca. 8 1/2 Std. und ab Wien erreicht man Rom in ca. 12 Std. Für die Weiterfahrt nach Neapel verkehren fast stündlich Züge. Man erreicht Neapel von Rom aus in ca. 1 1/2 Std.

Schlaf- und Liegewagen sind besonders in der Hauptreisezeit, den Sommerferien, und um die Weihnachtszeit knapp. Italiener aus Deutschland überfüllen die Züge, und man tut gut daran, sich für eine Reise nicht nur Schlaf- und Liegewagenkarten, sondern auch rechtzeitig Platzkarten zu reservieren.

Mit dem Flugzeug.

Neapel hat den vom internationalen Verkehr beflogenen Flughafen „Capodichino". Lufthansa und Alitalia fliegen täglich ab Frankfurt in ca. 3 Std. nach Neapel.

Die Lufthansa hat ihr Stadtbüro in Neapel an der Piazza Municipio, die Alitalia neben dem Hotel Mediterraneo, in der Via Cervantes. Von dort fahren auch die Busse zum Flugplatz.

Ärztliche Versorgung

In jedem größeren Ort gibt es eine Apotheke (farmacia). Sie ist im allgemeinen Mo-Fr 9-12.30 und 15.30.-19.15 Uhr geöffnet. Welche Apotheke an den übrigen Tagen und nachts Bereitschaftsdienst hat, entnimmt man dem Aushang jeder Apotheke.

Auch ist die medizinische Versorgung in großen Ortschaften und Fremdenverkehrszentren sichergestellt. Reisende mit komplizierten Krankheiten sollten daran denken, eine Reise-Krankenversicherung für eine Rückhol-Flugambulanz abzuschließen, da in der Regel die Krankenkassen die Kosten eines Rücktransports nicht übernehmen.

Wer in der gesetzlichen Krankenkasse ist, sollte sich rechtzeitig den Anspruchsschein für ärztliche Behandlung in EU-Ländern (E 111) bei der zuständigen Geschäftsstelle seiner Krankenkasse besorgen. Später rechnet die italienische Kasse mit der deutschen ab. Für Österreicher gibt es das Anspruchsformular SE 100-07. Für Schweizer gilt diese Regelung nicht.

Campingplätze und Jugendherbergen

Campingplätze sind oft brechend voll und primitiv, hier verlasse man sich auf den neuesten Campingführer oder hole Auskunft beim ADAC, DCC o.a. ein.

Feriendörfer, Jugendherbergen etc. finden Sie ebenfalls aufgelistet in einem Verzeichnis der Fremdenverkehrsvereine.

Diplomatische Vertretungen

Von Deutschland
Botschaft:
00198 Roma, Via Po 25 c,
Tel.: 06 / 88 47 41.
Konsulate:
Neapel, Via Crispi 69,
Tel.: 0 81 / 7 61 33 93.
Bari, Corso Cavour 40,
Tel.: 0 80 / 54 43 95.

Von Österreich
Botschaft:
00198 Roma, Via Pergolesi 3,
Tel.: 06 / 85 52 41.
Konsulate:
Neapel, Corso Umberto I 275,
Tel.: 8 81 / 28 77 24.
Bari, Via Dalmazia 179,
Tel.: 0 80 / 33 19 95.

Von der Schweiz
Botschaft
00197 Roma, Via Barnaba Oriani 61,
Tel.: 06 / 8 08 36 41.
Konsulat:
Neapel,
Via Pergolesi 1, Tel.: 0 81 / 7 61 43 90.

Einkaufen

Supermärkte und Geschäfte sind in der Regel Mo-Sa von 9 bis 12.30 und zwischen 16 oder 17 bis 19 oder 20 Uhr geöffnet. Andenkenläden sind in der Saison auch sonntags und an Feiertagen offen.

Alles in allem ist Italien kein billiges Land. Zwar sind die Preise der meisten großen Verbrauchsgüter schon durch die EU dem Preisniveau der übrigen europäischen Länder angeglichen, jedoch muss man bei Verbrauchsgütern mit höheren Preisen rechnen, ausgenommen die Erzeugnisse des Landes und Früchte der Saison. Der Tourist wird sich darum im wesentlichen beim Einkauf auf typische Dinge beschränken, die das Land hervorbringt.

Das Klima zwingt den Süditaliener, seine Lebensmittelkäufe täglich zu machen; eine Bevorratung wie bei uns ist nicht üblich. In aller Frühe kommen in den Dörfern und kleinen Städten und in den verschiedenen Stadtteilen Neapels die Lebensmittel frisch auf den Markt. Gemüse und Obst, Fisch und Fleisch gelangen meistens direkt vom Erzeuger zum Verbraucher.

In Neapel ist der Markt nach der gehandelten Ware getrennt und findet oft in großen Hallen statt. Einen solchen Markt, am besten in einer kleineren Stadt, wie zum Beispiel Pozzuoli, mitzuerleben, heißt, einen tiefen Eindruck vom Leben und den Gewohnheiten des Süditalieners zu bekommen. Wer seine Verpflegung selbst einkauft, der kann hier gute und frische Ware preiswert bekommen.

Obwohl es nicht so ist, dass man um alle Sachen stundenlang handeln muss, soll man doch nicht vorurteilslos jeden geforderten Preis bezahlen. Handeln ist ein Teil des Geschäftsablaufs, und oft bringt schon der Anschein, weitergehen zu wollen, den Verkäufer dazu, um 10 bis 15 Prozent mit dem Preis herunterzugehen. Grundsätzlich darf man gerade bei den Andenkengeschäften und Boutiquen nicht sofort den geforderten Preis zahlen. In den großen Kaufhäusern dagegen sind die Preise, mit denen die Waren ausgezeichnet sind, Festpreise, bei denen nicht zu handeln ist.

Durch die vielen Märkte kommt der Ausländer leicht in Versuchung, alles, was er kaufen will, bei Straßenhändlern einzuhandeln. Man darf den regulären Markt nicht mit den ungezählten fliegenden Händlern verwechseln. Für alle Textilien, Schuhe, Konserven und Gebrauchsgegenstände gilt die Regel, dass man sie auf keinen Fall auf der Straße einkaufen soll! Man zahlt dabei meistens für schlechte Ware zu viel. Wenn man ein besonders günstiges Angebot gemacht bekommt, dann heißt es, dreifach wachsam zu sein, denn irgendwo hat der Händler seinen versteckten Vorteil. Man kauft dann besser in den Städten, vor allem in Neapel in den großen Kaufhäusern. In der Via Roma oder einer ihrer Nebenstraßen gibt es feste Preise und eine einwandfreie Ware. In Läden, die gleichzeitig Andenken führen, wird man meistens übervorteilt.

Wein kann man sich in den „Vini e Olii"-Läden vom Fass füllen lassen, man kann ihn auch vorher probieren. Auch die Osterien verkaufen oft Wein vom Fass.

Beim Einkauf größerer Gegenstände kann man sich vom Hotelportier oder den Leitern der Zeltplätze Anhaltspreise nennen lassen und dadurch beurteilen, ob man richtig kauft. Diese nennen auch gern eine preiswerte und solide Einkaufsquelle.

Der in Italien an sich billige Korallenschmuck ist am teuersten im Erzeugungsgebiet, wo z.B. in Torre del Greco und Torre Annunziata Unternehmen auf Fremdenbesichtigung mit anschließendem Verkauf eingerichtet sind. In Fremdenverkehrszentren, wie z.B. Pompeji oder Capri, sind die Preise am höchsten.

Goldwaren, die in Italien verhältnismäßig preiswert sind, in soliden Geschäften zu kaufen, ist kein Risiko; auch hier lässt sich oft einiges am Preis machen, nur ist die Verarbeitung oft nicht goldrichtig.

Elektrizität

Es gibt eine Wechselspannung von 220 Volt. Wegen unterschiedlicher Steckdosenkonstruktion ist oft ein Adapter (spina di adattamento) nötig, der einem in guten Hotels geliehen wird, sonst aber auch in Elektrogeschäften gekauft werden kann. Meist passen Stecker mit dünnen Kontaktstiften, so bei elektrischen Rasierapparaten.

Ferien auf dem Lande

Unter der Bezeichnung „Agriturismo" gibt es ein besonderes Angebot an Privatunterkünften in ländlichen Gegenden, was aber nicht unserem Begriff vom „Urlaub auf dem Bauernhof" entspricht.

Fest- und Feiertage

17. Januar: Beginn des Karnevals, Fest des S. Antonio Abate (Neapel, Amalfi).

19. März: Spielzeugmarkt (Neapel).

Ostern: Karfreitagsprozession (Ischia Ponte, Procida, Sorrent).

1. Samstag im Mai: Fest des S. Gennaro mit dem „Blutwunder" (Neapel).

8. Mai: Wallfahrt nach Forio (Ischia).

14. Mai: Fest zu Ehren des Schutzpatrons San Costanzo (Capri).

16.-18. Mai: Fest der S. Restituta (Ischia).

Letzte Woche im Mai: Sailing Cup Regatta (Capri).

Ende Mai: „Modamare" - Große Modeschau in Positano.

13. Juni: Fest des S. Antonio (Ischia).

Sonntag nach dem 22. Juni: „I Gigli" - acht gewaltige Türme werden zu Ehren des Schutzheiligen S. Paolino in den Ort getragen (Nola bei Neapel) - hingehen!

24. Juni: Patronatsfest mit dem Männertanz `ndrezzata (Ischia) - sehr sehenswert!

27. Juni: Fest des S. Andreas, Bootsprozession (Amalfi).

1. Woche im Juli: Marathon-Schwimmen durch den Golf, von Capri nach Neapel.

1. Sonntag im Juli: Bootsprozession (Sorrent).

15.-16. Juli: Fest der Carmine (Neapel) - „Brand des Kirchturms".

26. Juli: Fest der S. Anna (Ischia Ponte) - „Brand der Aragoneserburg".

Osterdekoration in Sorrent

Letzter Sonntag im August: Fest des S. Giovanni (Ischia) und Nzegna zur Erinnerung an Ferdinand II. - Umzug in historischen Kostümen (Neapel).
15. August: Wallfahrten und Prozessionen in Anacapri, Forio auf Ischia und Positano.
1. Sonntag im September: Fest der Madonna della Libertà (Capri).
7. - 9. September: Fest der Madonna di Piedigrotta, Prozession (Neapel).
7. September: Fest der S. Maria del Soccorso (Capri).
12. September: 2. Wallfahrt nach Forio (Ischia).
17. September: Fest der S. Maria (Sorrent)
19. September: Fest des S. Gennaro, zweites „Blutwunder " (Neapel).
25. September: Bootsprozession (Palinuro).
30. November: Fest des S. Andreas, Bootsprozession (Amalfi).

Geld

Banken sind Mo-Fr von 8.20-13.20 Uhr geöffnet; am Nachmittag sind die Zeiten unterschiedlich. Um 16.30 Uhr sind alle Geldinstitute geschlossen, am Tag vor Festtagen schon um 11.20 Uhr.

Fast alle Hotels, Geschäfte und Restaurants akzeptieren die gängigen internationalen Kreditkarten (am liebsten Visa, aber auch American Express, Eurocard und Diner´s Club).

Die Geschäftsstellen der Kreditkarten-Institute sind unter folgenden Telefonnummern zu erreichen:
- American Express: 06/72282-1
- Bancomat: 1678/22056
- Bank Americard: 1678/21001-21003
- Carta Si: 1678/28047
- Servizi Interbancari: 02/4998271-2
- The Diner´s Club Italia: 1678/64064
- TopCard VISA: 1678/62079

Gesundheit

Schützen Sie sich mit Cremes oder Sprays gegen Insekten, die an Gewässern, aber auch in ländlichen Gegenden vermehrt auftreten!
Oft herrscht in Süditalien Masern-Epidemien. Infos über Impfung und Infektionsgefahrbei ADAC-Hotline 089-767677.

Information

Auskünfte erteilt das Staatliche Italienische Fremdenverkehrsamt
E.N.I.T.:

In Deutschland
10178 Berlin
c/o Italienische Handelskammer
Karl-Liebknecht-Straße 34
Tel.: 030/2431040, Fax 24310411
60329 Frankfurt am Main
Kaiserstraße 65
Tel.: 069/237430, Fax 232894
40212 Düsseldorf
Berliner Allee 26
Tel.: o211/132232, Fax 134094
80336 München
Goethestraße 2o
Tel.: 089/530369, Fax 534527

In Östereich
1010 Wien
Kärtnerring 4
Tel.: 01/50543740, Fax 5050248

In der Schweiz
8001 Zürich
Uranistraße 32
Tel.: 01/2113633, Fax 2113885

In Italien
Aziende di Promozione Turistica (APT):
Neapel
Via Partenope 10, Tel. 406289
Neapel, Stazione Centrale (Hauptbahnhof)
Tel. 268779
Neapel, Stazione Mergellina
Tel. 7612102
Neapel, Flughafen (ENIT-Büro)
Tel. 7805761
Neapel, Stazione Marittima (ENIT-Büro)
Ischia
Corso Vitt. Colonna 116
Tel. 983066
Capri
Piazzetta I. Cerio 11, Tel. 8370918
Salerno
Piazza Amendola 8
Sorrento
Via L. De Maio 35, Tel. 081-878111

Jugendherbergen:

siehe Campingplätze und Jugendherbergen

Klima und Reisezeit

Es gibt nicht viele Landstriche in Europa, die sich rühmen können, ein solch´ gesundes Klima zu haben wie Neapel. Das Wetter wird vom Meer beherrscht und ist darum ausgeglichen. Von Mitte Juni bis Mitte August ist es heiß, oft sogar sehr heiß, aber am Meer und auf

Strand und Badehäuschen in Vico Equense am Ende der Saison

den Inseln lässt es sich ertragen. Im Dezember und Januar fällt eine Menge Regen, aber die Regengüsse sind kurz und ergiebig; ein langandauerndes Nieselwetter, wie es in unseren Breiten für die Wintermonate typisch ist, kennt man dort nicht. In den Wintermonaten kann es in Neapel sehr schnell unangenehm kühl werden; wohl dem Gast, der dann ein Hotel hat, in dem es eine Zentralheizung gibt. Scheint aber dann wieder die Sonne, wird es auch genauso schnell wieder frühlingshaft warm. Hier helfen bei der Reiseplanung keine Statistiken mit Durchschnittstemperaturen; denn zu wissen, dass in Neapel im Jahresdurchschnitt nur ein einziger Tag Temperaturen unter dem Gefrierpunkt aufweist, ist wenig tröstlich für den, der diesen Tag gerade erwischt und wie einstmals Goethe im ungeheizten Zimmer frieren muss. Meist ist es der Nordwestwind, der „Maestro“, ein Ausläufer des kalten Mistral, der kühles Wetter bringt, aber er geht auch schnell vorüber und ist nie von Dauer. Heiß und alles lähmend bläst besonders in den Frühlingsmonaten manchmal der Wüstenwind aus der Sahara, der „Scirocco“, über das Land. Seine Auswirkungen auf den menschlichen Organismus sind denen des Föhns ähnlich, der ja auch sein legitimer Nachfolger jenseits der Alpen ist.

Wer wegen der archäologischen und landschaftlichen Schönheiten kommt, wählt nicht die Zeit der größten Hitze, wo jeder Schritt zur schweißtreibenden Anstrengung wird, und das Interesse an Kultur unter freiem Himmel deutlich nachlässt. Wer aber baden will, für den mag das gerade die richtige Zeit sein, obwohl gerade Letzteres nicht unbedingt ideal ist im Golf, da bis auf winzige Ausnahmen der weite Sandstrand fehlt. Die steile Felsküste lässt den Wasserfan nicht immer günstig an das oft auch nicht sehr saubere Wasser heran. Die Sonnenfreunde müssen sich in Acht nehmen, denn die Sonne hat in dieser Region, besonders in den Mittagsstunden, bereits im Frühjahr unbändige Kraft. Auch bei bedecktem Himmel soll man sich nicht der Illusion hingeben, dass man vor der Sonne geschützt sei;

gerade an dunstigen Tagen mit verschleiertem Himmel holt man sich unerwartet einen Sonnenbrand!

Erst Ende Mai erreicht das Meer die Temperatur, die das Baden angenehm macht. Einmal erwärmt, bleibt es dann aber bis in den Oktober, manchmal sogar bis in den November hinein, warm. Dann kühlt es sich ab und ist Ende Januar/Mitte Februar am kältesten, um sich im März und April erst langsam, anschließend schnell und von Tag zu Tag spürbar zu erwärmen. Seine höchste Temperatur erreicht das Wasser im August, wo es oft mehr als 26 °C hat. In seinen Tiefen behält das Mittelmeer ständig eine Temperatur von etwa 14°C; es wird eigentlich kaum spürbar wärmer noch kälter. Taucher sollten das bedenken.

Für **Fotofreunde** soll noch gesagt werden, dass das Frühjahr für sie die beste Zeit ist. Dann blühen alle Blumen, das Grün ist frisch, und der Horizont ist meistens klar. Auch die gewünschten weißen „Fotografierwölkchen" sind dann eher anzutreffen, als in den ganz heißen Monaten, wo der Horizont fast immer vom Hitzedunst verschleiert ist und Gras und Laub sich in der Dürre braun färben. In den Mittagsstunden ist bekanntlich allgemein für gute Bilder nicht das beste Licht; doch hier unten im Süden vervielfacht sich diese Wirkung noch!

Wer es sich zeitlich leisten kann, besucht Kampanien/Neapel am besten in der Zeit von Mitte April bis Mitte Juni oder in der Zeit von Anfang September bis Mitte Oktober.

Das Wetter in Neapel: (im Durchschnitt)

	Tagtemperaturen	Nachttemperaturen in °C,	tägliche Sonnenstunden,	Niederschlag (Tage im Monat)	Wassertemperaturen in °C
Januar	11	6	4	10	14
Februar	12	6	4	9	13
März	15	8	5	8	14
April	18	11	7	7	15
Mai	22	14	8	6	18
Juni	27	18	10	4	21
Juli	29	20	11	2	24
August	29	20	10	3	25
September	26	18	7	6	23
Oktober	21	14	6	9	21
November	17	11	5	11	18
Dezember	13	7	5	12	16

Der Dichter Heinrich Heine

lamentierte schon vor 150 Jahren: „Der deutsche Sommer ist nur ein grün angestrichener Winter, sogar die Sonne muss bei uns eine Jacke von Flanell tragen, wenn sie sich nicht erkälten will; bei diesem gelben Flanellsonnenschein können unsere Früchte nimmermehr gedeihen, sie sehen verdrießlich und grün aus, und unter uns gesagt, das einzige reife Obst, das wir haben, sind gebratene Äpfel."

Wer dann noch über verregnete Sommer in unseren Breiten klagt, sollte sich nicht täuschen. Aufs Jahr gesehen ist z.B. Deutschland mit 720 Millimeter Regen (ein Millimeter entspricht einem Liter Wasser auf einem Quadratmeter) wesentlich trockener als Italien mit 950 mm, das selbst von England mit 900 mm an Trockenheit noch übertroffen wird. Nur: die großen Niederschlagsmengen fallen in Italien im Herbst und im Winter. Dennoch hat Italien einen fast doppelt so hohen Wasserverbrauch pro Kopf wie Deutschland.

Literatur

Zur Vertiefung von Geschichte, Kunst und Geografie:

Rolf Legler, „Der Golf von Neapel", DuMont Kunst-Reiseführer, DuMont Buchverlag, Köln , 5. Aufl. 1997, 414 S.

Christoph Höcker: „Golf von Neapel und Kampanien: dreitausend Jahre Kunst und Kultur im Herzen Süditaliens", DuMont Buchverlag, Köln 1999, 360 S.

Gustav Faber: „Süditalien - Bild und Schicksal", Carl Schnünemann Verlag, Bremen 1964, 542 S.

Interessante Geschichten:

„MERIAN - Neapel Capri Ischia", Hoffmann und Campe Verlag, Hamburg. Ca. 150 S.

Literaturgeschichte:

Doris und Arnold E. Maurer, „Literarischer Führer durch Italien", insel taschenbuch 1071, Insel Verlag Frankfurt am Main, 1. Aufl. 1988, 551 S.

Reizvolle Zitatensammlung:

Fabrizia Ramondino und Andreas F. Müller, „Neapel", Arche Verlag AG, Raabe + Vitali, Zürich 1988, 264 S.

Zeitungs- und Souvenirladen in Sorrent

Zur Küche Kampaniens:
Felice Cùnsolo, „Italien - Eine kulinarische Reise", Prestel-Verlag München, 2., ergänzte und überarbeitete Neuausgabe 1997, 447 S.
Geeignete Reiselektüre:
Axel Munthe, „Das Buch von San Michele", Deutscher Taschenbuch Verlag München, Bd. 1339, 17. Aufl. 1999, 374 S.
Franz Werfel: „Die Geschwister von Neapel", Roman, Fischer Taschenbuch Verlag GmbH, Nr. 9460, Frankfurt am Main 1997, 424 S.
Elsa Morante: „Arturos Insel", Wagenbach Verlag 1999, 419 S.
Ippolito Nievo: „Pisana oder Die Bekenntnisse eines Achtzigjährigen", Suhrkamp Verlag Frankfurt am Main, 1. Aufl. 1985, IT 880, 968 S.
Für Heranwachsende: Edward Bulwer-Lytton, „Die letzten Tage von Pompeji", Insel Verlag Frankfurt am Main 1986, Taschenbuch it 801, 565 S.

Alte Bücher

Wer Literatur über die Region - sowie Stiche und Drucke - kaufen möchte, begebe sich in Neapel in die Via dei Librai, die Straße der Buchhändler.

Medien

In vielen Hotels gibt es Satelliten-Fernsehen mit deutschsprachigen Programmen und dem US-Nachrichtensender CNN. An überregionalen Zeitungen, Illustrierten, Wochen- und Monatszeitschriften sowie Fachzeitschriften aus Deutschland, Österreich und der Schweiz herrscht kein Mangel.

Polizei
Im Straßenverkehr: Carabinieri, **Tel.: 112**

Vielleicht werden Sie als Autofahrer mit ausländischem Kennzeichen einmal von den Carabinieri angehalten. Verstehen Sie das nicht als Schikane; vielmehr will die Polizei wegen der hohen Quote an Kfz-Diebstählen ihre Fahrzeugpapiere überprüfen. Folgen Sie deshalb den Anweisungen mit Respekt und Freundlichkeit!

Post

Die Postämter sind nur vormittags Mo-Fr 8.15-13.30 und Sa 8.15-12.30 Uhr geöffnet. Da Postsendungen in Italien nicht selten viele Wochen unterwegs sein können, sollten wichtige Mitteilungen per Telefon oder Fax gemacht werden. Auf der Post kann man nicht telefonieren.

Rechnungen

Jeder, auch der Ausländer, ist verpflichtet, alle Rechnungen über Dienstleistungen sich ausstellen zu lassen und diese Quittungen aufzubewahren. Dem, der bei einer Kontrolle durch italienische Steuerfahnder den Beleg (ricevuta fiscale) nicht vorweisen kann, droht eine nicht unerhebliche Geldstrafe. Das gilt für Rechnungen vom Restaurant bis zur Tankstelle.

Reisedokumente

Für Reisende aus Deutschland, Österreich und der Schweiz reicht der Personalausweis oder der Reisepass. Auch braucht man keinen internationalen Führerschein; es genügt der Ihres Landes.

Sicherheit

Die Methode ist bekannt: Mit Motorrädern oder den beliebten Vespas fahren zwei junge Banditen langsam von hinten an Sie heran, reißen Ihnen die Handtasche oder die Kamera vom Arm, geben Gas und verschwinden blitzschnell im dichten Verkehr. Dieselbe Masche wird auch bei Autos angewendet, die vor einer Ampel halten. Man reißt die Beifahrer- oder hintere Tür auf, schnappt sich offen daliegende Wertsachen und ist spukartig flink wieder entkommen, ehe der Geschädigte begreift oder reagieren kann. Es sollen vereinzelt sogar schon Heckscheiben eingeschlagen worden sein, um an die hintere Ablage zu kommen, obwohl die Besitzer im Wagen saßen! Deshalb nehmen Sie beim Stadtbummel so wenig wie möglich an Wertsachen mit, lassen Sie Taschen nicht eine Sekunde aus den Augen, pressen Sie sie im Gedrängel an sich, verteilen Sie Ihre Barschaft auf mehrere Hosentaschen, zeigen Sie beim Bezahlen auf offener Straße keine großen Geldscheine und prallgefüllte Brieftaschen und halten Sie stets die Augen offen!

Noch ein Punkt: Lassen Sie Ihren Wagen stehen, in der Hotelgarage oder auf einem anderen gesicherten Platz. Nicht nur, dass er Ihnen gestohlen, demontiert oder ausgeraubt werden könnte, nein, es wäre schade um Ihre Nerven, sie im chaotischen Verkehr Neapels aufzureiben! Selbst eine Taxifahrt erfordert schon Nerven. Verzichten Sie aufs Selberfahren - die Taxis in Neapel sind preiswert!

Taxi

Sollte die Droschke kein Taxameter haben, dann vereinbaren Sie am besten zur Sicherheit den Fahrpreis vor Antritt der Fahrt, um nicht am Ziel eine böse Überraschung zu erleben.

Telefon

Die Ländervorwahl:

für Deutschland 0049,
für Österreich 0043
für die Schweiz 0041;

bei der Ortskennzahl ist dann die erste Null wegzulassen.
Die Vorwahl für Italien ist von Deutschland und der Schweiz 0039, von Österreich aus 040.

Es ist ganz erheblich teurer, vom Hotel aus zu telefonieren, als etwa mit einer Telefon-Wertkarte (scheda telefonica) von einer Telefonzelle aus.; die Karten bekommt man - ebenso wie Briefmarken (francobolli) - in Tabakläden (Tabacchi), die Karten gelegentlich auch in Bars.

Im Hafen von Capri

Tiere

Für Hunde und Katzen braucht man ein tierärztliches Gesundheits- und Tollwutimpfzeugnis. Es muss in den letzten acht Tagen vor Antritt der Reise ausgestellt worden sein. Die Impfung muss wenigstens einen Monat, höchstens aber ein Jahr zuvor bei Hunden und sechs Monate zuvor bei Katzen erfolgt sein. Für Hunde sind außerdem Maulkorb und Leine auf Schiffen vorgeschrieben.

Da nicht bei allen Unterkünften Haustiere akzeptiert werden, sollten Sie schon bei Ihrer Buchung Klarheit schaffen. Verboten sind Haustiere in öffentlichen Gebäuden, Restaurants, am Strand und in Schwimmbädern.

Tipps

- In den Orangen- und Zitronenhainen pflücke man nicht einfach die Früchte, sondern bitte um Erlaubnis oder kaufe sie für wenig Geld auf dem Markt.
- Kirchen sollten nicht in Stranddress betreten werden. In der Nähe eines besetzten Beichtstuhles stehenzubleiben, kann eine Strafanzeige nachsichziehen.
- Geben Sie dem Vermieter von Sonnenschirmen und Liegestühlen besser am ersten Tag ein gutes Trinkgeld. Später wird er sich an Sie erinnern und noch einen Schirm ergattern, wenn eigentlich keiner mehr frei ist.
- Beschweren Sie sich nicht, wenn der Mietwagen nicht so sauber aussieht, wie Sie es erwartet hätten. Es bringt nichts!
- Bei einem Streik nicht vor Wut platzen, sondern Ruhe bewahren. Wer nach Italien fährt, muss mit einem „Sciopero" rechnen, vor allem von Bank- und Postangestellten, Fluglotsen, Eisenbahnern und Tankstellenpächtern.
- „Oben ohne" sollte man nur dann am Strand liegen, wenn es fast alle tun. Im streng katholischen Italien ist man noch etwas prüder. Gelegentlich wird man noch beschimpft oder mit Steinen beworfen. Auch sollten sich öffentliche Liebesbezeigungen in dezentem Rahmen halten. Schließlich war vor 20 Jahren Küssen im Freien - außer beim Abschiednehmen auf Bahnhöfen und Flughäfen - noch verboten! Andere Länder, ...
- Selbst in den teuersten Hotels bedarf es keiner besonderen Abendgarderobe. Allerdings wird auch in einfachen Lokalen erwartet, dass der Gast nicht in Badehose erscheint.
- Betrunkene werden von Italienern mit Verachtung bestraft. Sie trinken zwar auch täglich, aber mäßig.
- Sollten Sie Einheimische fotografieren wollen, holen Sie sich vorher die Zustimmung ein.

> Sollten Sie auf das Wohl eines Einheimischen trinken, dann halten Sie das Glas immer in der rechten Hand - in der linken verheißt es dem Zugeprosteten Unglück!

Transport

Auto

Es gibt es genug Tankstellen (ital. distributori di carburante) für alle Treibstoffarten. Sie sind von 8.30-12.30 und 15 oder 16-19 oder 20 Uhr geöffnet; der Dienst an Samstagen und Feiertagen - meistens nur am Vormittag - wechselt. An Tankstellen werden selten Kreditkarten oder ausländisches Geld angenommen. Bleifrei heißt senza piombo (ohne Blei). Auch sind Reparaturwerkstätten ausreichend vorhanden.

Es gelten folgende Geschwindigkeitsbeschränkungen: Im Ort grundsätzlich 50, auf Gemeinde-, Regional- und Staatsstraßen 90, auf Schnellstraßen 110 sowie auf Autobahnen 130 km/h und 110 km/h auf Autobahnen an Wochenenden, Feiertagen sowie in der Hauptreisezeit im Juli und August. Ferner gibt es eine Staffelung nach Hubraum: Bei Pkw bis 600 cm^3 und Motorrädern bis 99 cm^3 gilt Tempolimit 90 km/h. Für Motorräder unter 149 cm^3 ist die Benutzung der Autobahn nicht gestattet. Da der Staat Geld braucht, langt die Polizei bei Übertretungen oft sehr kräftig hin. Das gilt übrigens auch, wenn man sein Landeskennzeichen (A, CH und D) nicht am Auto hat. Sehr teuer kann es werden, wenn man, etwa in einer Kurve, die Sperrlinie auf der Straße überfährt. Es ist verboten, Treibstoff in Kanistern mitzunehmen.

Einige Stadtzentren werden während der Sommersaison von 20 bis 7 Uhr für den Fahrzeugverkehr gesperrt, wobei es dann aber in der Nähe zahlreiche Parkmöglichkeiten gibt.

Notruf und wichtige Nummern

Allgemeiner Notruf: **113,**
Carabinieri (Straßenverkehr): **112,**
Feuerwehr: **115,**
ACI-Abschleppdienst: **116.**

Bei einer **Panne** kann man den Pannendienst des Automobile Club d´Italia (ACI) anrufen; dessen Telefonnummer 116 gilt für ganz Italien und rund um die Uhr; auf den Autobahnen gibt es Notrufsäulen. Er kostet nur dann nichts, wenn man den ADAC-Auslands- bzw. den Euroschutzbrief bei sich hat oder Mitglied eines einheimischen Automobilclubs ist und dessen Schutzbrief vorweisen kann. Liegengebliebene Autos dürfen nur von italienischen Pannendiensten abgeschleppt werden; bei Verstoß kann die Polizei ein Bußgeld kassieren.

Bei einem **Unfall** rufen Sie in jedem Fall die Polizei zu Hilfe (Tel. in ganz Italien: 112), weil Sie ohne Protokoll der Carabinieri Schadensersatzansprüche später nur schwer durchsetzen können. Notieren Sie sich die Adresse und die Versicherung (bei Italienern hinter der Windschutzscheibe!) des Unfallgegners. Fotografieren Sie die Unfallstelle und unterschreiben Sie keine fremdsprachigen Schriftstücke, deren Inhalt Sie nicht verstehen!

Die **Grüne Versicherungskarte** ist zwar nicht mehr Pflicht, aber bei einem Unfall eine nützliche Hilfe beim Nachweis der eigenen Haftpflichtversicherung.
Deutschsprachige Notrufstationen des ADAC gibt es in
Rom Tel.: 06/4440404 und in
Mailand Tel.: 02/661591
Ein vom **ADAC** empfohlener Rechtsanwalt ist:
Dr. Armando Ciappa
Neapel
Via S. Giacomo 15
Tel.: 081/5512624

Meiden Sie mit dem Auto die Sandstraßen, die oft nicht schnell genug zu erkennende, tiefe Schlaglöcher aufweisen! Und noch etwas: Lassen Sie nichts im Auto liegen, wenn Sie sich länger entfernen. Also, das vollgepackte Auto nicht aus den Augen lassen und den Wagen über Nacht auf einem bewachten Parkplatz oder, wenn möglich, in einer Garage abstellen!

Noch ein paar italienische Verkehrsregeln. Sind die Kantsteine am Fußgängerweg schwarz-gelb markiert, dann dürfen Sie dort nicht parken. Ist eine Ortschaft bei Dunkelheit ausreichend beleuchtet, darf man nur mit Standlicht fahren. Ihr Führerschein muss Ihre aktuelle Anschrift enthalten. Bei Alkohol am Steuer gilt eine 0,8-Promille-Grenze.

Für Autos mit Anhänger oder Wohnwagen gilt auf allen Straßen außerhalb der Stadt die Höchstgeschwindigkeit von 80 km/h und auf den Autobahnen 100 km/h.
Seit Mitte 2002 darf auf Autobahnen tagsüber nur noch mit Abblendlicht gefahren werden. Für Motorräder und Roller über 50 cm^3 gilt das überall.

Bei Niederschlag gilt auf Autobahnen maximale Tempo 110 km/h (statt 130 km/h).

Handy-Telefongespräche sind nur mittels Freisprechanlage oder Ohrstöpsel erlaubt. Handy italienisch: telefonino.

Trinkgeld

Auch wenn die Rechnung schon einen Bedienungszuschlag enthält, ist ein weiteres Trinkgeld von ungefähr 10 Prozent in Restaurants in Mode gekommen. Anders als bei uns rundet man den Rechnungsbetrag nicht auf, sondern lässt sich herausgeben, um das Restgeld dann ganz oder teilweise liegenzulassen.

Kellner, Barmänner, Hotelportiers, Gepäckträger, Taxifahrer, Platzanweiser in Kinos und Theatern, Friseure usw. erwarten ein Trinkgeld. Die Höhe sollte sich nach dem Grad der Zufriedenheit über die Leistung richten. Leider wird da viel übertrieben. Unverlangte Leistungen braucht man nicht zu belohnen und sollte man sofort energisch zurückweisen.

Unterkunft

Bedenken Sie, dass in Italien die Badezimmer, Toilettenräume, Duschen und Waschbecken oft kleiner sind als in Mitteleuropa. Gewöhnlich entspricht die Menge des Warmwassers nur der eines Duschbades, was bei mehreren Personen zu Wartezeiten führen kann. Eine Küche verfügt über Gasherd, Kühlschrank, Spüle sowie fließend kaltes und warmes Wasser, wenn nicht anders angegeben. Bei länger anhaltenden Trockenperioden kann es zu einem Engpass in der Wasserversorgung kommen, so dass das Wasser anderweitig beschafft werden muss und dann leicht salzig sein kann. In den Schlafräumen gibt es Rosshaar- oder Schaumstoffmatratzen, Wolldecken und Kopfkissen. Oft sind die Betten kürzer und weicher als in unseren Breiten; das für zwei Personen gedachte Doppelbett - das französische Bett - misst gewöhnlich eine Breite von 1,40 m. Auch wenn von dem Vorhandensein von Gartenmöbeln die Rede ist, muss nicht für alle Personen ein Gartenstuhl, eine Liege oder ein Sonnenschirm zur Verfügung stehen. Zu gewissen Zeiten muss man mit Stromschwankungen oder -ausfällen rechnen. Nicht selten sind die Zimmer mit dünnen Wänden hellhörig. Treppen- und Balkongeländer können recht niedrig sein - deutsche DIN-Normen und Bauvorschriften gelten hier nicht. Und im Erste-Hilfe-Raum gibt es eventuell nur einen Notfallkasten.

Hotelportal in Sorrent

Lassen Sie sich auf der Suche nach einer Bleibe nicht auf Anreißer, Gepäckträger oder Privatpersonen ein, sie schleppen einen meist in die mehr oder weniger dubiose Unterkunft, die einem Verwandten gehört oder von denen sie Prozente kassieren. Etwas anderes ist es, wenn der Gepäckträger eine Mütze von einem der guten Touristenhotels trägt (wie z.B. in Capri oder Ischia).

Für unterwegs sind die Motels sehr empfehlenswert; sie werden geführt vom Automobilclub ACI oder von AGIP, die mit ihrem Namen für Qualität und günstige Preise bürgen.

Wandern

Der Wanderer aus Passion kommt in Kampanien voll auf seine Kosten! Wanderführer sind in Buch- und Zeitungsläden, an Kiosken und oft an Hotel-Rezeptionen erhältlich. Wer eine Wanderung unternimmt, sollte am besten - wegen Giftschlangen - knöchelhohe Wanderschuhe sowie eine lange Hose und eine Windjacke tragen. Hinzukommen könnten Rucksack (mit Proviant und einer Flasche Wasser), Fernglas und Kamera.

Wandermöglichkeiten in Kampanien bestehen in der ganzen Region von Norden bis Süden:

- im Parco Naturale del Cratere degli Astroni (Neapel),
- im Parco Nazionale del Vesuvio,
- bei Ravello (Golf von Salerno),
- bei Solofra (nahe Avellino),
- in der Oasi di Serre-Persano (östlich von Salerno),
- im Parco Nazionale del Cilento e Vallo di Diano (südl. Zipfel Kampaniens),
- in den Monti Alburni (im Norden des Cilento bei Pertosa).

Nähere Auskünfte erteilen die Provinzämter für Touristik (EPT), nämlich

EPT Avellino, Via Due Principati 5,
83100 Avellino
Tel.: 0825/74731 und 74695

EPT Benevento, Via Sala 31
82100 Benevento
Tel.: 0824/319911

EPT Caserta, Piazza Dante 43
81100 Caserta
Tel.: 0823/321137

EPT Napoli, Piazza dei Martiri 58,
80121 Napoli
Tel.: 081/405311

EPT Salerno, Piazza Ferrovia 1
84100 Salerno
Tel.: 089/231432

sowie

Parco Nazionale del Vesuvio
Piazza Capasso
80040 S. Sebastiano al Vesuvio
Tel.: 081/7717549

Parco Nazionale del Cilento e Vallo di Diano, Via de Marfilio 16
84078 Vallo della Luciana
Tel.: 0974/42150974

Und hier noch zehn Hinweise, die eigentlich als selbstverständlich beherzigt werden sollten:

- Unterwegs kein Feuer machen.
- Abfälle in die dafür vorgesehenen Behälter tun oder gegebenenfalls wieder mitnehmen.
- Wilde Pflanzen und Blumen nicht pflücken.
- Bäume und Sträucher nicht beschädigen.
- Nicht Tiere, vor allem Jungtiere, stören.
- Den auf Anschlägen bekanntgemachten Anweisungen der Behörden folgen.
- Nur auf den markierten Wegen gehen.
- Nicht auf Forststraßen fahren.
- Autos und Motorräder nur an den dafür vorgesehenen Stellen parken.
- Nicht die Ruhe des Waldes stören.

Informationen (auch Karten):
Wanderführer Ischia, Goldstadtverlag
3. Auflage 2002

Wanderführer „Golf von Neapel"
Bergverlag Rother, München
1. Aufl. 1996.

Wander- und Übersichtskarten zur Region besorgt Ihnen Ihre Buchhandlung oder
GeoCenter, Schockenriedstraße 44,
70565 Stuttgart,
GeoCenterilh@t-online.de
www.geocenter.de

Zeit

Zwischen Deutschland und Kampanien gibt es keinen Zeitunterschied.

Zoll

Trotz der Aufhebung der Einfuhrbeschränkungen für EU-Länder gibt es Höchstgrenzen, deren Überschreitung als gewerbliche Einfuhr angesehen wird: 800 Zigaretten oder 200 Zigarren oder 400 Zigarillos oder 1 kg Rauchtabak, 10 l Spirituosen oder 20 l Likör oder 90 l Wein, davon höchstens 60 l Schaumwein, oder 110 l Bier.

Bei der Reise durch die Schweiz kann es vorkommen, dass Sie beim deutschen Zoll die Herkunft der mitgeführten Waren nachweisen müssen, da die Einfuhrmengen aus der Schweiz wesentlich geringer sind als aus Ländern der EG.

SPRACHFÜHRER

Aussprache

Italienisch ist in seiner Aussprache ziemlich einfach, jedenfalls im Vergleich zu Englisch oder Französisch. Denn in der Regel wird so geschrieben, wie man spricht, z. B. la casa è bella (das Haus ist schön) - la kasa ä bella. Nur gibt es ein paar Grundregeln, die man kennen sollte, und dann ist das Sprechen gar kein Problem mehr.

Ausgesprochen wird:

c	wie	k	vor a, o, u	casa	kasa (Haus)
c	wie	tsch	vor e, i	cibolla	tschibolla (Zwiebel)
g	wie	g	vor a, o, u	gallo	gallo (Hahn)
g	wie	dsch	vor e, i	giallo	dschiallo (gelb)
ch	wie	k		chi	ki (wer)
gn	wie	nj		gnocchi	njokki (Nudelart)
gl	wie	lj		giglio	dschilio (toskanische Insel)
v	wie	w	ho una visione		o una wisione
ho	wie	o			(ich habe eine Vision)

Die Vokalkombinationen au, ei, eu werden getrennt gesprochen:

eu	wie	ä-u	Europa	Ä-uropa ()
ei	wie	ä-i	tu sei	tu sä-i (du bist)

Der einzige Akzent ist der Gravis, der die Betonung von Endton-Vokalen bezeichnet, z. B. bei calamità (Unglück) im Gegensatz zu calamita (Magneteisen) mit Betonung auf dem i.

Bei männlichen Wörtern wird die Mehrzahl in der Regel durch ein i gebildet, z.B. wird il fiore (die Blume) zu i fiori (die Blumen). Bei weiblichen Wörtern wird beim Plural aus dem a ein e, so wird aus la villa (das Haus) le ville (die Häuser).

Bei den Artikeln ist il männlich (Mehrzahl i) und la weiblich (Plural le). Das kann zu Verwirrungen führen: signore ist die Einzahl von Herr, aber die Mehrzahl von signora (Dame); fügt man die Artikel hinzu, so heißt es il signore, eindeutig der Herr, und le signore, klar die Damen. Aber was nun vor der Toilette, wenn dort nur signore steht? Signore steht für Damen und signori für Herren.

Mit Ausnahme von Eigennamen und bei Satzbeginn werden alle Wörter klein geschrieben.

Häufige Begriffe und Redewendungen

Frau	signora
Herr	signore
Guten Morgen, guten Tag	buon giorno
Guten Abend	buona sera
Gute Nacht	buona notte
Auf Wiedersehen	arrivederci
tschüss	ciao
adieu	addio
bis bald	a piu tarde
ja, nein	si, no
Wie geht es Ihnen?	come sta?
danke	grazie
bitte	prego
rechts	a destra

links	a sinistra
Entschuldigung!	scusi!
wo ist ...?	dov`è ...?
wo sind ...?	dove sono ...?
wann	quando
wieviel?	quanto?
Sprechen Sie deutsch?	parla tedesco?
Ich spreche nicht italienisch	non parlo italiano
Ich verstehe nichts	non capisco niente
englisch	inglese
In Ordnung	va bene

Bei der Ankunft

Ankunft, Abfahrt	arrivo, partenza
Fähre	traghetto
Schiff	nave
Flughafen	aeroporto
Bahnhof	stazione
Schnellzug	rapido
der Zug kommt an	il treno arriva
der Zug fährt ab	il treno parte
Zoll	dogana
Ausgang	uscita
Eingang	entrata
Fahrkarte	biglietto
Taxi	tassi
Bus	Autobus
Haltestelle	fermata
Wann fährt der letzte Bus nach Genua?	quando parte l´ultimo autobus per Genova?
Ich möchte aussteigen	vorrei scendere
Entschuldigung, ich möchte gern vorbei	permesso

Im Golf von Sorrent

Im Hotel

Wir haben ein Zimmer reserviert	abbiamo prenotato una camera
mit Dusche / mit Bad	con doccia / con bagno
Ich möchte ein Einzelzimmer	vorrei una camera singola
Doppelzimmer	camera doppia
es ist zu teuer	è troppo cara (das Zimmer)
Wir nehmen es	la prendiamo
Ich nehme es	la prendo
der Schlüssel	la chiave
Bett	letto
Kopfkissen	cuscino
Toilette	gabinetto
frei	libero
besetzt	occupato
Handtuch	asciugamano
Es ist zu laut	è troppo rumoroso
Wo kann ich das Auto parken?	dove posso lasciare la macchina?

Alles inbegriffen?	tutto incluso
Bitte wecken	svegliare, per favore
Knopf	bottone
Hausdiener	domestico
Zimmermädchen	cameriera
Herein!	avanti!
schließen, öffnen	chiudere, aprire
Ich möchte gern zahlen	il conto, per favore

Im Restaurant: s. S. 308

Beim Arzt und in der Apotheke

Ich bin krank	sto male
Ich brauche einen Arzt	ho bisogno di un dottore (oder medico)
Ich habe Fieber	ho febbre
Ich habe Durchfall	ho diarrea
Abführmittel	purgante
Ich bin erkältet	ho una rafreddore
Husten	tosse
Ich habe Zahnschmerzen	ho mal di denti
Entzündung	infiammazione
Kopfweh	mal di testa
Auge	occhio
Ohr	orecchio
Rachen	gola
Herz	cuore
Lunge	pomone
Niere	rene
Leber	fegato
erbrechen	vomitare
Heftplaster	cerotto
Watte	ovatta
Antibabypille	pillola (anticoncezionale)
Kondom	preservativo, condom
Verhütungsmittel	anticoncezionale, contraccetivo
Schlangenbiss	morso di serpenti
Schlangengift	veleno di serpente

Auf der Bank und auf der Post

Wo ist eine Bank	dov´é una banca
Geldwechsel	cambio
Wechselstube	ufficio cambio
Wie ist der Wechselkurs?	qual´é il cambio?
Kreditkarte	carte di crédito
Ich möchte Reiseschecks einlösen	vorrei cambiare dei travellers' cheques
eine Quittung, bitte	una ricevuta, per favore
Wo ist das nächste Postamt	dov´é il più vicino ufficio postale
Brief	lettera

Postkarte	cartolina postale
Briefmarke	francobollo
Luftpost	posta aerea
eingeschrieben	raccomandata
abschicken	spedire
Briefpapier	carta da lettere
Unterschrift	firma
Express	espresso

Zum Auto

bleifrei	senza piombo
Diesel	gasoil
Tankstelle	distributore di carburante
voll, bitte	il pieno, per favore
Ich möchte 50 Liter Super	vorrei quinquanta litri di super
Normal	normale
Ich habe eine Panne	ho un guasto
Rufen Sie bitte die Polizei	chiama la polizia, per favore
Ambulanz	ambulanza
Mechaniker	meccanico
Unfall	incidente
Motor	motore
Achse	asse
Getriebe	trasmissione
Gangschaltung	marce
Bremsen	freni
Kuplung	frizione
Zündung	accensione
Ventil	valvola
Lichtmaschine	dinamo
Batterie	batteria
Anlasser	avviamento
Parkplatz	parcheggio

Einkaufen

einkaufen gehen	fare le spese
was kostet das?	quanto costa questo?
Preis	prezzo
Supermarkt	supermercato
kaufen	comprare
teuer	caro
billig	buon mercato
zahlen	pagare
Kasse	cassa
Apotheke	farmacia
Bäckerei	panetteria
Fischgeschäft	pescheria
Reinigung	lavanderia
waschen	lavare
bügeln	stirare
reinigen	purgare
nur ein wenig	solamente un po´

zu groß / klein	troppo grande / piccolo
Schuhe	scarpe
Buchhandlung	libreria
Landkarte	carta geogràfica
Zigaretten	sigarette
Zigarre	sigaro
Tabak	tabacco

Farben

Farbe	colore
gelb	giallo
blau	azzurro
grün	verde
rot	rosso
braun	bruno
weiß	bianco
schwarz	nero

Monate

Januar	gennaio
Februar	febbraio
März	marzo
April	aprile
Mai	maggio
Juni	giugno
Juli	luglio
August	agosto
September	settembre
Oktober	ottobre
November	novembre
Dezember	dicembre

Jahreszeiten

Frühling	primavera
Sommer	estate
Spätsommer	estate di san Martino
Herbst	autunno
Winter	inverno

Wochentage

Montag	lunedi
Dienstag	martedi
Mittwoch	mercoledi
Donnerstag	giovedi
Freitag	venerdi
Samstag	samedi
Sonntag	domenica

Andere Zeitangaben

heute	oggi
gestern	ieri

morgen	domani
morgens	di mattina
am Nachmittag	nel pomeriggio
abends	di sera
nachts	di notte
nächsten Mittwoch	mercoledi prossimo
letzten Sonntag	domenica scorsa

Zahlen (die Akzente sind nur Betonungshilfen)

0	zéro	10	diéci	20	vénti	90	novánta		
1	un, úno, úna	11	úndici	21	ventiúno	100	cénto		
2	dúe	12	dódici	22	ventidúe	200	duecénto usw.		
3	tre	13	trédici	23	ventitré				
4	quáttro	14	quattórdici	30	trénta			1000	mílle
5	cínque	15	quíídici	40	quaránta			2000	duemíla
6	séi	16	sédici	50	cinquánta			3000	tremíla usw.
7	sétte	17	diciasétte	60	sessánta			100 000	centomíla
8	ótto	18	diciótto	70	settánta			1 000 000	un milióne
9	nóve	19	diciannóve	80	ottánta			2 000 000	dúe milióni

erste	primo, -a
zweite	secondo, -a
dritte	terzo, -a
einmal	una volta
zweimal	due volte
dreimal	tre volte
ein paar	un paio di
halb	mezzo
die Hälfte von	la metà di

Wichtige Adjektive

jung, alt	giovane, vecchio
oben, unten	su, giú
dick, dünn	grosso, sottile
sauber, schmutzig	pulito, sporco
hoch, niedrig	alto, basso
besser, schlechter	migliore, peggiore
süß, bitter	dolce, amaro
weich, hart	molle, duro
schön, hässlich	bello, brutto
schwer, leicht	pesante, leggiero

Etwas Italienisch fürs Lokal

Unser Wort „bitte“ wird im Italienischen in zwei verschiedenen Formen gebraucht. Möchte man etwas zu essen bestellen und will „bitte“ dazusetzen, dann heißt es „per favore“. Bedankt sich der Ober für das Trinkgeld mit dem Wort „grazie“, so antwortet man mit „prego“ (bitte).

Oft werden Wörter verwechselt, so z.B. uva (Weintraube) mit uovo (Ei) oder scaloppa (Schnitzel) mit scàpolo (Junggeselle).

Abendessen	cena
alkoholfrei	analcolico
Ananas	ananasso
Apfel	mela
Apfelsine	arancia
Appetit	appetito
Aprikose	albicocca
Artischocke	carciofo
Aubergine	melanzana
auf Wiedersehen	arrivederci
Aufschnitt	affettato
Austern	ostriche
Banane	banana
Bandnudeln, schma	linguine
Bandnudeln	bavette
Barbe	barbio oder barbo, triglia
Barsch	branzino, spigola
Basilikum	basilico
Basilikumsauce	pesto
Bedienung	servizio
betrunken	ubriaco
Bier	birra
Bier vom Fass	birra alla spina
Birne	pera
bitte	per favore, prego (s.o.)
Blumenkohl	cavolfiore
Bohnen, weiß	fagioli
Bohnen, grün	fagiolini
Bohnensuppe, elbanisch	zoccoli
Braten	arrosto
Bratkartoffeln	patate arrostite
Brot	pane
Brot, geröstet	crostino
Brötchen	panino
Butter	burro
danke	grazie
Ei	uovo
Eis	gelato
Eiswürfel	ghiaccio
Ente	anatra
Erbsen	piselli
Erdbeeren	fràgole

Espresso	caffè
essen	mangiare
Essig	aceto
Fasan	fagiano
Feige	fico
Fenchel	finocchio
Fisch	pesce
Fischsuppe	zuppa di pesce
Flasche	bottiglia
Flaschenwein	vino in bottiglia
Fleisch	carne
Fleischbrühe	brodo
Fleischgericht	piatto di carne
Forelle	trota
Frikadelle	polpetta
frisch	fresco
Frischkäse	mozzarella
Frühstück	colazione
Gabel	forca
Gang	piatto (Teller)
Gans	oca
Garnelen	granchi
Gebäck	biscotti
Gedeck	coperto
Geflügel	volatili
gegrillt	ai ferri, alla griglia
gekocht	bollito, cotto, lesso
Gemüse	legumi, verdure
Gemüsesuppe	minestrone
Getränke	bibite, bevande
Glas, zum Trinken	bicchiere
Goldbarsch	orata
Gurke	cetriolo
guten Abend	buona sera
guten Tag	buon giorno
Hackfleisch	carne macinata
Hammel	montone
Hauswein	vino della casa
Hering	aranga
Honig	miele
Hörnchen	cornetto
Huhn	pollo
Kaffee mit Milch	caffè latte
Kaffee mit einem kleinen Schuß Milch	caffè macchiato
Kaffee, sehr stark	caffé ristretto
Kaffee	caffè (espresso)
Kakao	cioccolata
Kabeljau	merluzzo
Kalb	vitello
Kalbsbraten	arrosto di vitello
Kalbshaxe	ossobuco

Kalbsschnitzel	scaloppina di vitello
Kapern	capperi
Karotte	carota
Karpfen	carpa
Kartoffeln	patate
Kartoffelpüree	puré di patate
Käse	formaggio
Kirschen	ciliege
Klöße (aus Kartoffeln)	gnocchi
Kotelett	braciola
Krabben	scampi
Kräuter	erbe
Krebs	gàmbero
Kürbis	zucca
Lachs	salmone
Lachs, geräuchert	salmone affumicato
Lamm	agnello
Languste	aragosta
Leber	fégato
lieblich	amabile
Likör	liquore
Limonade	aranciata, bìbita
Linsen	lenticchie
Liter	litro
Löffel	cucchiaio
Lokal, einfach	trattoria
Magenbitter	amaro
Maisbrei	polenta
Makkaroni	maccheroni
Makrele	sgombro
Marmelade	marmelata
Meeräsche	cefalo, muggine
Meeresfrüchte	frutti di mare
Melone	cocòmero
Messer	coltello
Miesmuscheln	cozze
Milch	latte
Milch mit einem Schuss Kaffee	latte macchiato
Mineralwasser	acqua minerale
Mittagessen	pranzo
Muscheln	vòngole
Nachtisch	dolce
Nudeln, muschelförmig	conchiglie
Nudeln	pasta
Nudelsuppe	minestra
Nuss	noce
Ober	cameriere
Obst	frutta
Obstsalat	macedonia di frutta
Öl (Oliven-)	olio
Oliven	olive

Orangensaft	succo d'arancia
Pampelmuse	pompelmo
Paprika	peperoni
Parmesankäse	parmigiano
Petersilie	prezzemola
Pfannkuchen	omeletta
Pfirsich	pesca
Pflaumen	prugne
Pilze	funghi
Pommes frites	patate fritte
prost!	cin-cin!
Pudding	budino
Putenbraten	arrosto di tacchina
Quark	ricotta
Ragout	ragù
Rechnung	conto
Reis	riso
Reservierung	prenotazione
Restaurant	ristorante
Rinderbraten	arrosto di manzo
Rosé	vino rosato
Rosenkohl	cavoletti di Bruxelles
Rotwein	vino rosso
Rührei	uovo strapazzato
Saft, frisch gepresst	spremuta
Saft	succo di frutta, sciroppo
Sahne, für Kaffee	crema
Salat (Kopf-)	insalata verde
Salat (gemischt)	insalata mista
Salbei	salvia
Salz	sale
Salzkartoffeln	patate lesse
Sandwich	tramezzino
Sardellen	acciughe, alici, sarde, sardine (je nach Größe)
Schinken, gekocht	prosciutto cotto
Schinken, roh	prosciutto crudo
Schlagsahne	panna montata
Schnitzel	scaloppa
Schwein	maiale
Schweinebraten	arrosto di maiale
Schweinshaxe	zampone
Schwertfisch	pesce spada
Seebarsch	branzino
Seezunge	sògliola
Sekt	spumante
Spagetti mit Butter	spaghetti al burro
Spagetti mit Fleischsauce	spaghetti alla bolognese (auch: al ragù)
Spagetti mit Knoblauch und Olivenöl	spaghetti ad aglio e olio

Die Pasta

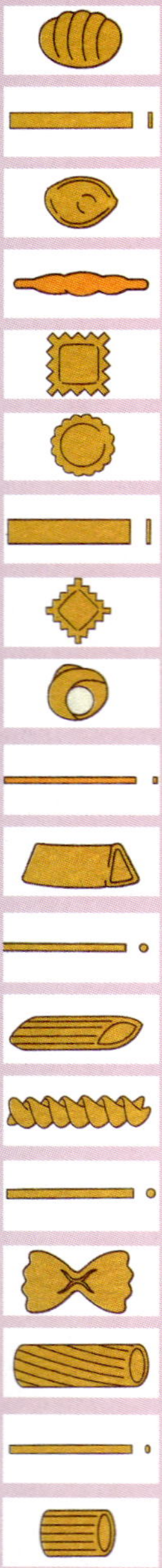

- Gnocchi
- Tagliatelle
- Orecchiette
- Trofie
- Agnolotti
- Panzerotti
- Fettuccine
- Ravioli
- Tortellini
- Tagliolini
- Tegoline
- Spaghetti
- Penne
- Fusilli
- Bucatini
- Farfalle
- Rigatoni
- Linguine
- Maccheroni

Spagetti mit (Venus-) Muscheln	spaghetti alle vòngole
Spagetti mit Speck und Ei	spaghetti alla carbonara
Spagetti mit Speck und Tomaten	spaghetti all'amatriciana
Spagetti mit Tomaten-sauce	spaghetti al pomodoro
Spargel	asparagi
Speisekarte	listino, lista delle vivande, lista dei cibi
Spezialität	piatto tipico
Spiegelei	uovo al tegamino
Spinat	spinaci
Steak	bistecca
Steinpilze	funghi porcini
Stockfisch	baccalá
Tagesgericht	piatto del giorno
Tasse	tazza
Tee mit Zitrone	tè al limone
Tee mit Milch	tè al latte
Teller	piatto
Tintenfisch	calamare
Tintenfische, gebacken	calamari fritti
Tisch	tavolo
Toilette	gabineto
Tomaten	pomodori
Torte	torta
trinken	bere
trocken	secco
Trüffel	tartuffi
Tunfisch	tonno
viel	molto
Viertelliter	quarto
Vorspeise	antipasto
Wasser	acqua
Wasser, aus der Leitung	acqua naturale
Wein	vino
Weinkarte	lista dei vini
Weinlokal	osteria
Weintraube	uva
Weißbrot	pane bianco
Weißwein	vino bianco
wenig	poco
Wiener Schnitzel	costoletta alla milanese
Wrackbarsch	cernia
Wurst	salsiccia
Wurstwaren	salumi
Zitrone	limone
Zucker	zùcchero

Bildnachweis: Marlies Beth (1): Seite 205.
Dr. Eckart Diezemann (171): Seiten 10 / 11, 12 (2), 13 (2), 16, 17, 18, 19, 23, 26, 28, 30, 31 (u), 32, 34 (2), 35, 36 (2), 37, 38, 39 (2), 40 (2), 42, 43, 47, 48, 49, 50, 51 (3), 52, 53 (2), 55, 56, 58 (2), 59 (o), 60, 61, 63, 64, 70, 72 (l), 73, 75, 76 (2), 77, 79, 81, 82, 85 (2), 86 (2), 88, 104, 105, 106, 109, 110 / 111, 111, 113, 116, 117 (2), 118, 119, 124, 125, 127, 129 (2), 131, 132, 134 (2), 136, 137, 138, 139, 140, 141, 143, 146, 147, 148, 149 (2), 151, 152, 153,155, 156, 159, 160 (3), 161 (2), 163 (2), 169, 172, 173, 174 / 175, 176, 177, 179, 180, 181, 182 (2), 185,186, 191, 192, 193, 195 (u), 198, 224, 228 / 229, 230, 232, 233 (2), 234, 235 (2), 236, 237 (2), 239 (u, 2), 240, 241, 242, 244, 250 (o), 251, 253 (2), 254, 255 (o), 258, 259, 260, 261 (2), 264, 269, 270 (2), 272 (3), 274, 289, 292, 294 (2), 296, 297, 298, 300, 303.
E.N.I.T. (Italienisches Fremdenverkehrsamt in Frankfurt / M.(25): Seiten 15, 24, 44 / 45, 71, 72, 94, 102, 165, 223 (u), 243, 247, 248, 252, 266, 267, 268, 276, 277, 279, 282, 283, 285, 287 (2), 288.
Dietrich Klatt (7): Seiten 2, 238, 239 (o), 246, 249, 250 (u), 255 (u).
Christian Prager (37): Titelfoto (Ausschnitt) und nachfolgendes Bild sowie Seiten 2, 14, 29, 31 (o), 41, 59 (u), 107, 122, 170, 183, 184,189, 194 195 (o), 197, 199, 201, 202, 203, 204, 206, 207, 208, 212, 213, 214, 216, 217, 218, 219, 220, 221, 222, 223 (o), 226 (2), 227, 245.
Dr. Achim Remde (1): Seite 108
Dr. Hans Heinrich Strobel (2): Seite 21 (o, 2).

Goldstadt
Reiseführer

DEUTSCHLAND

Bayerischer Wald
und Donautal
Regensburg - Passau (309)
Brandenburg, Berlin
und Umgebung (323)
Mittlere Elbe,
Untere Saale (325)
Nördlicher Schwarzwald (300)
Odenwald (313)
Pfälzerwald (314)
Sachsen (328)
Schleswig-Holstein (306)
Schwarzwald Süd (301)
Thüringen (326)
Usedom (327)
Durch Thüringen
und Sachsen (329)

EUROPA

FINNLAND
Süd- und Mittelfinnland (40)

FRANKREICH
Bretagne (77)
Korsika (455) Wanderführer
Languedoc-Roussillon (71)
Normandie (79)
Provence (32)

GRIECHENLAND
Ithaka (464) Wanderführer
Karpathos (463) Wanderführer
Lefkas (465) Wanderführer
Rhodos (459) Wanderführer
Samos (456) Wanderführer
Santorin (95)

GROSSBRITANNIEN
Schottland (59)

ITALIEN
Apulien (131)
Elba (44)
Elba (453) Wanderführer
Gardasee und Verona (112)
Ischia (454) Wanderführer
Italienische Riviera (5)
Kalabrien (132)
Kampanien - Neapel (025)
Lago Maggiore
Comer See (69)
Rom (26)
Sizilien (24)
Umbrien (67)

NORWEGEN (39)

PORTUGAL
Algarve (460)
Wanderführer
Azoren (461)
Wanderführer
Madeira (457)
Wanderführer
Madeira (448)
Wanderkarte
Madeira (45)

RUMÄNIEN (34)

SCHWEDEN (33)

SCHWEIZ
Tessin mit Lago Maggiore (5

SPANIEN
La Gomera (452)
Wanderführer
La Gomera (450)
Wanderkarte
Madrid (99)
Mallorca (3)
Nordwestspanien -
Der Jakobsweg (18)
Teneriffa (451)
Wanderführer

Goldstadt
Wanderführer

Spaziergänge, Wanderungen und Bergtouren
mit Übersichtskarten, Wegeskizzen, Farbfotos, Sprachführer

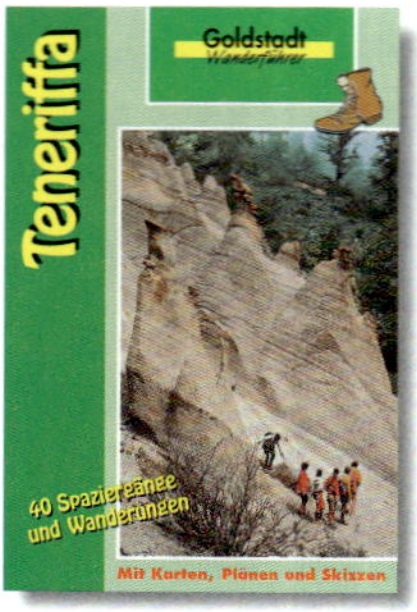

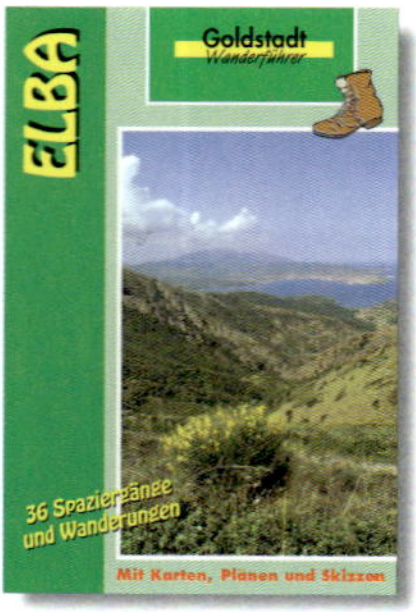

GRIECHENLAND
Ithaka (464)
Karpathos (463)
Lefkas (465)
Rhodos (459)
Samos (456)

ITALIEN
Elba (453)
Ischia (454)

PORTUGAL
Algarve (460)
Azoren (461)
Madeira (457)

SPANIEN
La Gomera (452)
Teneriffa (451)

FRANKREICH
Korsika (455)

KAPVERDISCHE
INSELN
Santo Antão (466)

Goldstadt
Wanderkarten

KANARISCHE INSELN
La Gomera (450)
1:50 000, Rückseite mit Kurzbeschreibung der 57 Routen, Gehzeiten und Schwierigkeitsgrade

PORTUGAL
Madeira (448),
1:50 000, dreisprachig: deutsch, engl., port. Rückseite Kurzbeschreibung der 50 Wanderrouten, Gehzeiten und Schwierrigkeitsgrade

KAPVERDISCHE INSELN
São Nicolau (468),
1:50 000, dreisprachig: deutsch, engl., port. GPS gestützte Wege-Informationen, Rückseite: ausführliche Wegebeschreibung und Reiseführerinformationen

KAPVERDISCHE INSELN
Santo Antão (467),
1:50 000, dreisprachig: deutsch, engl., port. GPS gestützte Wege-Informationen, Rückseite: Bildinfos der Wanderwege

Goldstadt
Sonderbände

Schnorcheln und Tauchen und Fotografieren

Fotomotive finden sich überall, aber nicht überall kann man seine ungeschützte Kamera mitnehmen. Wenn das Umfeld zu nass oder zu schmutzig ist, muss man notgedrungen Zurückhaltung üben. Der Trend geht ungebrochen hin zur modernen Abenteuerfotografie, an allen Orten der Welt. Tauchen, Surfen, Klettern, Paragleiten, Schifahren, Dschungel-Trekking und Wüstensafaris sind die Urlaube, in denen der Alltagsmensch noch Dinge erleben kann, die nicht von Vorschriften, Gesetzen und Erlassen reguliert werden. Verständlich, dass er diese Erlebnisse dokumentieren und möglichst auch mit eigenen Fotos belegen will.

Nicht jeder der einen dieser Freizeitrends beginnt, kann sich auch gleichzeitig eine der teuren Fotospezialausrüstungen leisten. Deshalb hat die Fotoindustrie preisgünstige Geräte geschaffen, mit denen der Einsteiger seine Erfahrungen sammeln kann, bevor er an größere Ausgaben denkt.

Herbert Frei ist Taucher seit 1973 und als Unterwasserfotograf spezialisiert auf Süßwasser- und Poolfotografie. Er ist Leiter der Sektion „Foto-Technik" beim Tauchmagazin „unterwasser". Als Buchautor und -illustrator publiziert er seit 1978, schreibt Artikel für in- und ausländische Tauch- und Fotomagazine und führt Unterwasser-Fotoseminare im In- und Ausland durch. Als Experte für Unterwasser-Fototechnik entwickelte er ein Messverfahren für Leistungsdaten von Amphibienblitzen unter Wasser. Nachstehende Bücher sind von ihm im Goldstadtverlag erschinen:

Fotografieren mit der SEA&SEA MX 5

Herbert Frei beschreibt in diesem Buch die Handhabung dieser Unterwasser-Sucherkamera, die als weitverbreitetes Gerät für Einsteiger in die Unterwasserfotografie den Markt erobert. Bedienung, Pflege und Wartung sind Themen, die sich mit der Kamera selbst befassen. Den notwendigen Tipps und Hinweisen zum Fotografieren unter Wasser, den spezifischen Besonderheiten der ungewohnten Umgebung sowie den veränderten Lichtverhältnissen und deren Auswirkungen auf die Bildgestaltung wird ausführlich eingegangen. Der professionelle Erfahrungsschatz des Autors kommt dabei dem Leser zugute. Merksatz-Felder zur schnellen Übersicht. Lehrreiche Bebilderung mit Unterwasseraufnahmen und Grafiken. Auch der Einsatz an Land wird erklärt, denn die Anwendung auch unter „feuchten" Bedingungen ist die Domäne dieser vielseitigen Kamera.

Unterwasser Fotolexikon, 80 Seiten, 62 Farbfotos, ISBN 3-89550-870-5 – € 10,80

Fotografieren mit der Sucherkamera CULLMANN SHARKY

Der Band beschreibt die Unterwasser-Sucherkamera Cullmann-Sharky, die als weitverbreitetes Gerät für Einsteiger in die Unterwasserfotografie den Markt erobert.

Bedienung, Pflege und Wartung sind Themen, die sich mit der Kamera selbst befassen. Tipps und Hinweise zum Fotografieren unter Wasser, den spezifischen Besonderheiten der ungewohnten Umgebung sowie den veränderten Lichtverhältnissen und deren Auswirkungen auf Gestaltung der Bilder ist ausführlich Rechnung getragen. Der professionelle Erfahrungsschatz des Autors kommt dabei dem Leser zugute. In besonders hervorgehobenen Merksatz-Feldern wird das Gelesene zur schnellen Übersicht nochmals zusammengefasst.

Eine reichhaltige Bebilderung mit Beispiel-Unterwasseraufnahmen und Grafiken machen das Buch zu einem wertvollen Begleiter in der Vorbereitung und praktischen Anwendung bei der Fotosafari Unterwasser. In einem eigenen Kapitel wird auch der Einsatz an Land erläutert. Denn die Anwendung auch unter „feuchten" Bedingungen ist die Domäne dieser vielseitigen Kamera.

Unterwasser Fotolexikon, 124 Seiten, 90 Farbfotos, ISBN 3-89550-872-1 – € 10,80

Goldstadt Sonderbände

Fotografieren mit ewa-marine Weichplastikgehäusen

Der Autor und Sporttaucher Herbert Frei beschreibt in diesem Band in allgemeinverständlicher Weise die Handhabung der ewa-marine - Weichplastikgehäuse. Weichplastikgehäuse sind transparente Schutzgehäuse für Fotokameras, Filmkameras, Camcorder und digitale Kameras die als weltweit meistverkaufte Produkte dieser Art den Einstieg in die Unterwasserfotografie für fast alle Kameratypen ermöglichen.

In den einzelnen Kapiteln wird speziell auf die Problematik der Weichplastikgehäuse insbesondere auf Dichtigkeit, Pflege, Zuverlässigkeit und universelle Einsatzmöglichkeiten eingegangen. Ein weiteres Kapitel befasst sich mit der Auswahl der Kameras und ihrer Einsatzfähigkeit unter Wasser. Den notwendigen Tipps und Hinweisen zum Fotografieren in veränderten Lichtverhältnissen und ungewohnter Umgebung unter Wasser sind Spezialthemen. Viele Beispielbilder mit Unterwasseraufnahmen und Grafiken, Hinweise zur Blitzlichtfotografie, Filmmaterial und der erweiterte Einsatz der ewa-marine-Weichplastikgehäuse an Land macht aus dem Buch einen wertvollen Begleiter in der Vorbereitung der Fotosafari im feuchten Element.

Unterwasser Fotolexikon, 156 Seiten, 124 Farbfotos, ISBN 3-89550-871-3 – € 17,80

Zwischen Thüringen und Sachsen

Ob Wandern oder Biken in Thüringen, Paddeln auf der Saale, Skitouren im Erzgebirge oder Trekking in der Sächsischen Schweiz: Dieser Reiseführer bewegt sich abseits ausgetretener Pfade durch die Natur- und Kulturlandschaften im Süden Thüringens und Sachsens. Erlebnisstationen und- möglichkeiten gibt es reichlich, vom Thüringer Wald übers Schiefergebirge, im Erzgebirge und in der Sächsischen Schweiz.

Wir wollen aktive Menschen, Schulklassen und Jugendgruppen oder Familien auf Entdeckungsreise schicken und haben dafür Tipps und Touren, günstige Übernachtungsmöglichkeiten, kulturelle Spots und Abstecher im Baukastensystem zusammengestellt. Die einzelnen Bausteine entstanden im Rahmen eines erlebnispädagogischen Projekts der Naturfreunde-Jugend Deutschlands.

1 Übersichtskarte, 7 Gebietskarten, 10 Routenkarten, 162 Farbfotos, 240 Seiten, ISBN 3-89550-329-0 – € 12,80

Die wichtigsten Pflanzen im tropischen Lateinamerika

Ein Führer durch die faszinierende Pflanzenwelt des tropischen Südamerikas. Verständlich wird die Bedeutung des Regenwaldes im Öko-System und die Folgen seiner Zerstörung erklärt und Fachbegriffe erläutert.

Auffällige und bemerkenswerte Pflanzen werden beschrieben, heimisches Obst und Gemüse vorgestellt und mit über 200 Farbfotos illustriert. 16 doppelseitige Farbtafeln, 16 Grafiken, 2 Stammbäume von Pflanzen und Organismen. 11 historische Fotos, 285 farbige Pflanzenfotos, 191 Seiten. ISBN 3-89550-270-7 – € 27,80